KB234464

프랑크푸르트학파의 테제들

프랑크푸르트학파의 테제들

연구모임 사회비판과대안 엮음

사월의책

프랑크푸르트학파의 테제들

1판 1쇄 발행 2012년 4월 10일
1판 5쇄 발행 2024년 8월 10일

지은이 고지현, 김원식, 문성훈, 박구용, 박찬국, 손철성
엮은이 연구모임 사회비판과대안
펴낸이 안희곤
펴낸곳 사월의책

편집 박동수
디자인 김수연

등록번호 2009년 8월 20일 제396-2009-126호
주소 경기도 고양시 일산서구 중앙로 1388 동관 B113호
전화 031)912-9491 ｜ 팩스 031)913-9491
이메일 aprilbooks@aprilbooks.net
홈페이지 www.aprilbooks.net
블로그 blog.naver.com/aprilbooks

© 2012 고지현, 김원식, 문성훈, 박구용, 박찬국, 손철성
ISBN 978-89-97186-21-1

* 책값은 뒤표지에 있습니다.
* 이 도서의 국립중앙도서관 출판시도서목록(CIP)은 e-CIP홈페이지(http://www.nl.go.kr/ecip)와
  국가자료공동목록시스템(http://www.nl.go.kr/kolisnet)에서 이용하실 수 있습니다.
  (CIP제어번호: CIP2012001288)

편집자 서문　6

1 호르크하이머
자유와 이성의 실현을 위한 사회 비판 | 문성훈　　　　…15

2 아도르노
끝없는 부정의 철학 | 박구용　　　　…43

3 벤야민
현대의 미시 공간 '파사주' | 고지현　　　　…95

4 마르쿠제
일차원적 사회, 유토피아적 상상력, 인간 해방 | 손철성　　　　…141

5 프롬
인간주의적 사회주의 | 박찬국　　　　…177

6 하버마스
의사소통 행위 이론과 생활세계 식민화 테제 | 김원식　　　　…201

7 호네트
병리적 사회 극복을 위한 인정투쟁 | 문성훈　　　　…227

8 악셀 호네트와의 대담
현대 비판의 세 가지 모델　　　　…271

프랑크푸르트학파의 지적 전통

사회 비판과 대안 모색

프랑크푸르트학파란 1930년대부터 독일 프랑크푸르트 소재 사회연구소에서 호르크하이머를 중심으로 공동 작업을 펼쳤던 연구자 집단을 지칭하며, 이들의 지적 전통을 비판적으로 계승한 후속 세대들이 등장하면서 프랑크푸르트학파는 오늘날까지 이어지고 있다.

프랑크푸르트학파의 산실이라 할 수 있는 사회연구소(Institut für Sozialforschung)는 1923년 펠릭스 바일에 의해 독일 프랑크푸르트 시에 설립되었다.[1] 바일은 아르헨티나 출신 곡물상의 아들로 대학에서 국민경제학을 전공했고, 1920년 프랑크푸르트 대학에서 사회화 개념에 관한 논문으로 박사 학위를 받았다. 마르크스주의자였던 바일은 일찍이 프리드리히 폴록, 게오르크 루카치, 칼 코르쉬 등과 친분을 맺으며 마르크스주의를 함께 연구했고, 특히 호르크하이머의 친구였던 폴록, 그리고 국민경제학자 쿠르트 알베르트 게를라흐와는 사회연구소 설립을 계획했다.

1923년에 바일은 이러한 계획에 따라 프랑크푸르트 대학 맞은편에 건축가 프란츠 뢰클레의 설계로 사회연구소를 건립했고, 1924년에 칼 그륀베르크가 초대 소장으로 취임하면서 연구소 활동이 시작되었다. 그륀베르크는 오스트리아 빈 대학의 정치학 교수 출신으로서 오스트리아 사회민주주의의 이론적 지주였던 루돌프 힐퍼딩 등 많은 제자를 남기기도 했다. 그는 새로운 사회 질서가 필요할 뿐 아니라 가능하다고 믿는 투철한 신념의 소유자였으며, 바로 이 새로운 질서를 사회주의에서 찾았다. 그리고 이를 위해 단지 정치적 활동만이 아니라 마르크스주의적 방법론에 입각한 학문적 연구가 필요하다고 보았다.

그러나 사회연구소가 프랑크푸르트학파라 일컬어지는 지적 전통의 산실이 된 것은 그륀베르크가 병으로 소장직에서 물러나고, 1931년에 후임자로 호르크하이머가 취임하면서부터이다. 왜냐하면 이때부터 호르크하이머가 새로운 연구 프로그램을 제시함으로써 사회연구소는 일종의 전환기를 맞았기 때문이다. 즉 사회연구소는 사회학자, 경제학자, 역사학자, 심리학자 등이 공동으로 작업하면서 이를 철학적 성찰을 통해 통합하는 새로운 연구를 추진했다. 이러한 철학 주도의 학제 연구는 단지 사회를 경험적으로 연구하고 이를 철학적으로 통합하는 것이 아니라, 기존 사회를 비판하고 이에 대한 대안적 사회를 모색하려는 사회 변혁 이론을 규범적 이념으로 삼았다. 이것이 바로 프랑크푸르트학파의 연구 방식을 특징 짓는 학제 연구 모델이다.

사회연구소는 이러한 연구 모델에 따라 생산, 개성, 문화라는 세 가지 사회 구성 영역에서 일어나는 시대적 변화 과정을 추적하면서 이를 통해 사회적 억압을 비판하고 대안적 사회상을 모색하려 했다. 특히 사회연구소는 당시 독점자본주의의 등장에 대한 정치경제학적 연구, 개인의 복종적 성격 형성에 대한 사회심리학적 연구, 그리고 이데올로기적 대중문화 확산에 대한 문화 이론적 연구에 몰두했으며, 이러한 작업에 참여한 사람으로는 호르크하이머, 폴록, 뢰벤탈, 아도르노, 프롬, 마르쿠제, 벤야민, 노이만, 키르히만 등을 꼽을 수 있다.

그러나 사회연구소의 활동은 순탄하지 않았다. 나치 정권이 등장하면서 1933년 3월에 사회연구소가 폐쇄되고 말았기 때문이다. 나치 정권은 유대인에 대해 적대적이었고, 자유주의나 민주주의, 사회주의에 대해서도 적대적이었기 때문에, 유대인을 중심으로 구성되었을 뿐 아니라 사회 변혁적 노선을 견지했던 사회연구소가 탄압 대상이 된 것은 어떻게 보면 필연적인 일이었다. 호르크하이머는 이러한 절망적 상황에서 망명을 결심했고, 제네바와 파리를 거쳐 뉴욕의 콜롬비아 대학으로 사회연구소를 이주시킨다. 이 기간의 연구는 주로 권위주의에 대한 것이었지만, 나치의 잔악한 유대인 학살과 스탈린 체제 아래의 전체주의적 소련, 그리고 독점자본주의가 지배하는 미국을 경험하면서 점차 현대 사회에 내재된 파괴적 잠재력으로 눈을 돌리게 된다. 이러한 연구 성과가 집약적으로 표현된 것이 바로 『계몽의 변증법』(1947)이라는 시대적 역작이다.

나치 정권이 붕괴되고 전쟁이 끝나자 사회연구소 관계자들은 독일로 귀국하였고, 전쟁 중에 파괴된 연구소 건물 대신에 새 건물을 1950년에 준공함으로써 사회연구소의 활동이 본격적으로 재개되었다. 호르크하이머가 독일 귀환을 결정한 것은 비록 독일이 완전히 파괴되었지만 학제 연구를 발전시키고 이를 수용할 새로운 세대가 여전히 존재한다는 믿음 때문이었으며, 또한 이런 잠재력 면에서 독일이 미국보다 더 희망적이라고 생각했기 때문이다.

독일 귀환 이후 1950년대 사회연구소의 연구 활동은 두 가지 문제에 집중되었다. 이는 첫째, 당시 정치적 논쟁의 핵심이었던 노동자들의 공동 결정권 문제를 산업사회학적 시각에서 연구하는 것이었으며, 둘째는 학생과 연구자, 교수들이 점점 늘어남에 따라 대학 교육과 사회의 연관성에 대한 교육사회학적 연구를 진행하는 것이었다. 이 연구에 특히 기여한 사람은 1956년에 아도르노가 영입해온 하버마스였다. 그는 이후 호르크하이머, 아도르노에 이어 프랑크푸르트학파 2세대의 대표적 인물이 된다.

이러한 두 가지 연구 주제 중 교육사회학적 연구의 핵심은 교육기관이 어떤 정치적 소양을 길러내야 사회 발전에 이바지할 수 있는가에 대한 것이었다는 점에서 결국 사회연구소는 대학 개혁과 대학 민주화에 관련된 예민한 사안을 다루게 된다. 그러나 이러한 연구는 단지 교육사회학적 연구에 한정된 것이 아니었다. 그것은 서구의 문명화와 당시의 선진 자본주의 국가를 비판하고 대안을 모색하려는 해방적 연구 활동과 결합된 것이었기 때문이다. 이런 점에서 사회연구소의 연구 활동은 1968년에 정점을 이루었던 학생 운동에 지대한 영향을 미쳤다.

그러나 시대적 아이러니일까? 사회연구소의 연구 활동이 학생운동의 이론적 배경을 형성했음에도 불구하고 사회연구소와 여기에 소속된 교수들은 학생운동권의 표적이 되었다. 이는 사회연구소 관계자들이 학생운동권의 비민주적 조직 형태와 폭력적 시위 행태를 이른바 '좌파 파시즘'이라고 비판했기 때문이다. 그 결과 1969년 이들의 강의가 학생 시위대의 농성으로 중단되는가 하면 사회연구소 역시 일시적이나마 이들에게 점거되기까지 했다. 이로 인한 충격으로 당시 호르크하이머에 이어 연구소 소장으로 있던 아도르노는 같은 해 협심증으로 사망했고, 하버마스는 학생운동권에 저항이라도 하듯이 1971년 프랑크푸르트 대학의 철학과 교수직을 사임하고 슈타른베르크에 설립된 막스 플랑크 연구소로 갔다. 그러나 이러한 불행한 사태에도 불구하고 당시 사회연구소의 연구 활동은 세계적인 주목을 받게 되었으며 이들을 오늘에 이르기까지 프랑크푸르트학파로 부르게 되었다. 당연히 이는 사회연구소가 배출한 기라성 같은 사상가들 때문일 것이다.

68운동으로 지칭된 학생운동의 파고가 가신 1970년대에도 사회연구소의 활동은 지속되었지만, 2세대 대표자였던 하버마스가 연구소 밖에서 활동함으로써 프랑크푸르트학파의 한 축이 사회연구소를 벗어나게 된다. 이러한 상황은 하버마스가 1983년에 다시 프랑크푸르트 대학 철학과로 돌아온 뒤에도 계속되었다. 그가 사회연구소에 간접적으로 관여한 것은 사실이지만, 이제는 사회연구소라기보다 오히려 프랑크푸르트 대학이 프랑크푸르트학파의 전통을 잇는 중추적 역할을 하게 되었기 때문이다.

이렇게 프랑크푸르트학파가 사회연구소와 철학과로 이원화된 현상은 악셀 호네트 이후 새로운 국면을 맞는다. 왜냐하면 1996년 호네트가 호르크하이머, 하버마스로 이어지는 프랑크푸르트 대학 철학과 사회철학 교수직을 물려받았고, 2001년에는 프랑크푸르트학파의 산실인 사회연구소 소장에 취임함으로써 이제 프랑크푸르트학파의 이원화 현상을 극복하고 명실상부한 프랑크푸르트학파 3세대의 대표자로 등장했기 때문이다.

호네트는 취임 이후 사회연구소의 전통 프로젝트였던 학제 연구를 재개한다. 즉 그는 현대 자본주의 사회의 자기 파괴적 역설이란 주제 아래 자본주의 사회의 구조 변화, 자본주의적 합리화와 노동의 사회적 지위, 가족 구조의 변화와 새로운 사회화 조건, 복지 국가의 탈관료화와 정치적 민주주의, 문화 산업과 전자 매체에 대한 연구를 진행시킴으로써 생산, 개성, 문화에 대한 프랑크푸르트학파의 전통적 학제 연구를 새로운 사회적 조건 아래서 부활시키고 있다는 것이다.

이렇게 프랑크푸르트학파가 1930년대 이후로 오늘에 이르기까지 근 80여 년 동안 이어질 수 있었던 것은 이들이 공유하고 있던 분명한 연구 이념 때문이다. 즉 프랑크푸르트학파는 현존 사회를 비판하고 대안적 사회를 모색한다는 학문적 자기의식 때문에 세대를 거쳐 그 지적 전통을 지속적으로 계승할 수 있었던 것이다. 따라서 우리가 프랑크푸르트학파의 지적 전통을 이해하려면 이 학파에 참여했고, 또 이를 계승한 사상가들이 어떻게 현존 사회를 비판하고 대안적 사회를 모색하려 했는가를 이해해야 한다. 이 책은 바로 이를 위해 마련된 책이다.

이 책은 프랑크푸르트학파의 대표적 인물들을 모아 그들의 사상을 사회 비판과 대안 모색이라는 틀 속에서 재구성하고자 했다. 물론 프랑크푸르트학파의 모든 사상가가 이러한 틀에 맞는 것은 아니다. 사회 비판에 정향되어 있어도 대안 제시로 나아가지 못한 경우도 있고, 사회 비판을 시도하되 그 규범적 토대가 모호한 경우도 있다. 더구나 대안 제시 자체를 불가능하게 보는 경우도 있고, 사회 비판이 인성 비판이나 문화 비판이라는 우회로를 통하는 경우에는 사회 자체에 대한 직접적 연관성이 약화되기도 한다. 그럼에도 이 책은 가능한 범위에서 프랑크푸르트학파의 지적 전통을 사회 비판과 대안 제시라는 틀 속에서 이해할 수 있게 했다.

오늘날 한국 사회는 더 나은 사회를 위한 이념적 좌표를 재정립해야 하는 일대 전환기를 맞고 있다. 수구 보수의 반공주의와 자유주의, 그리고 급진 좌파의 사회주의 혁명론과 반제국주의적 민족주의가 21세기에 들어선 지금에도 여전히 유효할 것이라고 믿는 사람은 많지 않다. 반공보다는 민족 화해가, 자유주의나 사회주의보다는 복지의 확대가, 그리고 반제국주의적 민족주의보다는 세계화가 한국 사회 변동의 대세를 이루고 있기 때문이다. 더구나 1987년 형식적 민주화 달성 이후 한 치의 발전도 이루지 못한 한국의 정치적 상황은 지속적 민주화라는 새로운 과제를 우리에게 제시하고 있으며, 이른바 지식 기반 산업의 확산으로 인한 탈산업 사회화 흐름들은 현존 사회에 대한 새로운 접근을 요구하고 있다. 한국 사회가 직면하고 있는 것은 비단 이러한 거시적 영역의 변화만이 아니다. 일상적 영역의 변화 역시 가속화되고 있다. 가부장 이데올로기에 저항하는 남녀 평등주의가 기존 가족 제도의 변화를 유도하고 있고, 여성의 사회 참여 확대는 이미 진부한 슬로건처럼 취급되기조차 한다. 또한 사회적 소수자의 등장은 누구를 우리 사회의 동등한 구성원으로 인정해야 하는가 하는 근본적인 문제를 제기하고 있다.

이렇게 한국 사회의 시대사적 변동을 염두에 둔다면 현존 사회를 비판적으로 반성하고 대안적 미래상을 제시하려는 이론적 작업은 그 어느 때보다 중요하다. 이런 점에서 프랑크푸르트학파의 지적 전통을 사회 비판과 대안 제시라는 틀 속에서 재구성한 이 책은 한국 사회를 비판하고 대안을 모색하는 데 이론적 자원으로 사용될 수 있을 것이다. 이 책의 저술을 위해서 여섯 분의 학자들이 노고를 아끼지 않았다. 아무쪼록 이러한 노고가 미력이나마 더 나은 사회를 만들고자 하는 많은 이들에게 도움이 될 수 있기를 바란다.

2009년 9월 15일

문성훈

I

MAX HORKHEIMER

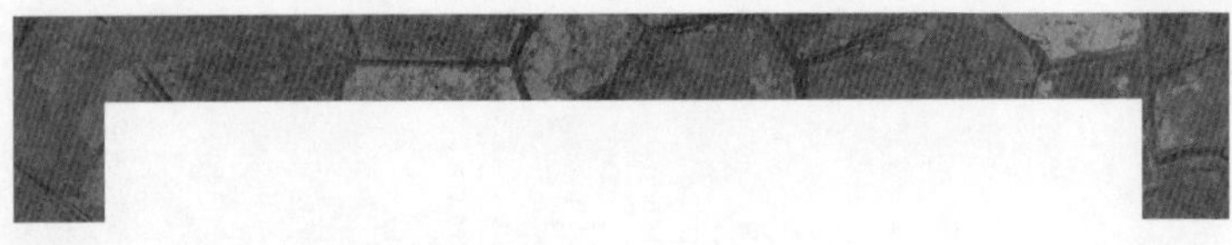

1 호르크하이머
자유와 이성의 실현을 위한 사회 비판[1]

문성훈

막스 호르크하이머(Max Horkheimer, 1895~1973)는 프랑크푸르트학파 1세대의 대표자이자 이 학파의 태동에 결정적 역할을 한 사람이다. 호르크하이머는 1931년 사회연구소 제2대 소장으로 취임하면서 연구소의 연구 프로그램을 확립했고 이에 따라 공동 연구를 주도했다. 훗날 프랑크푸르트학파라 지칭되는 연구자 집단이 출현한 것은 바로 이러한 그의 활동 때문이다. 이런 점에서 호르크하이머의 사상은 초기 프랑크푸르트학파의 이론적 경향을 대표한다고 할 수 있으며, 그 핵심을 이루는 것은 오늘날 프랑크푸르트학파의 대명사로 일컬어지는 '비판 이론'(die Kritische Theorie) 개념과 이를 토대로 한 이론적 작업이다.

이 글에서는 먼저 호르크하이머가 말하는 비판 이론이란 과연 무엇을 의미하는지를 밝힐 것이다. 그리고 이어서 호르크하이머의 이론적 작업의 핵심을 '자유와 이성의 실현을 위한 사회 비판'이란 개념 아래 집약할 것이다. 호르크하이머는 비판 이론이 추구해야 할 최종 목적이 바로 자유와 이성의 실현에 있다고 보았으며, 이를 가로막는 사회적 조건을 사회적 억압이라는 측면에서 비판하는 것을 자신의 핵심 과제로 삼았기 때문이다. 이러한 호르크하이머의 핵심 사상에 대한 논의는 칸트와 헤겔에 대한 그의 입장을 살펴보면서 이루어질 것이다. 왜냐하면 호르크하이머가 염두에 두고 있는 자유와 이성 개념은 서로 필연적 연관성을 갖고 있으며, 이는 무엇보다도 칸트의 자율성 개념을 이데올로기 비판을 통해 해체하고, 헤겔의 관념론적 역사철학을 마르크스의 유물론적 역사관으로 변형시킴으로써 얻어진 것이기 때문이다. 끝으로 이러한 자유와 이성 개념을 전제로 어떻게 사회 비판이 이루어지는가를 살펴보면서 호르크하이머의 사상이 갖는 한계가 무엇인지를 지적할 것이다.

1 | 전통 이론과 비판 이론

비판 이론이란 용어는 흔히 프랑크푸르트학파의 이론적 경향을 지칭하는 고유 명사로서 호르크하이머가 전통 이론과 구별해서 사회 연구소의 이론적 정체성을 확립하기 위해 사용한 말이다. 호르크하이머의 논문 「전통 이론과 비판 이론」(1937)은 전통 이론의 특징을 다음과 같이 서술하고 있다.[2] 즉 전통 이론은 세계에서 일어나는 제반 현상을 객관적으로 서술하고, 이들 사이의 연관성을 인과적으로 설명하며, 이러한 인과적 연관성에 근거하여 새로운 현상을 예측하려 한다. 그리고 예측이 맞으면 해당 이론은 타당한 것으로 간주된다. 따라서 전통 이론은 조건에서 결과를 도출하는 식의 이론 구조를 갖는다. 즉 abcd라는 조건 아래서는 q라는 결과가 예측되고, d가 없다면 r이, g가 추가되면 s가 일어난다는 식으로 이론이 만들어진다는 것이다.

그런데 이렇게 조건과 결과를 연결시키는 일반적 진술은 항상 현상 속에서 동일한 것이 반복됨을 법칙적으로 도출할 때 가능하다. 그렇지 않을 경우에 조건과 결과를 연결시킬 수 있는 일반적 진술은 불가능하기 때문이다. 따라서 전통 이론이란 존재하는 것과 존재하는 것의 반복에 관한 이론이며, 이렇게 동일한 것의 법칙적 반복을 가정할 때 전통 이론은 실제적 유용성을 갖는다. 왜냐하면 이러한 가정은 개개의 현상을 일반적 법칙에 포섭하여 그 인과적 연관을 밝히고 미래를 예견하게 함으로써 세계에 대한 합목적적 이용을 가능하게 하기 때문이다. 사실 이런 종류의 이론은 오늘날 자연과학이나 자연과학에 정향된 정신과학에서도 흔히 발견할 수 있다. 이런 점에서 전통 이론은 호르크하이머 이전의 이론적 경향을 나타내는 말이 아니라, 오늘날에도 제반 학문 연구의 방법을 규정함으로써 우리의 세계 인식에 영향을 미치는 이론적 경향이라고 할 수 있다.

그러나 호르크하이머에 따르면 전통 이론은 크게 세 가지 문제점을 갖는다. 첫째, 전통 이론은 제반 현상을 동일한 것의 법칙적 반복으로 파악하면서, 이러한 법칙이 초역사적 항구성을 지닌다고 가정한다. 따라서 전통 이론은 오로지 이를 탐구하려고 할 뿐, 이러한 탐구가 이루어지는 사회적 조건에는 주의를 기울이지 않는다. 이 때문에 결국 전통 이론은 이론적 탐구 대상의 선택과 이에 대한 인식 방식에 어떻게 사회적 요소가 영향을 미치는지에 대해서는 논의하지 않는다. 둘째, 전통 이론은 이론을 이렇게 흡사 사회적 영향과 무관한 것처럼 보기 때문에 이론이 사회 속에서 어떤 역할을 하는지에 대해서도 아무런 자기반성적 비판을 시도할 수 없다. 물론 전통 이론은 현상에 대한 법칙적 파악을 통해 세계를 합목적적으로 이용 가능하게 만들지만, 이론이 이용되는 목적은 항상 이론 외적 요소로 남을 뿐, 무엇이 이론이 추구해야 할 정당한 목적인지에 대해서는 아무런 논의도 하지 않는다. 셋째, 전통 이론은 현재 존재하는 세계를 반복적 법칙을 통해 있는 그대로 파악하려 하기 때문에 항상 현존하는 것을 투명하게 서술하는 데 집중할 뿐, 이를 넘어서려는 모든 역사적 시도는 이론적 개념 밖에 놓이게 된다. 이런 점에서 전통 이론은 현존하는 것을 흡사 불변적이고 필연적인 것으로 전제하게 되며, 역으로 현실의 변혁을 추구하려는 작업은 이론적 정당성을 갖지 못한다.

호르크하이머는 이러한 전통 이론에 대해 비판 이론을 대안적 이론으로 제시하지만, 전통 이론 자체를 부정하지는 않는다. 그는 대상에 대한 사실적 서술과 합목적적 이용을 추구하는 전통 이론을 일견 당연한 것으로 보고 있기 때문이다. 하지만 전통 이론은 현실을 필연적인 것으로 정당화할 위험성을 갖고 있으며, 이런 점에서 호르크하이머에게 전통 이론이란 불충분한 이론이었다. 따라서 비판 이론은 이에 대한 대안적 형태의 이론으로서 현실에 대한 비판적 태도를 본질적 특징으로 삼는다.

우선 비판적 태도란 문자 그대로 현존 사회를 비판적 관점에서 바라보려는 태도를 말한다. 이는 현존 사회에서 무언가 잘못된 것을 겨냥할 뿐 아니라, 이 잘못된 현상을 필연적으로 등장하게 만드는 사회 구조 전체를 겨냥한 것이다. 비판 이론이란 바로 이러한 비판적 태도의 이론적 표현이며, 이러한 전(前) 이론적 태도로서의 비판적 태도는 크게 세 가지 측면에서 파악될 수 있다.

첫째, 비판적 태도는 이론이 구성되는 사회적 맥락을 반성하는 자기의식 속에서 표현된다. 호르크하이머에게 이론이 구성되는 맥락은 인류가 자연에 대한 통제력을 향상시키면서 사회 체제를 유지하는 재생산 과정을 말한다. 이렇게 비판적 태도를 이론이 구성되는 사회적 맥락에 대한 의식과 연결시키면 이제 비판적 태도는 과학 비판의 사회적 기준을 확보하게 된다. 즉 어떤 이론이 단지 이론 내적인 연구 과정이나 탈역사적 자립성에 기초한 순수 이론이라는 자기의식에서 출발한다면, 이는 자신의 사회적 구성 맥락에 무지할 뿐 아니라, 더 나아가 이를 은폐하는 결과를 낳게 될 일종의 허위의식으로 비판될 수 있기 때문이다. 한 이론이 구성되는 사회적 맥락이란 광범위한 의미에서 인간이 자신을 보존하려는 활동을 통해 역사를 형성하는 맥락을 말하며, 이런 점에서 이론 역시 자기 보존을 위한 인간 활동의 산물이라고 말할 수 있다.

이런 점에서 비판적 태도의 두 번째 특징은 역사를 형성하는 능력에 대한 인간의 자기의식 속에 있다. 전통 이론 속에서 인간은 이론 구성의 사회적 맥락을 의식하지 않듯이, 이 세계가 자신의 활동의 산물임에도 불구하고 이러한 역사 형성 활동 자체를 의식하지 못한다. 따라서 현실은 항상 이미 존재하는 것으로 혹은 항상 동일한 것으로 표상된다. 비판적 태도를 이렇게 인간의 역사 형성 활동에 대한 의식과 연결시키면 비판적 태도는 사회 비판의 기준을 확보하게 된다. 즉 어떤 사회가 인간의 역사 형성적 활동을 억압한다면 이제 이러한 사회는 인간을 억압하는 사회로 비판될 수 있다는 것이다. 이런 점에서 인간의 역사 형성 활동에 대한 의식은 단지 이미 존재하는 사회가 인간 활동의 산물이라는 점만을 확인하는 데 그치는 것이 아니라, 현재의 억압을 넘어서 더 나은 사회를 건설하려는 해방적 의식에 이른다.

이렇게 해방적 의식으로서의 비판적 태도를 전제한다면 이제 비판적 태도의 세 번째 특징은 사회 변혁의 방향과 관련된다. 물론 사회 변혁의 방향은 사회적으로 억압받는 계급의 해방이다. 그리고 이런 의미에서 비판적 태도는 억압받는 계급의 이해와 일치한다고 할 수 있다. 그러나 호르크하이머에게 사회 변혁의 근본 방향은 인간의 보편적 자유와 해방의 실현이자, 바로 이를 가능하게 하는 이성적 사회의 건설에 있다. 이런 점에서 호르크하이머에게 비판 이론의 본질적 특징인 비판적 태도는 인간의 자유와 이성을 새롭게 해석함으로써 구체화된다.

2 | 칸트의 자율성 개념에 대한 이데올로기 비판

칸트는 인간의 자유를 도덕적 행위의 자율성에서 찾고 있을 뿐 아니라, 이를 이성 법칙의 실현으로 봄으로써 자유와 이성을 동전의 양면처럼 필연적으로 연결한다. 여기서 자율성이란 이성적 존재로서의 인간이 자기 자신에게 부여한 법칙 이외에 어떠한 법칙에도 복종하지 않는 것을 말하며, 이는 세 가지 의미로 분석될 수 있다.

첫째, 자율이란 인간이 자신에게 부여한 법칙에 스스로 복종하는 것이라는 점에서 행위 규정자와 행위 수행자의 동일성을 전제한다. 즉 어떤 행위를 해야 할 것인가를 규정하는 사람과 이 행위를 수행하는 사람이 같을 경우에 이는 자율적 행위가 되며, 이와 달리 개인이 단지 행위 수행자일 뿐이고 행위 수행자 이외의 존재가 어떤 행위를 해야 할 것인가를 규정할 경우에 이는 타율적 행위가 된다. 둘째, 자율은 본능적 충동에 지배받는 자연적 존재로서의 개인이 아니라, 보편타당한 이성 법칙을 따르는 이성적 존재로서의 개인이 자기 자신에게 부여한 법칙에 따라 행동하는 것을 의미한다. 따라서 인간이 이성과 반대되는 자연적 욕망이나 충동에 따라 행동할 경우에 이는 타율적 행위가 되며, 역으로 자율적 행위를 하기 위해서는 이러한 욕망이나 충동의 지배로부터 벗어나야 한다. 셋째, 자율이란 이성적 존재로서 인간이 보편화 원칙에 따라 행동하는 것을 의미한다. 왜냐하면 칸트는 도덕적 이성 법칙을 바로 보편화 원칙으로 규정하고 있기 때문이다. 즉 개인이 어떤 행위를 수행할 때 자신만이 아니라 다른 모든 사람도 이런 행위를 할 수 있는 보편적 권한이 있다는 원칙에 따라서 행동할 때 이는 자율적 행위가 된다는 것이다. 이런 점에서 칸트의 도덕적 이성 법칙은 모든 특권에 저항하며 모든 사람에 대한 동등한 대우를 지향한다고 할 수 있다.

이 세 가지 의미를 전제한다면 자율성으로서의 자유란 결국 이성적 존재로서의 한 개인이 보편화 원칙에 따라 행동하는 것을 말하며, 이런 의미에서 자유의 실현이란 이성의 법칙을 실현하는 것과 동일하다. 그러나 이런 자율성 개념은 인간을 이성 법칙에 따르는 이성적 존재와 본능적 욕망과 충동에 지배받는 자연적 존재로 분열시키고 있을 뿐 아니라, 이성 법칙에 우위를 둠으로써 인간이 자연적 존재로서 지니고 있는 본능적 욕망과 충동을 억압하는 결과를 낳게 된다. 호르크하이머는 한편으로 이러한 칸트의 자율성 개념이 등장하게 된 사회적 배경을, 다른 한편으로 여기에 반영된 사회적 억압을 밝힘으로써 이에 대한 이데올로기 비판을 시도한다.

우선 호르크하이머는 「유물론과 도덕」(1933)에서 칸트의 자율성 개념이 등장하게 된 사회적 배경을 분석한다.[3] 이에 따르면 칸트의 자율성 개념이 등장하게 된 것은 자본주의 체제의 무정부적 구조에 그 원인이 있다. 사실 칸트의 자율성 개념은 인간을 이성적 존재와 자연적 존재로 이중화시키고 있기 때문에 필연적으로 개인은 자연적 존재로서 자신이 지니고 있는 이기적 욕망과 이성적 존재로서 자신이 따라야 하는 공동선 사이에서 갈등할 수밖에 없다. 그러나 호르크하이머에 따르면 이러한 갈등이 불가피한 것은 아니다. 왜냐하면 이는 자본주의라는 특수한 사회적 조건에 기인한 것이기 때문이다.

자본주의 사회에서 개인은 소유 본능의 족쇄가 풀림으로써 재산의 증식과 유지에 혈안이 되어 있다. 따라서 경제적 이익을 위한 개인들의 노력이 자본주의 사회에서는 개인의 삶을 지배하는 일종의 자연법칙이 되어버렸다. 물론 개인은 혼자 생산하고 소비하는 것이 아니라, 판매와 구매를 통한 교환관계 속에서 자신이 원하는 것을 획득하고, 타인이 필요로 하는 것을 제공한다. 이런 점에서 자본주의 사회는 흡사 자신의 경제적 이익을 위한 개개인의 노력이 타인의 이익에도 기여한다는 착각을 갖게 한다. 그러나 이것은 결코 개개인의 이기적 이익과 모든 개인의 이익 사이에 합리적 관계가 형성되어 있음을 의미하는 것은 아니다. 왜냐하면 자본주의 사회에서는 이 둘 사이의 매개가 자기의식적 통제가 아니라, 맹목적이고 우연적인 과정을 통해 이루어지기 때문이다. 따라서 개인이 자신의 노동을 통해 전체 사회에 영향을 미치고 또 이로부터 영향을 받는 과정은 전적으로 암흑 속에 놓이게 된다. 이로 인해 이기적으로 자신만의 이익을 추구하는 개개인들 사이에는 대립과 갈등이 불가피해지며, 이는 결국 대다수 인간의 고통으로 귀결된다.

이런 점에서 개인적 이익과 공동의 이익을 대립시키고, 공동의 이익만 강조하는 자율성 개념은 개인의 이익과 전체의 이익 사이의 매개 과정이 전적으로 불투명한 자본주의 사회에서 나타날 수 있는 전형적인 현상이다. 왜냐하면 이러한 상황에서는 단지 공동의 이익을 통해서만 개개인의 이기적 이익 추구로 인해 빚어지는 사회적 갈등이 해결된다고 여겨질 수 있기 때문이다. 이런 점에서 자율성 개념은 개인적 이익에 몰두하는 모든 개인에 대한 일종의 경고이자 요구이다. 그러나 공동의 이익에 대한 강조는 단지 개개인으로 하여금 내적 갈등에 빠지게 할 뿐, 비록 개개인이 이러한 내적 갈등을 극복하고 이성 법칙에 따라 행동한다 하더라도 흡사 자연적 과정처럼 되어버린 자본주의 사회의 맹목적 운행 과정은 극복되지 않는다.

칸트에 따르면 어떤 행동이 선한 것으로 평가되기 위해서는 이 행동이 선한 의지에 따라 이루어져야 한다. 따라서 어떤 행동이 선한 결과를 낳는가, 그렇지 않은가는 중요하지 않으며, 아이러니하게도 선한 의지에 따른 선한 행동이 반대로 악을 결과할 수도 있다. 이런 점에서 선한 의지로는 자본주의 사회가 낳은 인간의 고통을 극복할 수 없다. 호르크하이머는 칸트가 선한 의지를 강조하는 것을 관념론적 오류로 이해한다. 즉 칸트는 흡사 정신 속에서 모든 것이 정상이면 현실 속에서도 모든 것이 정상이라고 주장하는 셈이라는 것이다. 그러나 호르크하이머에 따르면 인간이 이성 법칙에 따라 행동하기 위해서는 우선 모든 사회 구성원의 개인적 이익이 합리적 방식으로 충족될 수 있는 세계가 확립되어야 한다.

호르크하이머는 이렇게 칸트의 자율성 개념이 등장한 사회적 맥락을 분석할 뿐 아니라, 한 단계 더 나아가 「이기주의와 자유 운동」(1936)에서는 이 개념에 내포되어 있는 이데올로기적 기능을 폭로한다.[4] 즉 그에 따르면 사회적 양극화가 심화되고 소수 자본가를 제외한 대다수 노동자의 이익이 부정되는 자본주의 사회에서 공동의 이익을 절대화한다는 것은 결국 이들을 지배하기 위한 이데올로기적 억압에 지나지 않는다는 것이다. 자본주의 사회가 태동한 근대

이후의 부르주아 시대에는 특정한 가치관을 전제한 인간관이 확산
되었다. 이 인간관은 이기주의와 향락을 저주한다. 이는 인간의 본
성을 선한 것으로 보든 악한 것으로 보든 개인의 이기적 충동을 부
정적으로 본다는 데 공통점을 갖는다. 이렇게 이기적 충동을 부정
하게 되면, 이는 한편 개인의 이익에 대한 단념으로, 다른 한편 공
동의 이익에 대한 절대화로 이어진다. 따라서 부르주아 도덕은 한
편에서는 이기주의에 대한 투쟁을 강조하고, 다른 한편에서는 각각
의 개인이 자신의 개인적 이익과 행복을 단념하고 의무, 명예, 공동
이익과 같은 고차원적 가치에 정향되도록 훈육한다. 이렇게 될 때
결국 개개인은 부르주아 도덕을 내면화함으로써 자신의 이기적 충
동을 스스로 억압하고, 동시에 이를 통해 자신이 공동의 이익을 위
해 행동하고 있다고 믿게 된다. 그러나 사실 이러한 자기의식은 도
덕적 주장과 반대되는 현실적 착취를 수용하게 만드는 역설적 결
과를 낳는다. 따라서 이성의 법칙에 우위를 두는 칸트의 자율성 개
념은 이기주의를 부정하는 부르주아 도덕의 연장선상에 놓여 있으
며, 결국 이는 현실의 문제를 은폐하는 이데올로기적 역할을 수행
한다.

　이렇게 칸트의 자율성 개념의 사회적 발생 연관과 이데올로기적
기능을 비판한다면, 이제 그 대안적 자율성 개념에 대한 구상도 가
능하다. 왜냐하면 이러한 비판은 역으로 대안적 자유 개념이 어떤
것인가를 이미 보여주고 있기 때문이다. 즉 대안적 자유란 인간이
자본주의 사회의 맹목적 과정을 무기력하게 수용하는 도덕적 인격
에 머무는 것이 아니라, 이를 목적의식적으로 통제함으로써 사회

형성과 운영의 진정한 주체가 되는 자율성을 말한다. 이런 점에서 호르크하이머는 칸트적 사고방식에서 벗어나지만 자율성 이념 자체를 포기한 것은 아니다. 그는 여전히 모든 존재 영역을 자율적 인간의 기획으로 만들려고 하기 때문이다.

또한 호르크하이머가 주목하는 것은 이기주의에 대한 절대적 부정을 의미하는 이성 법칙의 실현이 아니라, 오히려 개인적 욕구의 충족이다. 왜냐하면 그는 인간의 자율적 사회 형성 활동의 추동력을 자기 보존을 위한 개인의 노력에서 찾기 때문이다. 그러나 호르크하이머가 홉스가 말하는 만인에 대한 만인의 투쟁으로 귀결되는 맹목적 자기 보존을 염두에 둔 것은 아니다. 호르크하이머가 자율성으로 규정한 의식적 사회 형성 활동이 목표로 삼는 것은 개개인의 욕구 충족 노력이 동시에 타인의 행복에도 기여할 수 있는 사회적 상태이다. 이런 점에서 그의 자율성 개념은 단지 인간의 사회 형성 활동을 의미하는 것이 아니라, 개인의 이익과 공동의 이익이 동시에 실현되는 정의로운 사회를 형성하는 활동이 된다. 따라서 칸트에게 자유가 이성 법칙에 따른 도덕적 행동을 의미한다면, 호르크하이머에게 자유란 정의의 원칙에 따른 사회 형성 활동을 말한다. 이렇게 볼 때 결국 호르크하이머에게 자유와 이성의 실현이란 정의로운 사회를 만들려는 의식적 사회 형성 활동이라고 규정할 수 있다.

3 | 헤겔의 인륜성 개념에 대한 유물론적 변형

이렇게 자유를 정의로운 사회를 만들려는 인간의 의식적 사회 형성 활동으로 본다면, 정의로운 사회는 바로 이성의 법칙이자 동시에 자유로운 행위의 궁극적 목적 역할을 한다. 이러한 정의로운 사회에 대한 호르크하이머의 이념은 헤겔의 역사철학을 마르크스주의적으로 변형시킨 결과다.

호르크하이머의 논문 「역사와 심리학」(1932)에 따르면, 헤겔의 역사철학은 다양하고 복잡한 역사적 현상 속에서 어떤 통일적이고 역동적 구조가 관철되고 있음을 전제한다.[5] 그리고 헤겔은 이를 객관적으로 실재하는 정신의 자기실현 과정으로 개념화했다. 따라서 실제 역사적 사건들이 의미를 갖기 위해서는 이것이 스스로를 실현하는 객관적 정신의 자기표현으로 이해되어야 한다. 헤겔에 따르면 인류 역사에서 어떤 전환점 역할을 한 사건들이 비록 특정 개인이나 집단의 열정과 추진력에 의해 달성된 것처럼 보이지만, 사실 이는 개인이나 집단을 포괄하는 객관적 정신의 표현이다. 따라서 역사적 진행은 단지 개인이나 대중의 의지로만 환원될 수 없으며, 오히려 역사는 객관적 정신과 인간의 의지가 하나가 되면서 진행된다고 볼 수 있다.

헤겔은 이러한 과정을 보편자와 개별자 사이의 통일 과정을 통해 설명한다. 그리고 그는 동시에 이러한 통일 속에서 자유의 실현을 봄으로써 역사의 발전과 자유의 이념을 연결시킨다. 헤겔이 『법철학 요강』에서 밝히고 있듯이, 한편으로 자유란 개개인의 자아실현이며, 다른 한편으로 객관적 정신은 가족, 시민사회 그리고 국가로 고도화되는 제반 사회 질서 속에서 일종의 인륜적 가치 형태로 보편화되어 있다. 헤겔에 따르면 이렇게 사회 질서 속에 객관적으로 존재하는 인륜성은 개인의 자기의식 속에 주관적으로도 존재한다. 왜냐하면 개인은 오늘날의 시각에서 볼 때 일종의 사회화 과정을 통해 인륜적 가치를 내면화함으로써 본능적 존재에서 벗어나 자신의 개성을 형성할 뿐 아니라, 이러한 가치의 실현을 자신의 삶의 목적으로 삼기 때문이다. 따라서 각 개인의 자아실현은 동시에 인륜성이라는 보편적 가치의 실현이며, 이 양자는 개별자와 보편자라는 면에서 구별될 뿐, 객관적 정신의 현실화라는 면에서는 동일하다. 이런 점에서 결국 인륜적인 것과 개성은 하나로 통합되며, 인륜성의 실현은 동시에 개인의 자아실현이자 자유의 실현이 된다. 호르크하이머가 1930년대에 자유의 궁극적 목표로 설정했던 정의로운 사회란 바로 개별자의 자아실현이 보편적 가치의 실현과 동일화됨으로써 개인과 개인이 대립하지 않고 서로 화해할 수 있는 사회이다.

그러나 이것이 헤겔에서처럼 자기 자신을 역사적으로 현실화시키는 어떤 객관적 정신을 통해 달성되는 것은 아니다. 호르크하이머는 헤겔과 마찬가지로 역사 발전을 지배하는 초개인적인 역동적 구조나 경향이 실재함을 인정하지만, 그가 이를 어떤 정신적인 힘으로 생각한 것은 아니다. 호르크하이머에 따르면 역사에는 내재적 목적이라고 생각할 수 있는 그 어떤 것도 존재하지 않는다. 그리고 그는 역사를 노동을 통하여 자기 자신을 보전하려는 인간과 자연

사이의 대립의 산물로 보고 있기 때문에 자아실현의 이념 역시 유물론적으로 변형시킨다. 왜냐하면 이제 인간은 헤겔에서처럼 객관적 정신 혹은 인륜적인 것을 내면화함으로써 자신의 개성을 형성하는 존재라기보다는 오히려 자기 보존이라는 본능적 욕구를 충족하기 위한 존재로 등장하기 때문이다. 즉 마르크스가 생산력과 생산관계 사이의 모순 개념을 도입하듯이, 호르크하이머는 인간과 자연 사이의 대립 속에서 발전하는 생산력, 그리고 제반 사회적 관계를 결정하는 기존의 생산관계 사이의 변증법을 역사적 동학의 원동력으로 보았다. 따라서 인간의 역사는 고대, 중세를 거쳐 근대에 이르기까지 어떤 통일적인 정신적 원칙이 아니라, 다양한 단계의 물질적 생산 과정에서 제기되는 제반 요구로부터 해명되어야 한다. 이런 점에서 역사적 투쟁에서 드러나는 것은 객관적 정신에 대한 의식이 아니라, 인간의 생산 능력의 발전이라는 것이다. 결국 호르크하이머에게 개인적 삶은 인륜적 가치를 내면화한 자기 자신의 실현이 아니라 자기 보존이라는 생존 욕구의 실현이며, 정의로운 사회 역시 인륜적 가치가 보편화된 사회 질서가 아니라 개개인의 생존 욕구 실현이 동시에 타인의 생존 욕구 충족을 가능하게 하는 정의로운 생산양식을 뜻하게 된다.

물론 호르크하이머가 생각하는 정의로운 생산양식이란 사실 사회주의 사회다. 그러나 여기서 말하는 사회주의가 단지 자본주의와 구별되는 또 하나의 생산양식으로 축소되어서는 안 된다. 오히려 이는 마르크스가 말하는 '자유의 왕국'을 실현하는 사회 형태로 이해되어야 한다. 사회주의 사회에서는 생산, 교환, 소비가 우연적이고 맹목적인 경쟁에 의해 이루어지는 것이 아니라, 인간의 목적의식적 활동에 의해 계획되고 통제되기 때문이다. 다시 말해서 인간이 자연 법칙을 인식하면서 자연의 폭력으로부터 벗어나 반대로 자연을 지배하게 되었듯이, 사회주의 사회에서는 통제 불가능한 것으로 보였던 사회적 과정을 법칙적으로 인식하게 됨으로써 시장 교환 체제의 폭력적 지배로부터 벗어나 비로소 사회를 자율적으로 통제할 수 있게 된다는 것이다.

더구나 사회주의 사회는 정의로운 사회다. 자본주의 사회에서는 자본과 노동이 결합하여 사회적 생산 체제를 형성하지만, 자본의 사적 소유자인 자본가는 노동자를 사고팔 수 있는 노동력 상품으로 취급함으로써 노동의 잉여가치를 착취할 뿐 아니라 생산의 이윤을 독점한다. 따라서 자본가의 이익 충족은 노동자의 이익 부정으로 이어지고, 자본가의 풍요는 노동자의 빈곤으로 귀결된다. 이에 반해 자본의 사적 소유가 철폐된 사회주의 사회에서는 노동자가 다른 노동자와 함께 공동 생산 체제를 형성하되 '능력에 따라 일하고 성과에 따라 분배받음'으로써 개별적인 이익 충족이 다른 사람의 이익 충족을 침해하는 것이 아니라 동시에 이를 만족시킬 수 있는 새로운 생산관계가 가능하다는 것이다. 이런 점에서 사회주의는 사회를 인간의 자율적 기획으로 만들려는 호르크하이머의 자유 개념에 해당하며, 더 나아가 사회주의는 정의로운 사회를 말한다. 왜냐하면 모든 사람이 자신의 능력에 따라 노동하고 성과에 따라 소비할 수 있는 사회란 바로 개인의 이익과 공동의 이익이 조화를 이룰 때 가능하기 때문이다.

4 | 사회에 대한 비판적 이해

지금까지 설명했듯이 호르크하이머에게 자유의 실현은 이성의 실현과 동일하다. 자유란 인간의 의식적 사회 형성 활동과 자기 보존 노력에 기초하여 정의로운 사회를 목적의식적으로 건설하는 것이기 때문이다. 그리고 이러한 자유와 이성의 실현이라는 규범적 이상은 1930년대 비판 이론이 사회 비판을 수행하는 데 있어서 일종의 규범적 토대 역할을 한다. 왜냐하면 당시 호르크하이머가 제시한 사회연구소의 연구 프로그램에 따르면, 비판 이론의 과제는 무엇보다도 현존 사회의 경제적 삶, 개인의 심리적 발전, 문화적 변동 사이의 연관성을 해명할 뿐 아니라 이를 토대로 사회적 억압을 비판하는 데 있었으며, 여기서 자유와 이성의 실현은 항상 해방적 사회상을 제시하는 데 결정적 역할을 했기 때문이다.[6] 이런 점에서 초기 비판 이론은 자유와 이성의 실현이라는 규범적 이상을 토대로 자본주의 생산 체제, 개인의 성격 형성, 그리고 문화 변동에 대한 학제 연구에 몰두했으며, 이를 통해 당시 사회를 '새로운 야만'으로 규정했다.

그리고 호르크하이머가 생산, 개성, 문화라는 세 가지 사회 구성 영역에서 사회 비판을 수행하려고 한 것은 사실 이 영역 각각이 인간이 맺고 있는 서로 다른 세계 관계를 보여주기 때문이라고 볼 수 있다. 즉 호르크하이머에게 생산 영역이란 인간이 노동을 통한 자기 보존을 위해 자연과의 대립 속에서 발전시킨 생산관계를 말하고, 개성 영역이란 단지 생존 본능에 따른 자연적 욕구가 아니라 더 고차적인 욕구 형성을 위해 인간의 모든 정신적 능력이 작동하는 자기관계 영역이며, 문화란 일종의 초개인적인 영역으로서 이와의 관계를 통해 인간은 세계를 이해하고 자신의 삶에 의미를 부여하는 인식 지평을 획득한다는 것이다. 이런 점에서 비록 사회 비판이 자유와 이성의 실현이라는 동일한 규범적 이상을 전제한다 하더라도 세부 적용 영역이 달라짐에 따라 비판의 방식 역시 다양화될 수밖에 없다.

첫째, 앞서 지적했듯이 호르크하이머는 개인의 욕구 충족이 동시에 다른 모든 사람의 욕구 충족에 기여할 수 있는 사회를 정의로운 사회로 보았고, 능력에 따라 일하고 성과에 따라 분배받는 사회주의적 생산 체제를 정의로운 사회로 보았다. 따라서 여기서는 생산을 목적의식적으로 계획하고 통제하는 것이 이성의 실현이자 자유의 실현을 뜻하게 된다. 이런 점에서 소수 자본가의 이익이 절대화되고 대다수 노동자가 착취와 빈곤에 허덕이는 사회, 그리고 자본주의적 시장 경제처럼 맹목적 경쟁과 통제 불가능한 교환 과정이 지배하는 사회는 비이성적 사회일 뿐 아니라 인간의 자유를 억압하는 사회이며, 반대로 사회 구성원이 공동 생산 체제를 형성하면서 능력에 따라 일하고 성과에 따라 분배받는 사회, 그리고 생산과 교환과 소비가 인간의 목적의식적 활동을 통해 계획되고 통제되는 사회는 이성적 사회일 뿐 아니라 해방된 사회가 된다.

둘째, 호르크하이머에 따르면 인간의 자아는 단순히 생존 본능으로 환원될 수 없으며, 따라서 개성 역시 이러한 본능의 발현 과정을 통해 형성되는 것이 아니다. 인간의 자아는 "개인 속에서 발현되는 제반 정신적 힘"의 원천이며,[7] 이를 통해 개인의 삶만이 아니라 사회 역시 발전한다. 더구나 인간의 내적 충동 역시 물질적 쾌락으로 한정되는 것이 아니라, 역으로 고통과 죽음마저 감내하게 하는 어떤 "상상된 욕구"(Phantasie) 실현으로 발전한다.[8] 이런 점에서 아마도 우리는 개인이 자신의 정신적 힘을 발현하면서 단순한 생존을 넘어 더 고차적인 삶의 욕구를 형성하는 내적 자기관계에 대해 이야기할 수 있을 것이다. 그러나 호르크하이머는 이러한 자기관계를 통한 개성 형성이 아니라, 어떻게 개인의 자아가 왜곡되는가 하는 점에 주목한다. 즉 그에 따르면 자본주의 사회에서 개인의 정신적 힘이나 충동은 일종의 사회화 과정을 통해 생산관계의 요구에 맞게 억압됨으로써 기존 사회 조직과 지배 체제를 유지하는 데 기여한다는 것이다.

셋째, 호르크하이머에게 이러한 사회화 역할을 하는 것이 바로 문화다. 물론 문화란 사회 구성원의 보편적 인식 지평이 재생산되는 초개인적 영역으로서 예술이나 학문 활동에서부터 일상생활과 제반 사회적 상호작용에 침투할 뿐 아니라 가족, 학교, 교회, 예술 기관 등 다양한 사회 조직 속에서 제도화된다. 그러나 호르크하이머가 주목하는 것은 문화가 경제적 생산관계에 종속됨으로써 생산 과정에 필요한 역할에 맞게 개성을 형성한다는 점이다. 즉 호르크하이머에게 문화란 무엇보다도 개인을 사회 체제에 편입시킬 뿐 아니라, 이를 통해 기존 사회를 유지하기 위해 경제적 생산관계와 개성 형성을 매개하는 일종의 "개인 형성 권력"을 의미한다.[9]

이런 점에서 호르크하이머에게 생산, 개성, 문화는 하나의 기능적 통일체를 형성하며, 이제 문화란 현존하는 생산관계를 정당화하고 재생산하는 이데올로기로 변질되고, 개성이란 그에 따른 왜곡된 결과물로 축소된다. 물론 근본적으로 이런 식의 비판이 가능한 것은 호르크하이머가 의식적인 사회 형성 활동을 통한 정의로운 사회 건설이라는 이상, 자유와 이성의 실현이라는 이상을 전제했기 때문이다.

5 | 호르크하이머 사상의 한계

그러나 이런 식의 사회 비판은 사실 생산관계 차원에만 주목한 것으로서 자아 형성 차원에서 어떻게 자유를 이야기할 수 있고, 또한 이에 근거하여 어떻게 사회를 비판할 수 있는가 하는 점은 이론적으로 빈 공간으로 남는다. 이런 점에서 호르크하이머의 자유 개념이나 사회 비판은 모두 일면적이라는 한계를 갖고 있다고 할 수 있다. 이는 특히 두 가지 차원에서 조명할 수 있다.

첫째, 보편적인 것과 개별적인 것의 인륜적 조화에 대한 헤겔의 사상을 유물론적으로 변형시킨 호르크하이머에게서 알 수 있는 것은 그가 자유를 사회 형성 활동과 결합시킴으로써 자아 형성의 차원에 대해서는 관심을 기울이지 않았다는 점이다. 호르크하이머가 모든 존재의 영역을 인간의 자율적 기획의 대상으로 보려고 한다는 점에서 그에게 자유란 단지 사회 형성의 영역이 아니라 개인의 자아 형성의 영역에도 적용된다. 그러나 그가 비록 고차적인 자아 형성에 대한 관념을 갖고 있었지만, 그의 이론 전체는 전적으로 자기 보존 모델에 빠져 있었기 때문에 자유 개념을 자아 형성이라는 각도에서 고찰하지 않았다. 이에 반해 헤겔의 자아실현 개념은 개인적인 자아 형성이 갖는 사회적 차원에 대한 통찰을 포함하고 있다. 이른바 인륜적인 것은 개인이 자신의 자아를 단지 존재하는 것이 아니라 더 의미 있게 형성하게 하는 초개인적 영역에 해당하기 때문이다. 그러나 호르크하이머는 초개인적 영역을 단지 물질적 관계로 환원함으로써 자유로운 자아 형성을 다룰 수 있는 이론적 공간을 상실한다. 그뿐 아니라 칸트의 자율성 개념 역시 자아 형성의 차원을 내포하고 있다. 왜냐하면 이는 자연적 존재의 차원을 넘어서 도덕적 개인의 형성을 요구하고 있기 때문이다. 그러나 호르크하이머는 도덕적 형성 과정을 이기적 충동에 대한 부정으로 축소시킴으로써 도덕적 자아 형성의 차원 역시 상실한다. 이런 점에서 호르크하이머는 인륜적 자아 형성이나 도덕적 자아 형성의 계기를 이론적으로 포착할 수 없었으며, 단지 개인적 자아를 자기 보존 차원에서만 사고할 수 있었다.

물론 앞서 지적했듯이 호르크하이머의 심리학 개념은 개인의 자아를 자기 보존 충동으로 축소하지 않고, 오히려 개인의 자아를 모든 정신적 역량의 잠재적 원천으로 파악한다. 따라서 호르크하이머에게서 인간이 모든 근원적 충동을 필연적으로 물질적 충족이라는 직접적 쾌락과 연결시킨다는 생각은 별반 설득력을 갖지 못한다. 인간은 자신의 고통과 죽음까지도 감내할 수 있는 일종의 환상 충족에 대한 욕구까지도 갖고 있기 때문이다. 예를 들어 인간은 개인 고유의 특성에 대한 인정 욕구를 갖고 있으며, 초개인적 존재와의 환상적 동일화 욕구를 갖고 있다. 이런 식의 욕구는 개인이 자연적 충동을 넘어서 자신의 자아를 사회적으로 형성하는 자기 형성의 차원을 나타낸다고 할 수 있다.

그러나 호르크하이머의 심리학적 관심은 어떻게 개인이 기존 사회 구조에 의해 결정되며 또한 어떻게 이 속으로 통합되는가에 집중되어 있다. 물론 이러한 그의 관심은 중요하다. 왜냐하면 이를 통해 현존 사회의 존속이 어떻게 가능한지를 설명할 수 있기 때문이다. 이런 점에서 그의 심리학적 관심은 개인의 충동이 사회화되는 과정을 분석함으로써 개인의 본능 충동이 사회적 요구에 따라 변형되고, 이를 통해 기존 사회가 존속하게 되는 메커니즘을 밝혀준다. 그러나 호르크하이머는 이렇게 인간의 정신적 역량이 사회적으로 왜곡되는 과정만 밝힐 뿐, 반대로 정신적 역량이 왜곡되지 않게 실현될 수 있는 사회적 조건이 무엇인지에는 관심을 기울이지 않는다.

호르크하이머에게 본능을 사회화하는 역할은 가족, 학교, 교회, 예술 기관 등의 문화적 제도가 담당한다. 그에게 문화란 사회 공동의 가치관이 재생산되는 초개인적 영역으로서, 이는 미적이고 지적인 생산에서 일상생활을 거쳐 사회적 상호작용에까지 침투한다. 그러나 호르크하이머는 문화가 경제적 관계에 종속되어 있다고 봄으로써, 이제 그에게 문화란 개인의 심리 구조를 개인이 경제적 과정에서 담당하는 역할과 연결시키는 매개체가 된다. 즉 문화는 물질적 생산양식과 개인의 심리 구조를 매개하며, 이를 통해 개인을 기존 사회에 통합시킬 뿐 아니라 기존 사회를 존속하게 한다는 것이다. 이런 점에서 경제적 구조, 개인의 심리 구조, 문화 제도는 기능적 통일체를 형성하며, 이를 통해 사회는 유지, 존속된다. 그러나 호르크하이머에게 이러한 통일성의 형성 과정은 한편으로 사회를 존속시키고, 다른 한편으로 개인적 자아에 사회적 형태를 부여하는 개인의 사회적 형성 과정을 의미하는 것이 아니었다. 즉 이는 헤겔에게서 발견할 수 있는 개별적인 것과 보편적인 것의 매개가 아니라, 보편적인 것을 위한 개인적인 것의 왜곡이었다. 호르크하이머가 본능의 사회화 과정이라고 생각한 것은 개인의 본능적 충동이 사회적 실현 형태를 획득하는 과정이라기보다 개인적 자아에 대한 왜곡이나 억압을 의미했기 때문이다.

그러나 본능의 사회화 과정을 자아에 대한 억압으로 이해한다면 당연히 왜곡되지 않은 자아 형성 과정에 대한 표상이 전제되어야 한다. 호르크하이머가 생각하는 사회화를 통한 자아 억압은 자연적 자아와 사회가 요구하는 자아 사이의 내적 갈등을 함축한다. 그리고 이러한 갈등이 자본주의 사회에서는 사회적으로 요구된 자아가 강제적으로 내면화하는 내적 억압 과정을 통해 해소된다. 따라서 해방적이라고 규정할 수 있는 사회적 조건은 이러한 갈등을 넘어서 개인적 자아가 충분히 실현될 수 있도록 하는 것이어야 한다. 그러나 호르크하이머는 사회적 지배 관계의 존속을 설명하기 위해 본능의 사회화 과정에만 주목했을 뿐, 자아와 사회적 자아 사이의 왜곡되지 않은 관계 내지 해방적 관계를 개념화하지는 못했다. 이런 점에서 호르크하이머에게는 억압되지 않은 사회적 자아의 형성 과정이 주제화될 수 있는 이론적 공간이 존재하지 않는다. 물론 호르크하이머는 인간의 모든 본능적 충동을 단지 물질적 충족이라는 직접적 쾌락과 연결시키는 것에 반대하지만, 그에게는 사회적으로 형성된 자아에 대해 이야기할 수 있는 개념적 장치가 결여되어 있다는 것이다. 따라서 호르크하이머에게 남는 것은 자기실현을 위한 사회적 형태를 갖지 못하는 자연적 자아뿐이다. 이런 점에서 호르크하이머에게 행복은 본능적 욕구 충족과 동일시되었고, 행복은 결코 자아 억압을 넘어 자연적 자아와 사회적 형태의 자아 사이의 긍정적 내지 해방적 관계를 의미하는 자기관계 속에서 이해되지 못했다.

둘째, 호르크하이머는 자유 개념을 사회 형성 차원으로 축소시킨 것처럼 사회 비판 역시 일면화시키고 있다. 앞서 지적했듯이 호르크하이머는 문화를 매개로 생산과 개성의 영역을 연결시키면서 문화를 현존하는 생산관계를 정당화하고 재생산하는 이데올로기로, 그리고 개성은 그 왜곡된 결과물로 비판하고 있다. 그러나 흡사 이런 식의 사회 비판은 문화를 매개로 생산관계와 개성 형성 사이의 밀접한 연관성을 체계적으로 설명하는 것처럼 보이지만, 사실 이러한 연관성은 생산관계 차원만 특권화시킨 것일 뿐, 문화와 개성 영역의 상대적 자율성을 부정한 것이다. 왜냐하면 호르크하이머의 설명은 비록 생산관계에 종속된 문화와 개성 영역에서 일어나는 사회적 억압을 드러낼 수는 있지만, 역으로 이 두 영역에서 인간의 자유를 개념화할 수는 없기 때문이다. 즉 호르크하이머는 인간이 우연적 맹목성에서 벗어나 이성적 원칙에 따라 생산을 계획하고 통제하는 것이 인간의 자유라고 주장하지만, 사실 이는 생산 영역에서의 자유일 뿐, 이러한 자유 개념만으로는 인간이 문화적 권력으로부터 벗어나 어떻게 개성을 형성할 때, 그리고 인간이 이데올로기적 기능에서 벗어나 어떻게 문화를 형성하고 유지할 때 이를 자유의 실현이라고 할 수 있는가 하는 점은 전혀 설명할 수 없다는 것이다.

물론 호르크하이머에게 인간이 자아에 대한 문화적 억압과 왜곡으로부터 해방될 수 있는 길이 어디에 있는지는 분명하다. 즉 그것은 문화적 이데올로기 확산과 이에 따른 개인적 자아 왜곡의 근본적 원인인 사회적 생산관계를 이성적 원칙에 따라 변혁하는 것이다.[10] 왜냐하면 호르크하이머의 사회 비판에서 생산관계란 한 사회의 문화와 개성을 결정하는 근본 토대이기 때문이다. 그러나 생산관계의 변혁을 통한 이성적 사회의 건설이 문화적 개인 형성 권력의 소멸을 의미하는 것은 아니다. 왜냐하면 호르크하이머가 결정론적 시각을 통해 비록 변화된 생산관계에 상응하는 새로운 문화와 개성을 이야기할 수는 있어도, 문화를 매개로 개성 형성을 결정하는 생산관계의 영향 자체를 부정할 수는 없기 때문이다. 따라서 기존 생산관계의 유지에 기여하는 문화와 개성 형성이라는 일반적인 억압 구조 자체는 여전히 존재하게 된다.

더구나 단지 생산관계의 변혁이 바로 문화적 억압과 왜곡으로부터 자아를 해방시키는 길이라고 본다면, 이에 이어서 어떻게 개인이 새로운 형태의 사회 속에서 억압 없이 사회화될 수 있는가 하는 문제가 논의되어야 한다. 물론 호르크하이머에게서 문화는 현존하는 사회의 요구에 맞추어 개인의 본능을 사회화하는 역할을 담당하지만, 이것이 이성적 사회에서는 본능의 사회화가 불필요하다는 것을 의미하지는 않을 것이다. 그럼에도 불구하고 호르크하이머는 개인적 욕구를 자기 보존 욕구로 축소시킴으로써 어떤 형태의 사회화이든 이를 이론적 주제로 삼는 것을 불필요하게 만들었다. 이런 점에서 이데올로기적 자아 형성에 대한 비판은 규범적 의미에서 해방된 자아 형성에 대한 어떤 표상도 전제하지 않는다.

결국 결정론적 시각에 따라 생산관계의 변혁을 주장하는 호르크하이머는 문화와 개성이 어떻게 형성될 때 이를 인간의 자유 실현으로 규정할 수 있는지에 대해 사실 아무런 대안도 제시할 수 없었다. 호르크하이머의 사회 비판은 자본주의적 생산관계를 비판하면서 여기에 내재된 사회적 지배 체제가 문화와 개성 영역으로 확장되는 과정을 해명하는 데 몰두했을 뿐, 문화와 개성 영역에서 고유한 자유 개념을 설정하고 이를 토대로 사회적 억압을 비판한 것이 아니다. 따라서 호르크하이머는 비록 생산, 개성, 문화라는 사회 구성 영역을 구분했지만, 각각의 영역에 해당하는 고유한 해방과 자유 개념을 제시하지 못함으로써 사회 비판을 일면화시키고 말았다.

II

THEODOR WIESENGRUND ADORNO

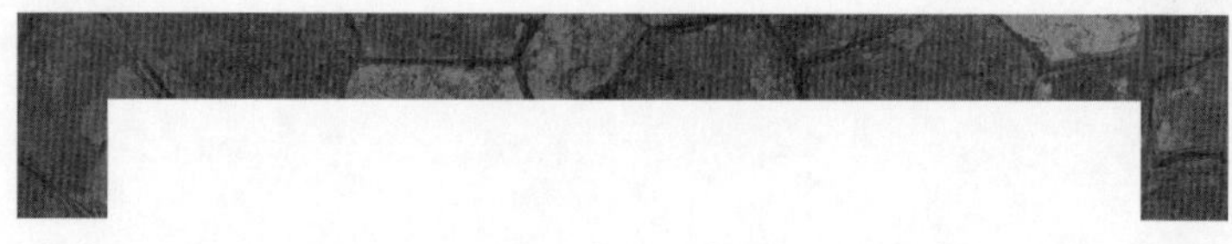

2 아도르노
끝없는 부정의 철학

박구용

1 | 선택과 사유

테오도르 아도르노(Theodor Wiesengrund Adorno, 1903~1969)는 1세대 프랑크푸르트학파의 비판 이론을 대표하는 철학자이자 문화비평가이다. 그는 사회연구소의 구성원으로서 사회와 문화의 이데올로기 비판을 지속적으로 수행했다. 1938년 나치의 유대인 탄압이 과격해지자 유대인인 아도르노는 독일을 떠날 수밖에 없었다. 그러나 전체주의로부터의 해방을 위해 떠난 망명길에서 아도르노를 기다린 것은 새로운 형태의 전체주의였다. 그에게 망명지 미국은 교환 불가능한 것을 모두 무의미, 곧 악으로 규정하는 새로운 형태의 자본주의적 전체주의 사회였기 때문이다.

아도르노에 따르면 전체주의는 이쪽과 저쪽 중에서 하나를 끝없이 선택하도록 강요하는 지배 체계다. 자본주의적 전체주의는 무엇보다도 사물을 쓸모 있는 것과 없는 것으로 분리한다. 자본주의 사회에서 사물의 유용성은 그것이 시장에서 차지하는 위치, 즉 자본으로 환산될 수 있는 교환가치에 의해 결정된다. 사람들은 이제 문명의 흔적을 발견할 수 없는 깊은 산속의 바위나 소나무를 보면서 그것들의 값을 떠올릴 수 있을 때에야 비로소 아름다움에 경탄할 수 있다. 생명도 값이 있어야 가치를 갖는다. 죽은 소나무는 죽음 때문이 아니라 교환가치가 떨어지기 때문에 나쁜 것이 된다. 죽어 있는 것과 살아 있는 것의 차이는 값의 차이일 뿐이다. 시장에서 신선한 생선과 야채를 골라내는 숙련된 눈매와 손놀림에서처럼 자본주의 사회에서 모든 사물은 유용성의 정도에 따라 평가되고 선택된다. 사물은 이제 사유가 아니라 선택의 대상일 뿐이다.

전체주의 사회에서는 사물과 마찬가지로 사람도 이편과 저편으로 분리된다. 전쟁에서 동지가 아닌 사람은 적이 되듯이, 친구가 될 수 없는 사람은 모두 의심스러운 사람으로 전락한다. 같은 학교, 같은 지역, 같은 민족, 같은 부류의 사람이 아닌 사람은 다른 편이고 이방인이다. 이방인은 언제나 추방될 수 있다. "자신에 동조하지 않는 사람을 단순한 차이라는 이유로 수용소로 추방하는 일은 바로 지배 세력의 근본 속성이기도 하다."[1] '친구가 아니면 적이다'라는 규범이 지배하는 사회에서 편 가르기는 삶의 지혜가 된다. 적과 동지를 나누는 편 가르기의 기준은 여러 가지가 있을 수 있다. 그러나 자본주의 사회에서 편을 가르는 다양한 기준의 기준이 되는 것은 유용성이다. 사람들은 관계를 맺고 있는 다른 사람들을 쓸모 있는 사람이 아니면 장애물로 판단하고 선택하는 가운데 사람을 사물처럼 취급한다. 이처럼 사람과 사물을 이쪽과 저쪽, 이편과 저편으로 분리하는 사회에서 절대로 "용납되지 않는 것은 '이것이냐 저것이냐'에서 빠져나가려는 시도, 추상적 원칙에 대한 불신, 고정 관념이 없이도 흔들림이 없는 태도다."[2]

아도르노에 따르면 현대 사회는 정치권력에 대한 급진적 비판이나 정치적 무정부주의, 극단적 채식주의나 원시적 공동체주의를 지향하는 사람들에 대해 비판적이기보다는 오히려 우호적 관심을 갖는다. 아무리 극단적인 체제 비판 세력이라고 하더라도 이것과 저것 중에 하나를 선택하고, 그에 대해 자기 확신의 논리를 가진 사람은 위험하지 않기 때문이다. 이편이 아니라 저편에 봉사하는 논리도 결국은 실천 가능성이나 현실적 유용성을 입증해야만 한다면, 결국 같은 편이 될 수 있다. "그렇게 제시된 양자택일은 이미 타율의 일부다."[3] 이런 방식으로 선택을 강요하는 사회에서 양자택일을 거부하는 사람은 노이로제 환자 취급을 받기 쉽다. 그러나 아도르노에 따르면 "자유란 흑백을 선택하는 것이 아니라, 그렇게 규정된 선택으로부터 빠져나오는 것이다."(MM, 187)

아도르노는 전체주의 사회나 문화에 저항하기 위해서 선택을 미루고 사유할 것을 주문한다. 아도르노가 주문하는 사유는 실존적으로 고립된 인간의 내면적 사색도 아니며, 그렇다고 대상에 대한 익숙한 통념을 반복하는 것도 아니다. 그에게 있어서 진정한 사유는 대상과 새로운 관계를 형성하는 것이다. 모든 사유는 이미 다양한 관계를 통해 매개된다. 그러나 사유는 잘 알려진 관계를 반복하는 것이 아니다. 사유의 가치는 사태의 진행 단계를 단절 없는 연속성으로 파악하는 것이 아니다. 아도르노가 말하는 사유는 단절의 틈을 메우거나 불일치를 없애는 것이 아니라, 불일치의 틈 사이에 거주하는 것이다(MM, 115). 그에게 있어서 진정한 사유는 구부러지고 굴절된 것을 반듯하게 중성화시키거나 다른 것을 같은 것으로 환원시키는 것이 아니라, 다름과 차이를 표현하는 것이다. 더 엄밀하게 말하자면 이는 사유가 같음 혹은 동일성으로 환원되지 않는 다름과 비동일성의 단순한 전달자임을 의미한다기보다도 비동일성에 의해 사유 자체가 촉발된다는 점을 말한다. 사유는 동일성을 강요하는 현실의 지배 질서에 저항하는 과정이다.

그러나 아도르노는 망명지 미국에서 사유하기의 어려움을 뼈저리게 경험한다. 실증주의, 과학주의, 실용주의 사상이 지배하는 미국에서 사유는 사실을 입증하고 현실을 긍정하는 것으로서만 허용된다. 아도르노에게 있어서 사유는 사실, 현실 그리고 삶과의 거리 두기를 통해서 가능하지만, 미국에서 그런 방식의 사유는 비학문적인 것으로 평가 절하되었다. 아도르노에 따르면 사유와 존재가 동일한 것이라면 사유는 존재에 대해 특별한 해석을 할 필요가 없게 되며 결국 불필요한 것이 된다. 그런데 미국은 그에게 존재의 세계에 대해서만 사유하도록 주문했다.

아도르노는 망명 도중에 호르크하이머의 주선으로 록펠러 재단이 후원한 라디오 연구 팀의 보조 연구원으로 일을 했다. 음악 분과에서 그의 역할은 설문지나 인터뷰를 통해 시청자들이 특정한 음악 프로그램의 청취를 선택하게 된 이유를 밝히는 것이었다. 이런 연구는 통계를 통해 어떤 개인이 특정 선택을 하는 이유와 근거를 찾는 전형적인 사회과학 방법론이다. 여기서 선택의 대상과 내용에 따라 그에 대한 연구 방법은 바뀌지 않는다. 연구 방법은 언제나 동일하다. 예를 들어 어떤 사람이 특정 정당의 지지를 선택하는 것, 어떤 백화점에서 상품 구매를 할 것인지를 선택하는 것, 어떤 회사의 자동차 구입을 선택하는 것, 어느 방송의 어떤 프로그램을 선택하는 것은 서로 다른 문제이지만 연구 방법은 언제나 통계를 통해 선택의 근거를 찾는 것이다.

아도르노는 이처럼 연구 대상의 차이와 무관하게 동일한 연구 방법을 무차별적으로 적용하는 일에 동의할 수 없었다. 더구나 그는 어떤 음악 프로그램의 청취율과 선호도 연구가 프로그램 자체에 대한 연구가 아니라, 광고와 시장의 변화에 프로그램을 종속시키는 연구라는 것을 깨닫는다. 아도르노는 결국 실증주의적 연구 방법이 모든 것을 시장의 교환가치에 따라 분류하고 평가하는 것이라는 결론에 도달한다. 그렇기 때문에 그는 팀이 요구하는 연구 성과를 내지 못했으며, 결국 연구 팀 지원도 중단된다. 그러나 이 과정에서 아도르노는 자본주의 사회에서 개인의 다양한 선택이 자발적인 것처럼 보이지만, 사실은 시장에서 결정된 교환가치에 순응하는 선택을 할 뿐이라는 것을 깨닫는다.

시장의 교환가치에 의해 철저하게 관리되는 사회에서 선택의 차이는 질적인 것이 아니라 양적인 것이다. 다른 사람에 의해 대체될 수 없는 개인의 유일무이성은 다른 사람이 경제적 능력 때문에 선택할 수 없는 것을 선택할 수 있는 능력으로 대체된다. 누구도 넘

볼 수 없는 거대한 저택과 고급 승용차와 명품은 다른 누구와도 같을 수 없는 나만의 차이를 표현할 수 있는 유일한 길이 된다. 행복은 이제 명품을 걸치고 홀로 동화 속 여주인공의 느낌을 갖는 것으로 변질된다. 이처럼 차이와 비동일성조차 교환가치를 높이려는 상품의 전유물이 된다.

> 차이와 유일성으로 지배적인 교환관계에 종속되지 않는 양질의 유토피아가 자본주의 사회에서는 물신숭배의 특성 속으로 도피하게 된다.(MM, 170)

교환가치에 따라 선택하는 것이 그 자체로 나쁜 것은 아니다. 실제로 현대인은 대부분의 시간을 사람과 사물의 교환가치를 평가하는 일이나 자신의 교환가치를 높이는 일에 전념한다. 문제는 그 과정에서 교환가치라는 하나의 양적 기준으로 모든 것의 질적 차이를 무시하거나 배제하는 문화가 전면화된다는 것이다. 이러한 현실의 현혹 관계에서 벗어나기 위해서 진정한 사유는 현실 혹은 사실과 거리두기를 해야 한다. "거리 유지는 안전 지역이 아니라 긴장 영역이다."(MM, 180) 사유는 세계의 진리와 정의를 오류 가능성 없이 제시할 수 있는 것이 아니다. 오히려 오류 가능성이 사유의 본질이다. 바로 이 오류 가능성 때문에 사유는 지속적으로 대상과 거리두기를 해야 한다. 그렇지 않으면 사유는 오류를 진리로 간주하는 무비판적인 것이 된다. 반면에 진정한 사유는 현실과의 거리두기를 통해 현실을 비판하는 과정이다. 실증주의가 사실과의 동일성을 입증하지 못한 사유를 거짓으로 간주한다면, 아도르노는 사유와 사실의 차이를 불가피한 것으로 본다. 사유는 이 차이를 제거하기보다 오히려 차이를 즐기는 놀이가 되어야 한다.

삶과의 거리 속에서만 경험적 삶에 관여하는 사유의 삶이 일어난다. 사실과 관계하고 사실에 대한 비판 속에서 움직이는 동안 사유는 적지 않게 확실한 차이에 의해 움직인다. 존재하는 것과 사유가 말하는 것이 절대로 같지 않으므로 사유는 존재하는 것을 말하게 된다. 사유는 본질적으로 과장의 요소를 지닌다. 즉 실상을 넘어서 쏘아대는 것, 사실성의 중력에서 벗어나려는 것을 지니며, 이와 같은 특성으로 사유는 존재를 단순하게 재생산하지 않고 엄격하고도 자유롭게 존재를 규정해낸다. 그런 점에서 모든 사유는 놀이와 비슷하며, 니체와 마찬가지로 헤겔도 정신의 활동을 놀이와 비교하였다.(MM, 179)

아도르노가 생각하는 사유는 결코 이성의 전유물이 아니다. 일반적으로 사유가 이성이나 지성의 일로 파악되는 곳에서는 현실의 지배 질서가 언제나 이성적인 것처럼 위장된다. 그러나 아도르노가 지향하는 변증법적 사유는 현실적 지배 체제가 이성적이고 보편적인 균형이라고 말하는 것에서 비이성적이고 개별적인 불균형을 찾아내면서, 동시에 비이성적인 불균형 속에서 이성적인 것을 찾는다. 사유란 이처럼 빛에서 어둠을, 어둠에서 빛을 찾아가는 과정에서 지배 체제의 모순을 폭로하는 것이다. "지배적 이성에 대항

한다는 점에서 변증법적 이성은 비이성(부조리)이다. 비이성이 지배적 이성의 죄를 확신시키고 지양하면서 비로소 비이성은 이성적이 된다."(MM, 105) 사유는 이제 이성과 비이성의 경계에서 이쪽저쪽을 들락거리는 놀이인 것이다.

아도르노는 이성을 전면적으로 부정하지 않았다. 그가 부정한 것은 개별자들을 편 가르고 어느 한쪽의 선택을 강요하는 논리가 된 보편적 이성 혹은 도구적 이성이다. 아도르노는 편 가르기, 곧 분리와 선택의 논리로서 이성을 비판했지만 "이성의 추방이나 말살이 아니라 이성에 의한 이성의 비판", 곧 이성 속의 비이성을 비판하고 비이성 속의 이성을 드러내려 했다(ND, 152). 아도르노는 이처럼 이성을 부정한 것이 아니라, 이성과 비이성의 분리를 부정했다는 점에서 푸코, 데리다, 들뢰즈와 같은 탈현대 철학자들과 구별된다. 그렇지만 아도르노는 지배적 이성이 빗나간 것, 편집증적인 것, 미친 것으로 간주하는 것에서 희망의 기호를 찾는다는 측면에서 볼 때 탈현대 철학자, 혹은 현대와 탈현대의 경계에 선 철학자로 평가할 수 있다.

중세에서와 마찬가지로, 오늘날에도 바보들만이 지배 세력에게 대항하는 진리를 말한다는 사실은 아주 의미 있는 지적이다. 이런 관점에서 볼 때 변증법자의 의무는 바로 천치의 진리로 하여금 자신의 고유한 이성을 의식하게끔 도와주는 것이며, 그러한 의식이 없다면 결국 건전한 인간 이성이 다른 사람에게 냉혹하게 부과했던 질병의 암울한 심연 속에서 이성은 몰락할 게 틀림없다.(MM, 105~106)

아마도 아도르노의 진단은 최근의 탈현대 철학을 통해 입증된 것처럼 보인다. 보편의 이름으로 이쪽저쪽으로 편 가르기를 하고 한쪽을 선택하도록 강요하는 도구적 이성이 전면화되었다면, 바로 전면화의 정점에서 이성은 사망 선고를 받는다. 현대 사회에서 도구적 이성은 욕망과 쾌락의 내밀한 공간조차 지배한다. 한마디로 말해서 우리의 의식과 욕망이 도구적 이성에 의해 총체적으로 관리되는 것이다. 이처럼 총체적으로 관리되고 조작된 사회에서도 개인은 자신이 자율적으로 선택하고 향유한다고 착각한다. 이러한 착각을 통해 관리와 조작은 은폐된다. 예를 들어 새로운 핸드폰을 갖고 싶다고 생각한 사람이 있다고 하자. 그가 자신의 욕망을 순전히 자발적인 것이라고 생각할 때, 그는 총체적으로 조작된 욕망에 사로잡힌 것이다. 현대 사회에서 우리가 총체적으로 조작된 의식과 욕망에 사로잡혀 있다면 탈출구는 어디에 있을까? 아도르노의 철학적 사유는 여기서 시작된다.

아도르노는 나치 정권에서 유대인이라는 단 하나의 이유, 곧 다르다는 이유로 가해진 폭력에 의해서 추방되고 상처받았지만, 그는 결코 또 다른 같음의 공동체를 통해서 위안받으려 하지 않은 철학자였다. 더구나 그는 고통과 상처를 거짓 화해를 통해 망각하는 것에 저항했으며, 오히려 고통을 고통으로 표현하는 것에서 희망을 찾았다. 그는 사회와 자연의 고통을 표현하는 가운데 한순간도 쉬지 않고 모든 것을 의심했지만, 희망을 포기하거나 의심하지는 않았다. 그는 올바른 정치적 이념을 실현하기 위해 폭력을 사용하거나 연대성을 강조하는 집단이나 무리와 거리두기를 했지만 "되돌아갈 길이 막힌 사람들의 절망적인 충실함"에 연대하는 철학을 지향했다(MM, 76).

아도르노의 철학을 간략하게 설명하려는 시도는 실패할 수밖에 없다. 여러 이유가 있지만 무엇보다도 그가 반-체계 철학을 제시하고 있기 때문이다. 체계 철학의 경우에는 체계의 주요 구성 부분을 골라내서 간략하게 설명할 수 있다. 그러나 아도르노의 반-체계 철학에서 뼈와 살을 분리시키는 것은 불가능할 뿐 아니라 그 자체가 왜곡이다. 따라서 이 글은 아도르노의 철학에 대한 전반적인 요약이 아니라 몇몇 부분에 관심을 집중하여 서술하려고 한다.

2 | 전면적 부정과 끝없는 부정

실증주의자와 과학주의자는 연구 대상에 관계없이 동일한 연구 방법을 요구한다. 이들이 요구하는 연구 방법은 논리적이고 과학적인 증명이 가능한 절차다. 증명 가능성은 동시에 수량화 가능성을 의미한다. 이들은 심지어 사회 심리와 병리 현상, 혹은 사회적 의사결정 과정에 대한 연구에서도 통계를 통한 수량화를 요구한다. 이들은 입증 혹은 수량화 가능성이 없는 대상은 과학뿐 아니라 철학적 연구 영역에서 배제한다. '말할 수 없는 것에 대해서는 침묵해야만 한다'는 비트겐슈타인의 논제는 이들의 요구를 규범화한 것이다 (ND, 63).

아도르노는 실증주의와 과학주의에 맞서 철학의 본질적 욕구가 표현 불가능한 것을 표현하려는 의지에 있다고 말한다(ND, 178). 철학이 말해질 수 없는 것을 말하려고 하는 노력이라면, 철학의 노력은 바로 이러한 점 때문에 실패하기를 거듭하면서도 영원히 계속된다. 억압된 욕구는 강해지고 왜곡될 뿐이지 제거할 수 없는 것처럼, 현대 사회에서 과학주의와 실증주의에 의해 억압된 철학의 욕구도 강해지거나 왜곡되는 경우가 많다. 예를 들어 입증 혹은 수량화할 수 없는 것을 신비화하거나 실체화함으로써 직접 표현하는 것이다. 이처럼 어떤 사유나 사상의 매개도 없이 표현 불가능한 것의 직접적 표현은 현실 문제를 해결하는 마술적 기호로 등장한다(ND, 180). 아도르노는 이런 방식으로 실증주의를 비판하는 것에 반대한다. 오히려 그는 연구의 대상에 맞게 사유와 표현의 방식을 바꾸는 학문, 곧 변증법을 선택한다.

변증법의 역사는 그리스 철학자 헤라클레이토스로 거슬러 올라갈 만큼 오래되었다. 하지만 현대적 지평에서 변증법을 체계화한 철학자는 헤겔이다. 헤겔의 변증법은 흔히 형식 논리학과 대비된다. 형식 논리학이 인간 주체의 올바른 사유와 추론의 법칙에 관한 학문이라면, 변증법은 사물, 사건, 사태와 같은 객체의 변화와 형성 과정을 서술하는 학문이다. 이 점에서 볼 때 변증법은 주체의 의식보다 대상으로서의 객체를 우선시한다.

그런데 헤겔에 따르면 인간은 의식과 무관한 순수한 대상 세계에 대해 말할 수 없다. 대상 세계는 주체의 의식을 매개했을 때에만 표현될 수 있기 때문이다. 이런 관점에서 볼 때 변증법이 지향하는 대상으로서의 객체는 이미 주체를 통해 개념화된 것, 곧 정신적인 것일 수밖에 없다. 헤겔의 변증법은 결국 대상으로서의 객체를 서술하기 위해서 대상을 직접 대면하고 관찰하는 길보다는 인류 역사에서 대상 세계에 대해 서술한 것을 모아서 체계적으로 다시 서술하는 방법을 택한다. 이 과정에서 헤겔은 대상과 그에 대한 사유와 개념이 일치하는 것처럼 보이지만, 그것은 잠시 나타나는 가상일 뿐 지속적으로 모순이 생겨난다는 사실을 밝힌다. 헤겔의 변증법은 이와 같이 대상과 사유 사이의 모순을 해소하는 전 과정을 정신의 자기 전개로 규정하고, 이를 낮은 단계에서 높은 단계로 체계화시켜 서술한다.

잘 알려진 것처럼 마르크스는 헤겔의 변증법을 관념 변증법으로 해석, 비판하고서 새롭게 유물 변증법을 제시한다. 마르크스에 따르면 헤겔의 관념 변증법은 정신의 개념 속에 대상 세계를 포섭하는 방식으로 진리를 하늘에서 땅으로 끌어왔지만, 유물 변증법은 땅에서 하늘로 올라가는 과정이다. 관념 변증법이 주체를 우선시하는 정신으로 존재를 해석한다면, 유물 변증법은 객체, 곧 존재로부터 정신을 이끌어낸다. 그러나 '의식이 존재를 결정하는 것이 아니라 존재가 의식을 결정한다'는 마르크스의 논제는 정신을 부정한 것이 아니라, 존재와 무관하게 독립적으로 있는 정신을 부정한 것이다. 하지만 아도르노에 따르면 존재 역시 정신 혹은 의식과 무관하게 독립적으로 있을 수 없다. 아도르노는 무엇보다도 정신과 존재의 선차성에 대한 관념론과 유물론 사이의 논쟁을 변증법과 무관한 것으로 간주한다.

정신과 육체의 선차성에 대한 논쟁은 변증법 이전적으로 일을 처리한다. 그런 논쟁은 제1원리에 대한 문제를 여전히 끌고 다닌다. 그것은 거의 물활론적으로 일종의 아르케(원질)를 추구하며, 내용상으로는 그 해답이 유물론적인 듯하더라도, 형식상으로는 존재론적이다. 육체와 정신 양자는 그것들의 경험으로부터 추상된 것들이며, 그것의 극단적 차이는 일종의 정립된 것이다. (…) 모든 정신적인 것은 수정된 육체적 충동이며, 이 수정은 단순히 존재하는 것이 아닌 것으로서의 질적 전환이다.(ND, 285)

아도르노는 유물 변증법이 "어떤 무조건적 단일자, 즉 아무 구분 없는 총체적 물질"을 설정함으로써 현실 사회주의를 통해 왜곡될 수밖에 없었다고 말한다(ND, 288). 그는 유물 변증법이 객체의 우선성과 실천을 강조한 것은 정당한 것으로 평가하지만(ND, 273), 그것이 의식을 이해하고 변혁하는 대신에 오히려 속박하는 가운데 "독단으로 타락"했다고 진단한다(ND, 60). 물론 유물 변증법은 독단이 아니라 "독단으로 간파된 것을 해체"하는 철학이다(ND, 273). 그러나 유물 변증법이 현실 사회주의에 의해 타락한 원인은 단지 유물 변증법의 바깥에 있는 것이 아니라 자체 안에도 있다.

아도르노가 주목한 유물 변증법의 가장 큰 문제는 어떤 것을 통해서도 매개되지 않은 대상 세계를 가정함으로써 의식과 사상을 사물의 반영과 모상으로 환원시킬 위험을 가지고 있다는 점이다. 이 경우에 유물 변증법은 "주체의 자발성을 부인"하는 결과를 가져올 수밖에 없다(ND, 289). 사람들의 의식이 객관 세계를 있는 그대로 반영할 뿐이라면 의식은 기본적으로 사물화된 것일 수밖에 없으며, 그런 의미에서 자율성과 자발성은 상실된다. 이 경우에 사유는 "객관 세계의 사진"이나(ND, 289) 현실에 대한 무반성적 "자동 기록기"로 전락한다(ND, 290). 자율성을 상실한 의식은 결국 부정적 사회 현실을 비판할 사유의 힘을 상실한다.

아도르노는 유물 변증법의 이러한 한계로부터 정치권력을 장악한 프롤레타리아트의 단일 정당이 영구 집권을 꿈꾸는 파시즘적 독재 세력으로 왜곡되었다고 설명한다(ND, 281). 유물 변증법을 전면에 내세운 현실 공산당은 비판을 허용하지 않는 절대 권력을 향유하는 가운데 스스로 야만적 폭력을 행사하는 정치 세력이 되었다는 것이다. 유물 변증법과 공산당에 대한 아도르노의 비판은 대표적인 좌파 사상가의 것으로 볼 수 없을 만큼 신랄하다. 그 때문에 아도르노는 마르크스주의자들로부터 지속적으로 수정주의자라는 의심과 비판을 받아왔다. 그러나 아도르노는 유물 변증법의 설득력을 부정하거나 그것의 폐기를 주장하지 않았다. 마르크스의 유물 변증법과 마르크스-레닌주의의 유물 변증법을 분명하게 구별하는 것이 불가능하기는 하지만, 아도르노의 비판은 분명 후자, 곧 공식적인 유물 변증법을 향해 있다.

여기서 우리는 레닌을 거쳐 스탈린을 통해 공식화된 유물 변증법에 대한 아도르노의 비판이 정당한지에 대해 논의할 수 없다. 하지만 아도르노가 관념 변증법과 유물 변증법의 대결을 더 이상 무의미한 것으로 인식했다는 것은 분명히 할 필요가 있다. 그는 더 이상 천상(정신)과 지상(존재)의 우선성을 경쟁하는 변증법이 아니라,

안(긍정)에 머물지 않고 끝없이 바깥(부정)으로 나아갈 수 있는 변증법을 세우는 데 관심을 갖는다. 그에 따르면 관념 변증법과 유물 변증법은 정신과 존재 중에서 어느 한쪽을 선택적으로 강조함으로써 결과적으로 현실을 비판하는 힘을 상실하고 어느 순간 현실적인 힘을 인준하는 긍정 변증법으로 타락한다. 아도르노는 한 사람이라도 고통받는 사람이 있다면 철학은 그 사회를 비판할 수 있어야 한다고 본다. 이처럼 부정적 현실을 끝까지 부정할 수 있는 철학으로 그가 제시한 개념이 바로 '부정 변증법'(Negative Dialektik)이다.

아도르노의 부정 변증법은 '객체의 우선성'과 '자유로운 사유'를 분리시키고 어느 한쪽을 절대시하는 관점을 비판한다. 아도르노에 따르면 사유, 주체, 정신과 대상, 객체, 존재는 서로를 통해 매개되어 있으며 그만큼 서로를 제약한다. 한쪽이 없으면 다른 쪽은 있을 수도 없고 설명할 수도 없다(ND, 215). 헤겔의 주장처럼 아도르노 역시 어떤 것으로도 매개되지 않은 직접적인 것은 아무것도 없다는 점을 강조한다. 그럼에도 불구하고 아도르노가 객체의 우선성을 주장하는 것은 자기모순처럼 보인다. 주체와 객체가 서로 매개될 수밖에 없다면 어느 한쪽의 우선성을 주장해서는 안 되기 때문이다.

여기서 우리는 '객체의 우선성'이라는 아도르노의 논제 그 자체가 주체의 우선성을 주장하는 철학에 대한 비판을 통해 매개된 주장이라는 것을 알아야 한다(ND, 267). 헤겔은 이미 주체와 객체의 상호 제약적 매개 관계를 변증법적으로 서술했다. 그러나 아도르노에 따르면 헤겔의 긍정 변증법은 주체와 객체의 매개 과정을 사유와 정신이라는 블랙홀로 흡수 통합함으로써 주체의 우선성을 승인한다. 물론 의식하고 사유하는 주체 없이 객체와 객체의 역사에 대한 인식이 불가능하다는 점에서 헤겔의 입장은 정당화될 수 있다. 우리는 어떤 경우에도 의식과 사유로부터 완전히 독립된 순수한 객체에 대해 알 수도 없고 말할 수도 없기 때문이다. 주체 바깥의 순수 객체에 대해 말하는 순간, 그 객체는 이미 주체의 의식과 사유를 통해 매개된 것이다. 따라서 주체와 객체의 관계는 엄밀한 의미에서 주체와 주체에 의해 매개된 객체의 관계인 것이다.

잘 알려진 것처럼 헤겔은 주체와 주체를 통해 매개된 객체의 모순을 강조한다. 그의 변증법에서 모순은 단순히 논리적 사고의 불일치로 환원되지 않는다. 오히려 헤겔은 현실이 모순을 통해 발전하며, 사유는 이 과정을 받아쓰기 하는 것이라고 말한다. 그러나 아도르노가 보기에 헤겔이 말하는 주체와 주체를 통해 매개된 객체의 모순은 주체를 통해 매개된 객체가 주체의 의식이나 사유와 동일하지 않은 경우를 가리킬 뿐이다. 이런 입장에서 볼 때 헤겔이 말하는 모순은 주체와 객체의 현실적 모순이 아니라, 주체와 주체의 가상적 모순이다. 이처럼 주체와 객체의 모순이 주체 내부에서 이루어질 때 그것의 해소는 예견되어 있는 것이다. 그렇다면 모순은 동일성과 통일성을 위해 주체가 만들어낸 가상으로 전락하고 만다. 아도르노에 따르면 헤겔이 말하는 정신은 이처럼 현존하지도 않는 적인 가상적 모순과의 전투에서 주체가 승리하는 과정, 곧 화해로 종결되는 운동의 총괄 개념이다(ND, 98).

아도르노에 따르면 정신은 사유의 개념과 대상이 일치하지 않고 모순을 드러낼 경우에 사유의 논리에 따라 그것을 동일시하려는 경향이 있다. 헤겔은 비록 정신이 사태(Sache) 속의 모순을 파악하고 해소하기 위해 사태 자체가 되어야 한다고 부단히 강조하지만, 이때의 모순은 동일성을 지향하는 사유의 관점에서 본 비동일자일 뿐이다(ND, 58). 물론 헤겔의 변증법적 서술 과정에서 모순과 비동일성은 끝없이 새롭게 등장하고 해소되어간다. 모순과 비동일성이 없이는 헤겔의 변증법 자체가 성립할 수 없다. 그럼에도 불구하고 헤겔 철학에서 모순과 비동일성은 총체적 동일성의 체계로 흡수 통일되는 과정 중에 등장하는 일시적이고 부분적인 일면적 진리일 뿐이다. 결국 헤겔의 "관념 변증법에는 부분적인 것 모두가 그 일면성 때문에 거짓이며, 진리는 부분을 넘어서 전체의 진리라고 한다." (ND, 64) 그러나 아도르노에게 "전체는 비진리이다."(MM, 74)

헤겔은 실제로 진리는 전체이며, 전체는 체계 철학을 통해서만 드러날 수 있다고 말한다. 헤겔은 또한 모순 해소의 전체 과정을 서술하는 체계의 역동성을 강조한다. 그러나 아도르노는 "외부에 어떠한 것도 남겨놓지 않는 총체성의 서술 형식인 체계"가 그것과 동일화될 수 없는 비동일자를 배제할 수밖에 없다는 점에 주목한다(ND, 82). 그에 따르면 헤겔은 주체와 동일화될 수 없는 객체와 비동일자를 모두 체계 속으로 끌어들여 주체와 화해시킨다고 말하지만, 화해의 원칙은 사유의 동일성 원칙이다. 따라서 헤겔의 철학 체계는 '동일성과 비동일성의 동일성'체계로 귀착된다는 것이다(ND, 61). 이처럼 비동일성은 체계 바깥에서 안으로 들어오는 순간에 동일성의 논리에 동화된다. 문제는 체계 안과 밖 어디에도 더 이상 비동일성의 자리가 없다는 것이다. 비동일성은 어떠한 출구도 없는 체계 안에 감금됨으로써 자신을 위한 어떤 자리도 없이 철저하게 배제된다.

아도르노에 따르면 객체의 비동일성을 주체의 동일성으로 포섭, 동화, 배제하는 철학은 결국 비동일자를 배제하는 현실을 긍정하고 만다. 이런 맥락에서 아도르노는 헤겔의 관념 변증법이 긍정 변증법으로 전락한다고 평가한다. 아도르노는 먼저 "주체의 소멸"을 주장한다(ND, 270). 그러나 그가 소멸을 요구하는 것은 전체를 참칭하는 주체다. "주체의 정신적 전능 속에서는 주체의 현실적 무능이 메아리친다."(ND, 260) 나르시스가 된 주체는 결국 무력하게 소멸될 수밖에 없다는 것이다. 아도르노는 주체와 동일화될 수 없는 객체의 비동일성과 타자성을 인정하면서도 객체에 다가서는 주체를 전면적으로 부정하지는 않는다. 아도르노는 비록 객체가 주체를 통해서만 사유될 수 있다고 하더라도 언제나 객체는 주체에 대해 타자로서 보존된다고 말한다. 이처럼 아도르노는 '주체의 우선성'을 비판하며 '객체의 우선성'을 주장한다. 그러나 그가 말하는 객체의 우선성은 주체의 권좌를 빼앗으며 주체를 에코의 비극 속으로 몰아넣는 것이 아니다.

비판적 사상은 그러나 주체가 차지했던 빈 왕좌를 객체에 넘겨주고 싶어 하는 것은 아니다. 그럴 경우에 객체는 우상에 지나지 않게 될 것이다. 오히려 비판적 사상은 위계질서를 제거하고 싶어 한다.(ND, 261)

우선성을 갖는 객체는 무엇인가? 아도르노가 말하는 "객체는 순수한 사실성(Faktizität) 이상의 것이다."(ND, 269) 유물 변증법에 대한 비판에서 언급한 것처럼, 아도르노는 주체를 통해 매개되지 않는 직접적 사실성으로서 객체를 설정하는 철학적 경향이 현실에 대한 주체의 비판적 능력을 제거하는 결과를 가져온다고 말한다. 아도르노에 따르면 주체가 객체를 매개로 형성되는 것처럼 객체 또한 주체를 통해 매개되어 있다. 그러나 그는 동시에 주체의 동일성 체계에 동화되지 않는 비동일적 객체를 인정한다. 이런 맥락에서 아도르노는 객체를 주체의 동일성 체계 안팎의 다양한 매개와 관계를 통해 존재하는 것으로 파악한다. 주체 안과 바깥에서 객체는 다양한 관계를 맺고 있다. 객체가 맺고 있는 관계를 위계적 체계로 파악하는 것은 주체의 폭력일 뿐이다. 오히려 주체는 객체가 주체 바깥에서 맺고 있는 관계의 그물망을 그대로 인식하려고 해야 한다. 이처럼 객체가 맺고 있는 다양한 관계의 그물망을 아도르노는 '짜임관계'(Konstellation)로 파악할 것을 주문한다.

아도르노에 따르면 객체를 짜임관계 속에서 파악했을 때에만 동일화되지 않는 객체의 비동일성이 드러난다. "짜임관계만이 내부에서 개념이 잘라내버린 것, 즉 개념이 될 수는 없지만 또한 그만큼 되고자 원하는 것, 개념 이상의 것을 외부로부터 표현한다."(ND, 240) 사유는 객체에서 자신이 제거하고 배제한 것을 짜임관계 속에서 다시 만날 수 있다. 어떤 사물이 맺고 있는 짜임관계 속에서 대상을 인식한다는 것은 그 사물의 다양한 관계맺음의 과정을 파악하는 것이다. 체계와 달리 짜임관계는 엉성할 수밖에 없다. 그러나 짜임관계에는 위계가 없다. 객체가 맺고 있는 관계들의 위계도 없으며 주체와 객체의 위계도 없다. 짜임관계는 통일성을 요구하지 않기 때문에 어떤 특수한 관계를 배제하지 않는다. 짜임관계는 통일성 없는 관계의 그물망이다.

아도르노가 '객체의 우선성' 논제를 통해 진정으로 원하는 것은 동일성에서 비동일성으로 방향을 전환하는 변증법이다. 그가 생각하는 변증법은 '비동일성 속의 동일성'과 '동일성 속의 비동일성'을 통찰하는 것에서 멈추지 않고 동일성 체계의 타자로서 비동일성을 표현하는 철학이다. 끝없이 동일성 사유의 바깥으로 나아갈 수 있는 변증법은 단순히 방법도 아니고 입장도 아니며, 오히려 부정적 현실을 끝없이 부정하는 부정 변증법이다. 이러기 위해 아도르노는 앞에서 언급한 것처럼 객체의 우선성과 함께 자유로운 주체의 사유를 강조한다. 사유가 비록 동일성을 지향하는 특성을 가지고 있다고 해서 사유를 금지하면 안 되기 때문이다. "사유를 금지하게 되면 사유는 단순히 존재하는 것을 인준하고 만다."(ND, 152) 따라서 부정 변증법은 동일성의 체계로 포섭되지 않는 객체의 비동일성을 사유하고 표현하는 주체를 요구한다.

아도르노의 부정 변증법은 '부정의 부정은 긍정이다'라고 주장하는 긍정 변증법과의 작별을 선언한다(ND, 236). 이중 부정은 긍정이라는 논리는 음수 곱하기 음수는 양수라는 수학의 추상적 원칙에서는 정당하다. 그러나 현실은 그렇지 않다. 예를 들어 칸트는 법적 처벌을 폭력에 대한 폭력이라고 했는데, 법적 처벌을 통해 폭력은 사라지지 않는다. 부정적인 것은 한 번의 부정으로 긍정적인 것이 되지 않는다. 약자나 소수자를 배제하거나 감금하는 부정적 사회 제도와 문화가 부정되었다고 곧바로 긍정적 사회 제도와 문화가 생겨나는 것은 아니다. 이런 맥락에서 볼 때 현실 속의 부정에 대한 부정은 긍정이 아니라 여전히 부정이다. 따라서 부정 변증법은 부정적 현실을 한 번의 급진적이고 전면적인 부정으로 넘어서려는 추상적 사유와 결별한다. 아도르노에 따르면 "부정된 것은 사라질 때까지 부정적이다."(ND, 237) 따라서 부정 변증법은 전면적 부정이 아니라 끝없는 부정을 요구한다.

아도르노의 부정 변증법은 교환가치가 없는 것을 악으로 규정하는 사회에서 교환될 수 없는 비동일자, 곧 모든 사물과 사건, 그리고 인간과 자연의 고유한 사용가치에 주목한다. 교환가치의 동일성을 통해 모든 관계와 관계의 체계가 확립된 세계에서 이름을 빼앗긴 것의 이름을 찾아주는 철학을 지향한 것이다. 이러기 위해 부정 변증법은 부정 변증법 자체의 부정 가능성도 인정한다. 적어도 체계 속에서 위계적 관계가 사라지고 모든 것이 자신의 사용가치를 통해 관계를 맺을 수 있는 사회는 부정 변증법을 부정할 수 있다 (ND, 65). 그러나 계몽된 사회에서 승리를 노래하는 것은 동일성의 폭력 체계뿐이다.

3 | 퇴행과 고통의 세계사

현대의 계몽은 마법, 주술, 신화의 망상과 공포에서 깨어나 사실성과 유용성, 계산 가능성과 교환 가능성의 척도에 따라 인간을 자연과 세계의 주인으로 세우려는 역사 진보의 기획이다. 하지만 아도르노에 따르면 계몽의 기획은 철저하게 실패했다. 그는 계몽을 통해 사회·정치적 자유가 형식적으로 진보한 것을 부인하지는 않는다. 그러나 그는 계몽을 통해 인류가 새로운 종류의 야만 상태에 빠졌다고 진단한다(DA, 12).

계몽은 자연에 의한 인간 지배의 오랜 역사로부터 인간 해방을 꿈꾸었다. 그런데 계몽이 지향한 인간 해방은 인간과 자연의 지배 관계를 청산하는 방향으로 발전한 것이 아니라 지배 관계를 역전하는 쪽으로 나아간다. 계몽은 자연에 의한 인간 지배를 인간에 의한 자연 지배로 역전시킴으로써 인간을 자연의 노예에서 주인으로 만들었다. 계몽을 통해 인간은 주인도 노예도 없는 해방이 아니라 자기가 주인이 되는 해방을 추구한 것이다. 그러나 이런 왜곡된 해방은 결국 인간에게 더 큰 재앙을 가져왔다. 인간에 의한 자연 지배가 곧바로 인간에 의한 인간 지배로 귀결되었기 때문이다.

계몽의 기획 속에서 인간은 자연을 지배하기 위해 먼저 자연을 사물과 동일화시킨 다음에, 그것을 인과율의 법칙에 따라 파악하고 이용하는 법을 배운다. 이제 사실성과 유용성, 계산 가능성과 교환 가능성이 없는 자연은 의심스러운 것으로 감금되고 배제된다. 이 과정에서 인간도 사물화된 자연의 범주로 귀속된다. 인간은 역사와 문화를 가꾸는 존재이지만, 동시에 자연의 딸이고 아들이다. 그런데 계몽의 기획에 따라 자연을 지배하기 위해 인간은 이제 스스로를 자연 사물처럼 다루고 통제해야만 한다. 자연의 지배자로서 인간은 자기 자신의 지배자가 된다. 더구나 사회적 관점에서 보았을 때 자신의 자연성을 더 철저하게 통제한 사람이 그렇지 못한 사람을 지배하게 된다. 자신을 철저하게 사물처럼 지배하는 사람이 그렇지 못한 사람을 지배하는 것이다. 그 때문에 인간은 자연에 대한 지배력이 커지면 커질수록 스스로가 자연 사물로 전락하고 만다. "자연을 파괴함으로써 자연의 강압을 분쇄하려는 모든 시도는 단지 더욱 깊이 자연의 강압 속으로 빠져들어갔다."(DA, 37)

아도르노에 따르면 계몽과 신화는 이분법적 대립관계에 있지 않다. 신화 속에도 인간이 자기 바깥의 외적 자연이나 다른 사람을 지배하기 위해 자기 내부의 자연을 부정하는 계몽이 내재한다(DA, 94). 아도르노는 이처럼 "신화가 이미 계몽을 수행하는 것처럼, 계몽은 매 단계마다 더욱더 깊이 신화 속으로 빠져들어간다"(DA, 34)고 말한다. 앞에서 언급한 것처럼 계몽은 자연뿐 아니라 인간까지도 마치 사물처럼 사실성과 유용성의 범주로 환원시킨다. 계몽은 눈앞에서 사실로 증명할 수 있는 것, 교환가치에 따라 수량화된 계산을 할 수 있는 것만을 절대시한다. "신화가 죽은 것을 산 것과 동일시한다면, 계몽은 산 것을 죽은 것과 동일시한다. 계몽은 과격해진 신화적 불안이다."(DA, 41)

계몽은 신화의 세계로 되돌아갈 경우 다시 자연의 지배와 공포에 점령당할 수 있다는 불안과 두려움 때문에 더욱 철저하게 내·외적 자연 모두를 지배하려고 든다. 그러면 그럴수록 계몽은 살아 있는 자연뿐 아니라 인간까지도 죽은 자연 사물 혹은 객체로 취급하는 과학과 시장 지상주의에 빠져든다. 계몽을 통해 인간의 주관적 합리성은 사물을 지배하는 주인이 되지만, 그 대가로 합리적 사유는 사실을 사실로 확인하는 동어반복의 단순한 기능을 갖는 도구로 전락한다. "질(質)을 상실한 자연은 양(量)에 의해 분할된 혼란스러운 단순한 '소재'로 격하되고 전능한 자아는 단순한 '가짐'(haben), 즉 '추상적 동일성'이 된다."(DA, 31) 이 과정에서 계몽은 결국 과학과 시장의 맹신이라는 새로운 형태의 신화로 추락한다.

통계의 시대에 대중은 화면 속의 백만장자와 자신을 동일시하기에는 너무나 영리하지만 큰 숫자가 만드는 환상에서 벗어나기에는 너무나 어리석다.(DA, 219)

계몽이 신화로 퇴행하면서 인간의 몸은 사물이 되고 이성은 과학과 시장의 도구가 된다. 과학과 시장이 주인인 세계에서 인간은 한낱 사물로 전락한다. 여기서 인간의 사물화가 갖는 가장 큰 문제는 과학과 시장의 체계 속에서 모든 질적 차이가 교환가치라는 양적 차이로 전락한다는 것이다. 차이는 더 이상 질적인 것이 아니라 양적인 것일 뿐이다. 그러므로 사물화의 가장 본질적인 문제는 모든 형태의 이질성을 동일성의 이름으로 소환하고 억압한다는 것이다. 사물화를 통해 자연과 인간의 모든 질적 차이는 망각되면서 체념된다. 신화의 본질적 특성이었던 망각과 체념이 이제 계몽의 그림자가 된다.

이처럼 신화와 계몽이 서로 분리되기보다는 오히려 공존하는 것처럼, 역사는 진보하면서 동시에 퇴행한다고 아도르노는 말한다. 계몽이 지향한 진보를 통해 오히려 인간은 새로운 야만적 상태로 퇴행한 것이다. "끊임없는 진보가 내리는 저주는 끊임없는 퇴행이다." 이제 인간은 자연을 억압하듯이 자신의 몸을 통제한다. 인간이 더 이상 몸을 통해 세계를 감각적으로 경험할 능력을 상실하게 되면서 주체의 합리적 이성 역시 비판적 사유 능력이 없는 계산기가 되고 만다(DA, 134). 신화화된 계몽 속에서 몸의 경험과 이성의 사유가 모두 절대 빈곤의 함정에 빠진다.

> 오늘날 대중의 퇴행은 들을 수 없는 것을 자신의 귀로 듣고, 붙잡을 수 없는 것을 자신의 손으로 만질 수 있는 능력의 결핍을 의미한다. 이러한 퇴행은 결국 모든 정복된 신화들을 다시 해체해버리는 새로운 형태의 '현혹'이다. 모든 관계와 감정을 하나로 묶는 총체적 사회의 매개에 의해 인간은 또 다시, 강제적으로 유도된 집합성 속에서의 고립으로 인해 하나같이 비슷한 존재, 즉 단순한 '유적 존재'가 (…) 된다.(DA, 71)

아도르노는 진보와 퇴행의 동시성을 통해 역사의 필연적 발전을 주장하는 것이 하나의 현혹적 신화라는 것을 폭로한다. 특히 계몽을 통해 발전한 것은 도구적 합리성과 유용성에 따라 인간과 자연을 관리하는 과학과 시장의 총체적 체계이다. 진보한 것은 인간 세계가 아니라 지배의 구조와 체계뿐이다. 자연과 인간, 인간의 몸과 정신은 모두 퇴행한다. 더구나 계몽의 체계 속에는 퇴행으로부터 탈출할 수 있는 출구가 보이지 않는다. 퇴행은 자연 지배 전략을 포기하지 않는 한 극복될 수 없지만, 계몽의 정신은 결코 자연 지배를 포기하려고 들지 않기 때문이다.

아도르노는 자연을 지배하려는 인간의 오랜 열망을 전면적으로 부정할 수 없다는 것을 인정한다. 자연의 지배는 자연의 공포를 벗어나기 위한 정당방위의 성격을 갖는다. 노예가 주인의 억압적 통제에 맞서 노예 해방을 위해 저항하는 것은 정당할 뿐 아니라 정의로운 것이다. 그러나 진정한 노예 해방이 주인과 노예의 관계 역전이 아니라 관계 청산이듯이, 인간이 자연으로부터 해방되기 위한 진정한 길은 인간과 자연의 지배 관계를 역전하는 것이 아니라 모든 지배 관계를 청산하는 것이다. 따라서 계몽이 새로운 억압적 질서로 퇴행하는 것을 막기 위해서는 자연과 인간의 관계에서 위계와 억압이 사라져야 한다. 이러기 위해 인간은 먼저 스스로 자연의 지배자로서 군림하는 것을 그만두고 계몽에 의해 단순한 사물로 추락하기 이전의 근원적 자연을 기억해야 한다(DA, 76). 자연을 기억하는 것은 이질적 타자성을 가진 비동일자를 기억하는 것이다.

이러기 위해 아도르노는 역사철학을 자연사의 이념을 통해 재구성할 것을 주문한다. 앞에서 지적한 것처럼 아도르노는 신화와 계몽, 진보와 퇴행의 변증법을 통해 역사가 야만에서 문명으로 발전하기보다는 투석기에서 핵폭탄으로 진행되었다고 진단한다(ND, 419). 여기서 그는 세계사를 좀 더 나은 상태에 대한 희망으로 구성하는 일에 반대한다. 칸트, 헤겔, 마르크스, 심지어 니체조차도 자유, 정의, 평등, 평화, 혹은 생명(힘)과 같은 희망의 보편적 이념과 뜻으로 세계사를 구성했다. 그러나 아도르노는 이처럼 희망의 역사철학이 "만연해 있는 고통에 대해 눈을 감아버리는 태도로부터 나오는 것"이라고 비판한다. 보편적 이념의 승리 속에서 특수자의 고통은 사소한 것으로 치부될 수밖에 없기 때문이다. 따라서 그는 고통에 눈감는 것이 아니라, 고통과 맞서는 역사철학을 위해 먼저 고통에 의해 폐허가 된 것의 역사에 관심을 기울인다. 그것이 바로 자연사다.

아도르노는 신화와 계몽, 그리고 진보와 퇴행의 관계처럼 역사와 자연의 관계 역시 서로를 제약하고 비판하면서 의존하는 관계로 파악한다.[4] 그는 「자연사의 이념」이라는 글을 통해 "널리 통용되고 있는 자연과 역사의 안티테제(Antithese)를 지양"하려고 시도한다.[5] 이러기 위해 그는 먼저 역사 자체를 객관적 정신이나 혹은 형이상학적인 집단 주체로 설정하는 것에 반대한다. 마르크스가 지적하는 것처럼 역사는 의지, 행위, 소유, 저항의 주체일 수 없다. 역사는 자기의 뜻을 실현하기 위해 인간을 도구나 수단으로 사용할 수 있는 인격적 주체가 아니다. 아도르노에 따르면 역사는 자신의 목적과 뜻을 추구하는 인간들의 활동과 이 "현실적 개별 주체들의 기능적 연관 관계"이다(ND, 401). 그런데 개인의 목적과 뜻은 다른 개인의 목적과 뜻뿐 아니라 객관적 세계, 곧 자연, 사회, 문화를 통해 매개되어 있을 수밖에 없다. 역사는 인간과 인간의 관계, 인간과 자연의 관계, 사회와 자연의 관계들의 다양한 짜임이다.

사람들이 이해하는 역사란 인간들의 관계 방식, 전승된 관계 방식을 의미하는데, 이는 무엇보다 그 속에서 질적으로 새로운 것이 나타난다는 특징을 갖는다. 그것은 순수한 동일성, 즉 항상 존재해 왔던 것의 재생산을 통해 일어나는 운동이 아니라, 새로움 속에서 나타나는 운동, 새로운 것으로 현상하는 것을 통하여 자신의 참된 성격을 얻어내는 운동인 것이다.(IN, 346)

아도르노는 이처럼 다양한 관계들을 동일성의 통일적 체계로 구성하는 것에 반대한다. 역사는 오히려 이 같은 짜임관계들의 역동적 변화를 통해 형성되면서 해체된다. "역사는 연속성과 불연속성의 통일이다."(ND, 419) 이는 역사가 불연속적임에도 불구하고 발전적 연속성이 있다는 것을 의미하지 않는다. 오히려 아도르노가 말하는 역사의 연속성은 동일성 체계에 의해 감금되고 배제된 이질적 타자성과 비동일자의 고통과 재앙의 연속성이다. 세계사의 보편성이 있다면 그것은 영속적 파국일 뿐이다. 그 외에 다른 이념이나 목적에 비추어보면, 역사는 끝없는 불연속의 과정이다. 정신과 개념의 어떤 통일적 파악도 역사적 단절을 비켜갈 수는 없다. 따라서 역사를 제대로 파악하기 위해서는 영속적 파국의 상징인 자연의 역사, 곧 먹고 먹히는 무의식적 자연사로 돌아가야 한다(ND, 460). 아도르노가 지향한 자연사의 이념은 희망이 아니라 고통의 세계사이다.

아도르노의 자연사는 자연과 역사를 변증법적 짜임관계 속에서 파악하려는 시도다. 자연사는 "모든 자연과 아울러 자연으로서 설정되는 모든 것을 역사로서 파악하고, 또한 모든 역사를 자연으로서 파악"하는 것이다(ND, 465). 이러기 위해 아도르노는 먼저 역사가 관계들의 짜임을 통해 매개된 것처럼 자연도 역시 매개되어 있다고 말한다. 따라서 그는 매개되지 않은 순수한 절대적 자연 개념 속에서 역사 사실과 자연 사실의 괴리를 벗어나려는 하이데거의 존재론적 시도에 반대한다. 아도르노에 따르면 "절대적 제1원리로서의 자연, 즉 자체의 매개에 대해 단연코 직접적인 것으로서의 자연에 대한 물음"은 자연과 역사의 안티테제로 인한 고통을 간과하는 기만적 술책이다(ND, 465).

아도르노는 자연과 역사의 개념적 매개 관계를 파악하기 위해 루카치와 벤야민의 관점을 적극적으로 수용한다. 그는 먼저 루카치의 입장에 따라 일차적 자연과 이차적 자연을 구별한다. 먼저 일차적 자연은 "의미로 충만한 세계", "직접적인 세계", 곧 소외되지 않은 생명과 자유의 세계를 가리킨다면, 이차적 자연은 일차적 자연의 부정적 형태로서 "의미가 결여된 세계", "소외된 세계", "상품의 세계", "사물들의 세계", "인간들에 의해 산출되었지만 인간에게 잊혀진 사물들의 세계", 곧 "관습의 세계"를 가리킨다(IN, 355). 일차적 자연이 인간 역사의 오랜 꿈이라면, 이차적 자연은 자연이 아니라 인간이 만들어낸 어둠과 고통의 현실 역사다. 아도르노가 제시하는 자연사는 일차적 자연을 이상화하는 것이 아니라, 이차적 자연을 해석하고 비판하는 과정에서 퇴행과 고통의 역사를 밝히는 것이다. 이는 진보에 대한 희망과 결별하는 것이다. 그렇다고 아도르노가 희망 자체를 부정한 것은 물론 아니다.

일반적으로 사람들은 고통과 절망을 일시성의 범주에 가두고 연속성에서 희망의 기호를 찾고자 한다. 이들은 자연과 역사에서 일시적인 것을 제거하고서 희망의 이름으로 연속적인 것을 재구성하려고 한다. 그러나 아도르노의 자연사는 벤야민이 그랬던 것처럼 연속성에서 고통을 보고, 일시성(Vergängnis)과 무상성(Vergänglichkeit)에서 희망을 찾는다. 아도르노에 따르면 일시성과 무상성에서 역사와 자연은 수렴된다(IN, 360). 일시성과 무상성은 이념의 체계가 아니라 역사와 자연이 맺고 있는 짜임관계 속에 나타나는 꿈의 가상이다.

모든 존재 또는 모든 존재자를 파악하는 것은 역사적이고 자연적인 존재의 교차일 뿐이다. 무상성으로서 근원 역사는 절대적으로 현존한다. 근원 역사는 '의미'의 부호 속에서 그러하다. '의미'라는 용어는 자연과 역사의 계기가 서로 뒤섞여서 소멸된다는 것을 가리키는 것이 아니라, 이 두 가지가 동시에 와해되어 교차됨으로써 자연적인 것은 역사를 위한 부호가 되고, 역사는 그것이 가장 역사적인 곳에서 자연을 위한 부호가 된다는 것을 가리킨다. 모든 존재 또는 적어도 모든 형성된 존재, 모든 생성된 존재는 알레고리 속에서 변형되고, 이와 함께 알레고리는 단순한 예술사적 범주이기를 멈춘다.(IN, 360)

일반적으로 알레고리는 추상적 개념을 구체적 대상을 통해 감각적으로 표현하는 예술의 형식을 가리킨다. 그런데 구체적 대상은 다양한 의미를 가질 수 있다. 동일한 사물이 삶과 죽음, 선과 악의 이미지를 동시에 가질 수 있기 때문이다. 결국 알레고리적 표현의 의미는 자의적이고 일관성이 없다고 말할 수도 있다. 그러나 아도르노는 알레고리와 알레고리가 의미하는 것의 관계가 자의적이고 우연적인 것이 아니라 역사적 사태 연관에 의해 성립된 관계라고 말한다(IN, 361). 무엇보다도 그는 벤야민이 『독일 비애극의 원천』에서 밝힌 것처럼 죽음, 절망, 사탄의 알레고리가 생명(부활), 희망, 천사의 얼굴로 이동한다는 것에 관심을 갖는다. 알레고리는 아무것이나 임의적으로 가리키는 것이 아니라 다른 것, 특히 이질적 타자성으로 감금되고 배제된 것을 가리킨다. 따라서 알레고리적으로 역사를 해석하는 것은 폐허가 된 역사, 이차적 자연으로 부패한 사물의 세계, 죽은 것들의 세계 역사에서 일시적이고 무상한 자연의 황량함을 통찰하는 것이다. 아도르노에 따르면 희망은 이처럼 가장 덧없는 자연과 역사의 일시성과 무상성을 통해 파손된 상태로 나타난다(ND, 466). 역사와 자연은 서로가 서로에 대한 알레고리적 표현이다.

역사의 이상은 일시적으로 나타났다 사라지는 알레고리적 가상이다. 가상은 허상이 아니다. 가상은 암울한 몰락으로 보이는 폐허 속에서 피어나는 꽃이다. 마치 한국의 역사적 희망이 동학농민전쟁과 5·18 민중항쟁의 고통과 절망, 그리고 폐허 속의 파편에 있는 것과 같다. 앞에서 언급한 것처럼 아도르노는 이념과 현실의 진보뿐 아니라 그 진보를 이끌어갈 역사적 주체를 설정하는 것을 단호하게 부정한다. 그렇다고 그가 복고주의나 보수주의, 혹은 회의주의에 빠진 것은 아니다. 그는 현재를 긍정하는 보수주의, 현재를 부정하고 과거로 돌아가려는 복고주의, 그리고 미래의 모든 희망을 부정하는 회의주의자가 아니었다. 그는 자연과 역사가 교차하는 절망의 잔해와 파편 속에서 희망의 암호문을 해독한다.

4 | 부정 예술과 순응의 문화산업

절망의 한가운데에서 피어오르는 희망의 꽃을 아도르노는 예술에서 찾는다. 철학은 끝없는 부정을 통해 동일성의 체계에 저항하는 과정에서 비동일자의 이질성과 타자성에 이름을 부여할 수 있다. 이 과정에서 철학은 비동일자를 총체성과 통일성의 이름으로 관리하는 지배 체계에 맞서 새로운 짜임관계를 제시할 수 있다. 이 점에서 아도르노의 철학은 관리되는 세계의 지배 체계를 전복할 수 있는 새로운 판짜기다.

그러나 철학은 개념을 통해서만 비동일자를 표현할 수밖에 없는데, 개념은 그것이 비동일자에 이름을 찾아주는 순간에도 동일성의 체계를 지향하는 특성을 갖는다. 철학은 이처럼 끝없이 체계 바깥으로 나아가는 순간에도 끝없이 안으로 복귀하는 운명을 가지고 있다. 어쩌면 니체가 말하는 '동일한 것의 영원한 회귀'는 바깥으로 나아갈 수 없는 철학의 운명에 대한 은유적 표현일 수 있다. 철학은 분명 비동일자의 고통을 개념을 통해 합리적으로 규정하고 그것을 완화시킬 수 있는 대안을 제시할 수 있다. 그럼에도 불구하고 철학의 합리적 개념은 고통을 체험하도록 안내하지는 않는다.

고통을 체험으로써 나타낸다는 것은 합리적 인식에 비추어볼 때 비합리적인 일일 것이다. 고통이 개념화된다면 그것은 아무런 말도 할 수 없을 터이며 일관성도 없을 것이다.[6]

아도르노에 따르면 이에 반해 예술은 합리적 개념과 이성으로는 결코 이해할 수 없는 비동일자의 상처와 고통을 구체적으로 표현할 수 있다. 그가 총체성과 동일성의 체계에 저항하는 새로운 판짜기가 예술을 통해 가장 왜곡되지 않고 실현될 수 있다고 생각한 직접적인 이유다. 그에게 있어서 예술은 타자성을 배제하고 감금하는 현실 체계의 원칙에서 바깥으로 나아갈 수 있는 마지막 몸짓이다. 하지만 "물론 진정한 미적 체험은 철학이 되어야 하며, 그렇지 못할 경우에는 아무것도 아니다."(ÄT, 210) 고통에 대한 예술적 체험이 주관성의 패러다임에 묶이지 않으려면 미학과 함께 철학이 요구되기 때문이다.

전통적으로 예술은 종교적 예배나 정치적 의식을 고취시키기 위한 타율적 도구로서의 역할을 수행했다. 그러나 인문주의 문화의 등장과 함께 예술은 자율성을 획득한다. 예술은 이제 천상뿐 아니라 지상으로부터 독립한 자유의 왕국에서 아름다움을 지향한다. 아도르노에 따르면 예술이 이처럼 자유를 향유하는 동안에 사회적 현실은 오히려 동일성의 체계에 구속된 부자유의 상태로 추락한다. 그런데 이처럼 타자에게 어떤 희망도 줄 수 없는 비참과 고통의 현실을 관조하며 예술이 한가하게 뮤즈의 사원을 거니는 것은 예술이 벗어나려고 했던 현실적 속박을 강화할 뿐이다. 이런 역설은 예술이 고통에 대한 위로의 말을 건네는 것으로도 바뀌지 않는다. 부자유의 현실로부터 자유로운 예술의 예술성은 현실적 부자유를 인준함으로써 통째로 흔들린다. 아도르노는 이처럼 예술의 자율성이 상처를 치료하지 않고 고통을 느끼지 못하게 만드는 마취제로 전락하고 있다는 의심으로부터 예술철학과 미학에 관한 담론을 펼친다(ÄT, 11).

아도르노는 자명성을 상실하고 있는 예술의 자율성을 재정립하려고 시도한다. 이러기 위해 그는 먼저 예술이 현실과 같을 수 없으며, 같아지려고 해서도 안 된다는 점을 강조한다. 예술 작품은 현실도 아니고 현실에 대한 개념적 파악도 아니며, 그렇다고 관념적 허구도 아니다. 예술 작품은 처음부터 미적 가상이다. 예술 작품이 사실이 되고자 하는 순간에 새 판짜기는 불가능해진다. 오직 가상으로서의 예술만이 총체적으로 관리되는 현실 세계에서는 엄두도 낼 수 없는 불가능한 것을 가능하게 만드는 비판적 힘의 유희가 된다(ÄT, 171). 사회적 현실 체계 속에서 철저하게 배제된 타자가 예술 작품의 짜임관계에서는 고통의 대변자로 등장할 수 있다. "가상은 예술 작품의 형식적 성격이 아니다. 그것은 실제적인 기반을 가지는 것이다. 즉 그것은 작품이 철회하고자 하는 손상의 흔적이다."(ÄT, 174)

이처럼 예술 작품의 비판적 힘은 현실과의 거리두기를 통해서 확보되는 작품의 가상적 특성에서 비롯된다. 그런데 예술의 가상적 성격은 예술의 자율성이 없이는 확보될 수 없다. 자율성을 포기하는 순간에 예술은 현실의 지배 관계를 확대 재생산하는 이데올로기의 가상이 되고 만다. 이런 맥락에서 아도르노는 예술이 사회와 비판적 거리를 유지할 수 있는 자율성을 강하게 요구한다. 그는 이러한 요구를 사회 비판적 참여 예술에도 마찬가지로 적용한다. 아도르노는 사회와 예술의 접속 자체를 거부하는 순수 예술 지상주의에 반대했을 뿐 아니라, 예술을 더 나은 사회나 삶에 봉사하도록 요구하는 리얼리즘에도 반대했다.

아도르노에 따르면 "예술 작품은 현존재에 대한 안티테제라는 점에서 가상일 뿐 아니라, 작품 자체가 원하는 바에 비추어볼 때도 가상이다."(ÄT, 171) 왜냐하면 예술 작품은 자신이 제시하고자 하는 뜻을 일관성 있게 표현할 수 없다. 그것은 예술의 운명이다. 그럼에도 불구하고 사회 비판의 뜻을 명시적으로 제시하려고 하는 순간에 예술은 그 사회의 대변자가 되고 만다. 분명 예술은 사회·역사적 현실 관계와 무관한 진공 상태에 있지 않다. "그러나 예술과 경험 세계 사이의 경계선을 없애서는 안 된다."(ÄT, 17) 아도르노에 따르면 예술은 이처럼 모순적인 두 가지 조건을 동시에 충족시켜야 한다. 예술은 사회적이면서 동시에 사회로부터 자율적이어야 한다.

아도르노는 예술 작품이 외부 세계와의 소통 단절을 통해서 소통해야 한다고 말한다. 따라서 진정한 예술 작품은 사회에 대한 명시적 발언을 통해서 사회와 소통해서는 안 된다. 예술은 사회 체계와는 전혀 다른 판짜기를 작품의 내적 형식을 통해 표현하는 방식으로 사회와 소통해야 한다. "예술에서는 사회에 반대하는 예술의 내재적 운동이 사회적이지, 예술의 명시적인 입장이 사회적인 것은 아니다."(ÄT, 351) 아도르노는 예술 작품의 이러한 자기모순적 성격을 "창문 없는 단자"로 비유한다(ÄT, 18). 단자는 세상과 소통할 수 있는 단 하나의 창문도 가지고 있지 않지만, 단자 안에서 세상은 전혀 다른 모습으로 끝없이 새롭게 태어난다. 예술은 창 없는 단자, 출입구 없는 성이지만 성벽 바깥을 기록한다.

아도르노가 예술의 사회성을 포기하지 않으면서 동시에 예술의 자율성을 강조하는 것은 그의 시대 진단에서 비롯된 것이다. 그는 현대 자본주의 사회가 모든 것을 삼켜버리는 총체성의 체계라는 것에 주목한다. 총체성의 체계는 심지어 그 체계에 반대하는 이론과 실천조차도 체계를 위한 자양분으로 이용할 만큼 전면화되어 있다. 이와 같이 체계의 자양분으로 흡수 통합되지 않기 위해서 예술은 사회와 낯선 상태에서 사회를 탄핵해야 한다. 예술은 무엇보다도 이질적 타자와 비동일자의 고통을 잔인할 만큼 가차 없이 표현해야 한다. 아도르노에 따르면 고통을 고통으로 표현하는 예술 작품은 고통의 근본 원인인 사회 체계에 대한 탄핵일 뿐 아니라, 황량하고 무상한 고통 속에서 화해의 씨앗을 간직한다. "예술 속에는 탄핵과 기대가 서로 연결된다."(ÄT, 140)

아도르노는 현실 속에서 불가능한 것을 가능하게 만드는 가상으로서 예술 작품이 배제와 감금이 없는 화해된 상태를 직접 지시하는 것에 반대한다. 작품은 화해되지 않은 것을 표현함으로써 화해를 견지해야만 한다(ÄT, 61). 작품은 현실을 부정할 뿐 새로운 현실을 만들어낼 수는 없다. 진정한 예술 작품은 고통의 마취제가 되어서도 안 되지만, 고통을 위로하는 유토피아가 되어서도 안 된다. 시간의 끝, 역사의 끝에서만 예술이 지향하는 유토피아는 실현될 수

있다. 그러나 시간 속에서 예술은 끝없는 부정성 이외에 다른 것이
될 수 없다. 예술에서 "부정성이라고 칭해지는 것들은 공식적인 문
화로부터 축출된 것들의 총괄 개념이다."(ÄT, 40) 이런 맥락에서 볼
때 아도르노의 부정 미학이 지향하는 진정한 예술은 어둠의 예술
일 수밖에 없다.

위로의 말로서 팔리지 않으려는 예술 작품들은 현실의 가장 극단
적이고 어두운 상태 속에서 존속하기 위해 그처럼 극단적이고 어두
운 것과 동일해져야 한다. 오늘날의 극단적인 예술은 어두운 예술이
며 그 기본적인 색조는 검다. 현대의 수많은 작품들이 그러한 점을
전혀 염두에 두지 않고 어린 아이들처럼 색채를 즐김으로써 예술로
서의 자격을 잃는다. 검은 것을 이상으로 여기는 것은 추상적인 충
동 가운데 가장 깊은 충동이다.(ÄT, 72)

아도르노에 따르면 진정한 예술은 자율적인 상처, 빈곤, 고통, 어
둠, 죽음을 통해 세상에 넘치는 상처, 빈곤, 고통, 어둠, 죽음을 고발
한다. 예술은 어둠 속에 빛을 비추는 것이 아니라 어둠을 통해 빛을
만들어가는 것이다. 출구가 보이지 않는 절망 속에서 절망도 희망
도 없는 무중력의 아름다움을 노래하는 예술은 야만일 뿐이다. "아
우슈비츠 이후에도 서정시를 쓰는 것은 야만적이다."[7] 그러나 창작
자와 감상자의 억압된 욕구의 승화나 극복으로 예술을 해석할 경
우에 예술에서 어둠은 사소한 것이 되고 만다.
아도르노는 예술 작품을 그것의 창작자와 감상자에 초점을 맞추

어 주관주의적으로 해석하는 것에 반대한다. 아도르노가 칸트와 프로이트의 예술관을 비판하는 이유다. 먼저, 칸트는 미적 취미판단의 보편성을 '무관심적 만족'에서 찾는다. 이로써 칸트는 예술의 심미적 욕구를 속물적 탐욕과 구별하는 데 성공했지만, 동시에 그의 미학은 "거세된 쾌락주의, 즉 쾌락이 없는 쾌락"에 빠진다(ÄT, 29). 그런데 아도르노에 따르면 거세된 쾌락주의는 일차적인 욕망을 거세당한 채 조작된 욕망의 거짓 충족을 강요하는 현실을 은폐하고 만다. 반면에 프로이트의 승화 이론은 예술 작품을 그것을 만든 사람의 무의식이 투사된 것으로 환원시킨다. 이 경우에 "예술 작품은 충동을 극복함으로써 결국 적응을 하게 된다는 심적 성취와 동일시된다."(ÄT, 28) 이 때문에 정신분석학적 예술 이론은 결국 부정적 현실을 긍정하게 된다. 이처럼 칸트와 프로이트의 주관주의 미학은 욕구에 대한 평가는 서로 다르지만, 예술의 문제 지평을 창작자와 감상자의 관계로 제한한다는 점에서는 동일하다. 이 때문에 주관주의 미학은 예술 작품에 내재한 객체성과 그것의 부정성을 올바로 파악할 수 없다.

아도르노는 예술을 예술가의 의식과 무의식의 창조적 산물로 규정하는 것에 반대한다. 그에 따르면 진정한 예술은 개인의 감정이나 정신의 표현을 넘어 어둠의 현실을 미메시스하려는 충동에서 시작된다(ÄT, 191). 미메시스(Mimesis, 모방)는 주체의 표현만큼 예술의 불가피한 계기이다. 잘 알려진 것처럼 미메시스는 플라톤과 아리스토텔레스로 소급되는 예술철학적 담론에서 언제나 중심적 개념이었다. 그런데 미메시스에 대한 긍정적 입장과 부정적 입장은 대부분 자연과 사회의 미메시스를 통해 그것의 본질을 찾아낼 수 있는지 여부에 대한 평가에 따라 나누어졌다. 따라서 입장의 차이에 관계없이 사람들은 미메시스를 현상에서 본질을 찾아가는 과정으로 이해한 것이다. 미메시스에 대한 이러한 이해는 루카치가 옹호했던 반영 이론에서도 나타난다. 루카치는 예술이 죽은 사물의 세계로 전락한 현상을 반영하는 과정에서 그 현상에 감추어진 본질로서 화해된 상태를 표현해야 한다고 말한다. 그러나 아도르노가 제시하는 미메시스는 이러한 전통과는 명확히 다르다.

아도르노가 주문하는 예술의 미메시스적 계기는 아름다운 자연이나 이상적 사회 현실을 모방하는 것도 아니며, 그렇다고 어둠의 현실 속에서 빛의 형상을 띤 본질을 찾아가는 과정도 아니다. 그는 오히려 어둡고 고통스런 현실을 변용하거나 거짓 아름다움으로 포장하지 않고 있는 그대로 미메시스할 것을 주문한다. 따라서 현대 예술은 교환 가능한 동일성의 체계에 따라 죽은 사물로 전락한 현실을 미메시스해야 한다. 다시 말하자면 예술은 미메시스를 통해 체계 속에서 죽음과 비동일자의 배제와 감금과 하나가 되어야 한다. 아도르노가 말하는 미메시스는 이질적 타자를 동일성의 체계에 동화시키는 것이 아니라 체계 바깥의 비동일자와 같아지는 것이기 때문이다.

현대의 예술 작품들은 죽음의 원칙인 사물화에 미메시스적으로 따른다. (…) 현대 예술이 시작된 이래로 예술은 자신의 형식 법칙 속에 완전히 변형되어 들어가지 않는, 예술과 이질적인 대상들을 흡수

하였다. 여기서 몽타주에 이르기까지도 예술의 미메시스는 자체와 반대되는 것에 스스로를 맡긴다.(ÄT, 214)

예술이 빈틈없는 사회의 구조망에 직접 항의하는 일은 그러한 구조망에 대한 미메시스를 통해서 가능하며, 이를 통해 그 그물망에 흡수되는 것을 극복할 수 있다. 아도르노는 보들레르의 악마주의나 카프카의 사실주의적인 묘사, 베케트의 부조리 고발에서 이와 같은 미메시스의 모범을 발견한다. 그러나 예술은 미메시스적 계기만으로는 완성될 수 없다. 예술은 현실의 미메시스이면서 동시에 그것의 새판짜기이기 때문이다. 예술은 미메시스적인 충동에서 출발해서 주체를 매개로 새롭게 구성되어야 한다. 구성 없는 미메시스는 맹목적 따라하기나 시늉하기일 뿐이기 때문이다. 다시 말해 예술은 객체에 같아지려는 미메시스, 곧 추한 것으로 배제되고 감금된 비동일자의 비참과 고통을 따라 체험하고, 이를 표현하는 과정에서 주체가 새롭게 판짜기를 구성하는 것이다. 이를 통해 작품은 내용과 형식의 이분법에서 벗어날 수 있다. 그러나 여기서 아도르노는 미메시스를 내용으로, 구성을 형식으로 규정한 다음에 예술작품 속에서 내용과 형식이 매개되고 종합된다고 설명하지 않는다. 그에 따르면 현대 예술에서 미메시스와 구성의 양극단 사이에서 평형을 이루는 작품을 찾는 것은 불가능하다.

미메시스적 요인과 구성적 요인이라는 양극단을 의심할 여지가 없는 불변적 공식이라고 생각하여 예술을 모두 그에 환원시키는 일은 불가능하다. (…) 현대 예술에서는 그러한 양극단을 매개하는 경우보다 양극단 중의 어느 한쪽만을 추구한 경우에 더 큰 성과를 얻게 된다. 양극단을 동시에 추구할 때, 즉 그것의 종합을 추구할 때에는 수상쩍은 동조적 태도가 나타난다.(ÄT, 79)

예술 창작은 미메시스에서 시작할 수 있는 것처럼 구성에서 시작할 수도 있다. 미메시스에서 자연스럽게 구성이 실현될 수도 있고, 역으로 구성에서 미메시스가 이루어질 수도 있다. 아도르노는 전자를 선호한 것으로 보인다(ÄT, 191). 구성은 작품의 부분적 계기들을 주체의 지배 아래 종속시킬 가능성이 많기 때문이다. 이 경우에 구성 요소들의 구체적 힘은 사라지고 "구성은 존재하지도 않는 것에 대한 승리로 전락할 위험도 있다."(ÄT, 99 - 100) 진정한 예술의 구성은 주체의 승리가 아니라 주체의 소멸을 통해 현실적 지배 체계와는 다른 새로운 짜임관계를 제시하는 것이다. 이런 맥락에서 아도르노는 미메시스적 충동으로부터 아무런 계획도 없이 구성되는 예술을 지향한다.

아도르노에 따르면 미메시스 안에도 분명 보편성이 내재한다. 그러나 미메시스는 본질적인 특수성과 모호성 때문에 그것이 말하고자 했던 것이 왜곡될 가능성이 있다. 따라서 예술은 미적 합리성의 마지막 은신처라고 할 수 있는 구성을 요구한다. 예술은 구성을 통해 "우연적인 것이라는 느낌에서 벗어나 포괄적인 구속력을 가지는 것"(ÄT, 99), 즉 합리적 보편성에 이를 수 있다. 미메시스로부터 자연스럽게 이루어지는 구성의 미적 합리성은 총체적 합리성의 이름으로 관리되는 세계의 비합리성을 드러내면서 동시에 비합리적인 것으로 추방된 것의 합리성을 표현하는 것이다. 예술은 동일성 체계의 총체적 합리성에 대한 가장 급진적인 비판이지만, 결코 합리성 자체를 전면적으로 부정하지는 않는다. "예술은 합리성에서 벗어나지 않은 채 이 합리성을 비판하는 합리성이다. 그것은 결코 합리성 이전적인 것이나 비합리적인 것이 아니다."(ÄT, 95)

이제까지의 논의에서 알 수 있듯이 진정한 예술과 사이비 예술을 구별할 수 있는 아도르노의 미학적 기준은 다양하다. 그러나 이 모든 기준을 묶어줄 수 있는 것은 부정적 현실에 대한 끝없는 부정성이라고 볼 수 있다. 그에게 있어서 현대 사회의 가장 큰 부정은 교환 가능성이라는 동일성의 체계로 모든 것을 사물처럼 관리하고 통제하는 것이다. 따라서 진정한 예술은 교환가치를 기준으로 한 동일화와 사물화의 원칙과 체계를 끝없이 부정하는 것이다. 이 과정에서 예술은 교환될 수 없는 것의 대변자로서 스스로가 교환될 수 없는 생명의 가치를 가져야 한다. 그렇다고 진정한 예술이 팔리지도 않고 교환되어서도 안 된다는 것은 아니다. 오히려 진정한 예술은 교환할 수 없는 그것만의 가치로 교환되어야 한다. 이런 관점에서 볼 때 사이비 예술은 교환하기 위해 만들어진 것으로서 동일성의 체계를 긍정하는 예술이다.

아도르노는 자신이 세운 부정 미학의 기준을 가지고서 많은 예술가와 그들의 작품을 비판적으로 재해석한다. 그는 예를 들어 베토벤, 쇤베르크, 말러의 음악, 카프카와 베케트의 문학, 피카소의 회화는 많은 경우에 부정 예술로 높이 평가한 반면에, 바그너와 스트

라빈스키, 사르트르와 브레히트, 사회주의 리얼리즘에 대해서는 대부분 매우 비판적이었다. 물론 이들 예술가들에 대한 평가가 긍정과 부정으로 단순하게 분리되는 것은 아니다. 예를 들어 아도르노는 쇤베르크의 무조음악은 높이 평가한 반면, 그의 12음기법에 대해서는 항상 의심스런 입장을 표명했다.

전통적인 조성 체계는 서양 음악의 구조적 질서를 규정하는 체계이다. 음악에서 조를 부정하는 무조음악은 음악 체계의 거부를 의미한다. 무조음악에서 으뜸음, 딸림음, 버금딸림음이라는 위계는 더 이상 용인되지 않는다. 이런 의미에서 아도르노는 쇤베르크의 무조음악을 위계적 동일성의 체계에 대한 부정의 예술로 평가한다. 쇤베르크의 12음기법 역시 특정 음의 우선성과 특권을 방지하기 위해 12개음을 동등하게 사용할 것을 강제하는 기법이다. 그러나 아도르노는 12음기법을 통해 음악에서 "자연 지배의 체계가 확립된다"고 말한다.[8] 아도르노에 따르면 "선율의 참된 질은 음정에 있어 흡사 공간적인 것 같은 관계를 시간으로 바꾸어놓는 데 성공했느냐에 따라 가늠된다. 그런 관계는 12음기법에 의해 뿌리째 파괴되어버린다."(PnM, 68~69) 12음기법은 음의 배열을 "법칙으로 실체화한 체계, 폐쇄적이며 그 자체에 대해서도 불투명한 체계"로 전락한다는 것이다(PnM, 61). 아도르노에 따르면 12음기법은 "그림을 그리는 것이 아니라 팔레트 위에 물감을 배합하는 것"의 역할을 담당하는 것으로 만족해야 한다(PnM, 56). 그래서 그는 후기 쇤베르크와 그의 제자들이 12음기법을 이용하는 데서 멈추지 않고 12음기법을 위한 작곡을 함으로써 음악적 생명을 절멸시켰다고 비판한다.

쉰베르크와 12음기법의 관계를 둘러싼 아도르노의 비판이 정당한지에 대한 논의는 오늘날도 지속되고 있다. 이는 거의 모든 예술 영역에서 다양한 작품에 대해 그가 수행했던 비판에 대해서도 마찬가지다. 아마도 그의 비판에는 여전히 현재성을 가진 것도 있겠지만 그렇지 못한 것도 있을 것이다. 또한 그 스스로가 자신의 미학 이론을 예술 비평에서 일관성 있게 관철시키고 있는지에 대해서도 의문을 제기할 수 있을 것이다. 하지만 여기서 우리는 각각의 예술 작품에 대한 비판의 정당성과 부당성에 대해 구체적으로 논의할 수 없다. 그러나 분명한 것은 아도르노가 자신의 부정 미학을 토대로 고급 예술에 대한 비판을 지속적으로 수행했다는 점이다. 그는 또한 대중 예술 중에서 처음부터 교환을 목적으로 만들어진 예술 상품에 대한 비판도 동시에 수행했다.

순응의 문화산업

사람들은 대중 문화와 예술에 대한 비판에 매우 민감하게 반응하는 경향이 있다. 이들은 대중 문화와 예술이 보통 사람들의 삶 속에서 자율적으로 만들어진 것으로서 역사적 가치뿐 아니라 도덕적 가치도 갖는다고 말한다. 또 어떤 사람들은 대중 문화와 예술을 민중 문화와 예술과 동일시하면서 그것을 비판하려는 모든 시도를 정치적 보수주의로 몰아세운다. 이러한 방식으로 담론이 진행될 경우 대중 문화와 예술에 대한 비판은 편 가르기의 도구로 전락하고 만다. 아도르노와 호르크하이머는 이런 방식으로 담론이 진행되는 것에서 벗어나기 위해 '문화산업'(Kulturindustrie)이라는 새로운 개념을 사용한다(KG, 337).

문화산업은 대중의 소비를 위해 계획적으로 만들어진 문화 상품과 이것을 시장의 논리에 따라 유통시키는 경제 체계를 가리킨다. 문화콘텐츠를 문화·예술이라는 원자재를 가공하여 제품을 생산하고 이를 상품화하는 기획 단계까지를 규정하는 개념으로 사용한다면, 문화산업은 문화콘텐츠를 통해 만들어진 제품을 실제 상품으로 전환시켜 유통하는 과정과 이를 통해 다른 상품에 대한 소비 욕구를 창출하는 경제 체계를 포괄하는 개념이다.

전통적인 산업 사회에서 기업은 소비자의 욕구에 부합하는 제품을 생산, 판매한다. 이 경우 기업의 성공 여부는 소비자의 욕망을 얼마나 정확하게 파악하는가에 달려 있다. 그러나 자본주의가 발전하면서 소비 욕구를 합리적으로 측정하고 그에 상응하는 제품을 수동적으로 생산하는 기업은 더 이상 성공할 수 없다. 무한 경쟁 체계에서 이기려면 기업은 자신이 생산한 제품에 대해 소비자가 구매욕을 갖도록 능동적으로 욕구를 창출해야만 한다. 이 새로운 욕구는 제품이 아니라 포장과 이미지, 나아가 의미와 상징이 덧씌워진 제품, 곧 상품에서 생겨난다.

그런데 문화산업은 문화 상품을 생산, 판매하는 데서 멈추지 않고 추가적으로 기업과 시장이 요구하는 새로운 소비 욕구를 창출하는 역할까지 수행한다. 이 때문에 문화산업은 문화·예술을 시장의 종속변수로 식민화시킬 뿐 아니라 사람들의 욕망을 자본의 논리에 따라 조작하는 역할을 한다. 더구나 드라마, 영화, 대중음악, 쇼 프로그램, 광고만이 아니라 헤아릴 수 없이 다양한 갖가지 형태의 콘텐츠를 통해 생산된 문화 상품이 라디오, 영화관, 텔레비전, 인터넷, 핸드폰 등을 통해 전 지구적으로 유통되면서 문화·예술만이 아니라 인간의 삶 자체가 상품으로 추락한다.

문화산업의 소비자를 지칭하는 대중은 단순히 교양 없는 사람들의 수적 크기를 가리키는 것이 아니라, 문화산업의 이데올로기에 의해 조작된 욕망과 의식을 가진 사람들을 가리킨다. 아도르노가 생각하는 문화산업의 핵심 이데올로기는 '순응'이다. 문화산업에서 순응은 의식의 유일한 기능이 된다. 그에 따르면 문화산업은 개인이 자율적이고 자립적이며, 의식을 가지고 판단하고 결정하는 개인으로 성장하는 것을 가로막는다. 문화산업은 의식을 현실 체제 속에 감금하는 수단이다(KG, 345). 문화산업에는 강력한 명령이 은폐되어 있다. "너희는 따지지 말고 원래 있는 대로 순응해야만 한다. 너희는 어쨌거나 모든 것을 그것의 힘과 절대 권력의 반사로서 사유하는 데 순응해야만 한다."(KG, 343)

문화산업을 주관하는 사람들은 그들의 상품이 경제적 지평에서 해석되길 원하는 경우가 많다. 이들은 문화산업을 지식 기반 경제를 이끌어갈 선진 미래 산업으로 규정함으로써 문화산업의 성장이 곧 국민 경제의 미래를 좌우한다고 주장한다. 이런 주장은 일면 타당하다. 실제로 할리우드의 문화산업이 벌어들이는 돈은 후진국 기초 산업의 수입을 훨씬 능가한다. 문화산업이 경제에서 갖는 의미를 폄하할 이유는 없다. 그러나 경제가 삶의 질을 결정하는 중요 변수라고 해서 경제가 삶을 지배해서는 안 되는 것처럼, 문화산업이 문화·예술을 식민지화해서는 안 될 것이다. 그런데 문화산업은 문화·예술뿐 아니라 우리의 일상적 삶과 여가 시간조차 경제 체제의 필터로 걸러내는 역할을 수행한다. 문화산업을 통해 현대인은 물질적으로만이 아니라 정신적으로도 철저하게 관리되는 것이다.

문화산업은 피지배자들에게 지배와 피지배의 관계를 청산하는 해방이 아니라, 피지배자가 지배자로 관계가 역전되는 해방의 약속을 반복적으로 되풀이한다. 이를 통해 문화산업은 소비자의 욕구를 경제 체제가 요구하는 방식으로 조작한다. 오늘날 경제는 더 이상 소비자의 욕구와 수요를 조사하고 그에 적합한 상품을 공급하는 체계가 아니다. 현대의 경제 체계는 수요에 따라 공급하는 것이 아니라 공급할 상품의 수요를 인위적으로 만들어낸다. 문화산업은 소비자의 욕구를 기업이 원하는 방식으로 조작하는 역할을 한다. 스스로가 하나의 상품으로서 문화산업은 욕구를 조작하고 그 욕구의 실현을 약속한다. 문화산업은 소비자가 원하는 것, 곧 피지배자에서 지배자가 되는 성공을 약속한다. 문화산업이 소비자의 욕구를 새로 만들고 조작하는 대표적인 술책은 즐김을 통한 고통으로부터의 해방이다.

문화산업은 착 달라붙은 스웨터 속의 가슴이나 스포츠 영웅의 벌거벗은 상반신과 같은 욕망의 대상을 끊임없이 노출시킴으로써 승화되지 않은 전희(前戲)를 자극하지만, 실제로는 성적 충동의 현실적 충족 불능을 습관화시킴으로써 결국에는 그러한 전희를 가학증적인 것으로 불구화한다. (…) 예술 작품이 절제를 알지만 수치스러워하지는 않는다면, 문화산업은 포르노적이면서도 점잔을 뺀다.(DA, 212)

아도르노는 몸의 소리를 듣지 못하게 만드는 모든 형태의 문화, 특히 문화산업에 대해 급진적 비판을 한다. 그에 따르면 "문화산업은 충동을 승화시키는 것이 아니라 억압한다."(DA, 212) 유흥과 즐김을 위해 문화산업이 부추기는 이탈은 현실을 지배하는 고통으로부터의 이탈을 의미할 뿐이다. 고통은 사라진 것이 아니라 어쩔 수 없는 것으로 체념된다. 문화산업은 고통까지도 교환 가능한 것으로 만들어버린다. 성공한 자가 겪은 고통은 정의와 위대함의 징표로 추앙되지만, 헐벗고 굶주린 자의 고통은 보호와 돌봄의 이름으로 수용소에 감금되고 갖가지 이유로 추방된 소수자의 고통은 도덕의 이름으로 정당화된다. "고통을 목격할 때조차 고통을 잊어버리는 것이다."(DA, 219)

문화산업은 즐거움이 넘치는 상품을 통해 대중이 원하는 것을 제공하는 것처럼 보인다. 그러나 대중은 실제로 자신의 몸이 원하는 것을 충족시키는 것이 아니라, 문화산업이 원하는 것을 갈망할 뿐이다. 대중은 문화 상품 속의 주인공들, 예를 들어 정치인, 자본가, 의사, 법조인, 그리고 그들의 배우자나 자녀들을 자신과 동일시하지 않을 만큼은 영리하지만, 그들의 행동거지와 그들을 둘러싸고 있는 상품에 대한 욕망을 뿌리치지는 못한다. "문화 상품은 대중이 원하는 바에 따름으로써 이들을 기만한다."(ÄT, 37) 대중의 조작된 욕망의 실현은 끝없이 지연된다. 힘겨운 노동과 금욕의 과정을 거쳐 대중이 드라마의 여주인공이 걸친 명품을 구입하자마자, 주인공은 어느덧 새로운 명품을 걸치고 등장한다. 이런 방식으로 기만당한 대중은 문화산업이 아니라 자신을 탓하고 채근한다. 그러나 문화산업은 대중을 위한 예술이 아니라 "소비자를 착취하는 기술"이다(KG, 360).

아도르노에 따르면 진정한 예술 작품은 교환 불가능한 것이기 때문에 교환된다면, 사이비 예술과 문화산업은 교환 법칙에 완전히 종속됨으로써 교환 불가능한 것이 된다. 진정한 예술은 팔리지 않는 예술, 교환되지 않는 예술이 아니다. 진정한 예술은 교환될 수 없는 무엇 때문에 교환되는 것이다. 그러나 현대 사회에서 예술 작품의 가치는 시장에서 거래되는 가격에 따라 평가된다. 그 때문에 예술가들은 처음부터 교환가치를 염두에 두고 작품을 생산한다. 예술은 가장 고급스런 방식으로 재산을 증식하려는 가증스런 사람들의 노리개로 전락하고 있다. 문화산업이 된 예술은 이런 방식으로 경제생활과 하나가 됨으로써 부정적 현실을 긍정하는 이데올로기가 된다.

아도르노가 문화산업에 대한 급진적 비판을 제기한 이후에 그것의 정당성과 현재성에 대한 의혹이 지속적으로 제기되었다. 이 중에서 특히 예술과 생활, 예술과 상품 사이의 거리감을 낡고 수치스러운 것으로 취급하는 사람들은 아도르노의 문화산업 비판을 대중문화와 예술에 대한 혐오감으로 단순화시켜 비판하는 경향이 있다. 이 과정에서 이들이 아도르노를 문화 엘리트주의자로 규정하는 것은 비판이 아니라 비난에 가깝다. 앞에서 살펴본 것처럼 아도르노는 '끝없는 부정'이라는 기준을 가지고 문화산업만이 아니라 고급 예술도 함께 비판한다. 그가 문화산업을 비판하는 것은 그것이 대중 예술이기 때문이 아니라, 대중의 욕망을 조작하고 기만하는 가운데 몸의 소리를 듣지 못하게 만듦으로써 몸의 진정한 욕구를 만족시키지 못하기 때문이다.

아도르노의 문화산업에 대한 비판은 급진적이지만 전면적인 것은 아니다. 그는 문화산업을 전면적으로 부정하지 않는다. 아도르노는 한편으로 교환 가능성의 논리로 세워진 동일성의 체계에 순응하도록 부추기는 문화산업에 대해 끝없는 비판을 가하지만, 문화산업의 이데올로기를 극복할 수 있는 그 안의 잠재력까지 부인하는 것은 아니다. 아도르노는 문화산업의 자기부정 능력을, 특히 영화에서 감지했다. 그는 관리되는 사회의 이데올로기를 재생산하는 상업 영화와는 다른 "해방된 영화"가 있다는 것을 분명히 한다(KG, 359). 상업 영화가 상품이라면, 해방 영화는 예술이다. 물론 두 가지를 구별할 수 있는 명확한 기준을 제시하는 것은 불가능할 뿐 아니라 위험하다. 가르기의 기준 자체가 고정된 것일 수 없기 때문이다. 그럼에도 불구하고 아도르노가 생각하는 해방된 영화는 지배 체계를 은밀하게 재현하는 것이 아니라, 새로운 짜임관계 속에서 재배치하는 것이다(KG, 358).

철학이든 예술이든 관계없이, 그리고 고급 예술이든 대중 예술이든 관계없이 그것이 부정적 현실의 동일성 체계를 끝없이 부정하고자 한다면 새로운 판짜기를 할 수밖에 없다. 새로운 판은 반복적 해석을 요구하는 체계가 아니라, 해독을 기다리는 암호문, 곧 짜임관계이다. 그렇다고 아도르노가 현실 세계의 체계적 현혹에 맞서 매혹적인 짜임관계를 제시하는 것은 아니다. 그가 제시하는 짜임관계에는 실천을 부채질하는 유혹도 없고 사명감을 부추기는 채찍도 없다. 그러나 그곳에는 고통 받은 사람들이 있고 해방을 위해 저항과 연대를 꿈꾸는 사람들의 새로운 언어가 있다. 아도르노의 철학은 총체적으로 관리되는 사회에서 관리되지 않은 사람의 철학이다. 그러나 헤아릴 수 없는 갖가지 관계들로 짜인 암호문의 철학, 겨울잠을 자고 있는 그의 철학은 아직 겨울 바다를 떠돌고 있다.

III

WALTER BENJAMIN

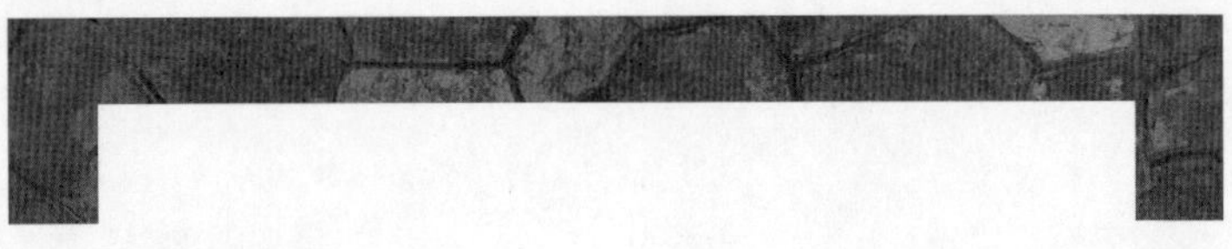

3 벤야민
현대의 미시 공간 '파사주'[1]

고지현

1 | 미완의 프로젝트『파사주』

발터 벤야민(Walter Benjamin, 1892~1940)을 프랑크푸르트학파의 학자
군에 포함시킬 수 있다면, 그것은 무엇보다도 이 학파의 전신(前身)
으로 알려져 있는 사회연구소와의 인연 때문일 것이다. 벤야민은
1932년에 아도르노의 주선으로 당시 연구소를 이끌고 있었던 호
르크하이머와 직접 접촉할 수 있었고, 그 이후부터『사회연구지』
에 크고 작은 글들을 발표하면서 연구원으로 활동했다. 벤야민은
1934년에 히틀러가 집권하자 사회연구소와 디아스포라의 운명을
같이 했지만, 망명의 운명이 최종적으로 다다르게 된 종착지는 너
무나 달랐다. 사회연구소는 전후 뉴욕의 망명 생활을 끝내고 독일
로 귀환하여 '비판 이론'을 구축해냄으로써 이른바 '학파'라 지칭될

정도의 드높은 명성을 일구어낼 수 있었던 반면, 벤야민은 나치의 파리 침공을 피해 피레네 산맥을 넘던 도중에 죽음의 경계를 넘어 서지 못한 채 생을 마감했다.

연구소의 여러 학자들 가운데 아도르노가 이미 고인이 된 이 디아스포라 철학자에게 보여준 애착은 특히나 남달랐다. 극도의 생활고와 망명길에 산산이 흩어져 있던 벤야민의 글들을 추슬러 그 정신적 유산을 관리해왔던 사람이 아도르노였으며, 또 자신의 이론 틀을 매개로 벤야민 해석자로서의 역할을 자처하고 나섰던 이도 바로 그였다. 이러한 각별한 천착은 비단 시대의 암흑기를 넘어서지 못한 연구소의 한 일원에 대한 상실감과 애도에서 비롯된 것만은 아닐 터이다. 아도르노에게 미친 벤야민의 지대한 사상적 영향은 아도르노가 아카데미 학자로 발돋움하던 시기로까지 소급되며, 또 비판 이론의 여러 다양한 논제 속에도 뚜렷한 흔적을 남기고 있다. 벤야민은 프랑크푸르트학파의 정통 계보에 공식적으로 귀속된 바 없으며, 또 오늘날 강력하게 발휘하고 있는 그의 독자적인 사상의 영향력도 이러한 계보와 무관한 것이지만, 그의 이름이 숱한 공방 속에서도 여전히 이 학파의 1세대의 한 사람으로 알려져 있는 아도르노의 명성에 마치 그림자처럼 따라붙게 되는 이유가 여기에 있다.

벤야민이 연구원으로 활동했던 시기에 불안정한 조건이나마 사회연구소의 지원을 받아 독자적으로 추진한 철학적 기획이 있었으니, 『파사주』 프로젝트[2]가 바로 그것이다. 『파사주』 프로젝트는 벤야민이 자신의 모든 투쟁, 모든 사상적 무대를 펼칠 것이라 언명했을 정도로, 현대 자본주의 문화 이론의 형성이라는 최종 목표를 향해 추진했던 야심에 찬 기획이었다. 그러나 앞서 잠시 언급했듯이, 저자의 때 이른 죽음으로 인해 결국 완성을 보지 못했다.

그럼에도 불구하고 1982년에 뒤늦게 출간된 이래로 폭발적으로 분출하고 있는 이 프로젝트에 대한 드높은 관심은 이론적 미완결성에 대한 부담을 유감없이 털어버리고 있는 듯이 보인다. 대부분 수천의 단편으로 채워진 1,000쪽에 가까운 분량으로 세상에 모습을 드러낸 벤야민의 기획물은 방대한 연구 노트의 성격을 띤 것이지만, 오늘날 다양한 형태로 모더니즘 및 포스트모더니즘 담론에 깊숙이 관여하고 있다. 틀에 박힌 시대 진단적 모델이나 논변들에 식상한 학자들은 벤야민이 파리 국립도서관의 문서고로부터 세밀하게 조직한 인용문구들에서 진지한 고고학적 탐구 방식을 감지해내고, 광범위한 동시대 문헌의 기록에서는 시대 비판적인 문제의식과 예리한 현실 감각을 발견하며, 간결한 코멘트 안에 담겨 있는 심오한 통찰력과 이론적 맹아들로부터는 신선한 자극과 영감을 받는다. 특히 신진 학자들을 매혹시키고 있는 것은 유례를 찾기 어려운 독창성과 혜안이 전혀 새로운 탐구 시각과 고찰 방식을 제공한다는 데 있다. 역사를 바라보는 관점이 문학 및 기술 매체의 내러티브 양식뿐 아니라 기억의 구조까지 포괄하며, 또한 문화 개념을 현대 도시나 일상생활이라는 더욱 실재적인 영역으로 확대 조명하는 시도는 벤야민에게 커다란 빚을 지고 있다.

이 글은 미완의 기획을 일종의 결함이 아니라 여전히 열린 지평으로 보는 시각 속에서 프로젝트의 제목으로 달린 '파사주'에 논의를 집중시켜 그 공간의 성격을 밝히려고 한다. 파사주는 벤야민이 19세기의 여러 다양한 현상을 끌어 모으는 가운데 한 표본으로 포착한 탐구 대상이다. 이 공간은 19세기 유럽 문화의 중심지였던 대도시 파리를 마치 거울처럼 반사하는 소우주였다. 이 공간에 대한 해명은 벤야민의 독특한 철학적 입장과 프로젝트에 대한 일련의 기본 구상 및 모티브들에 대해 유익한 안내를 제공할 것이다.

2 | 세속의 공간 '파사주'—원현상

『파사주』 프로젝트는 크게 보아 두 차례에 걸친 기획 단계로 나누어진다. 첫 번째는 벤야민이 교수 자격 취득의 일환으로 프랑크푸르트 대학에 제출한 『독일 비애극의 원천』이 당대의 보수적 학풍에 부딪혀 좌초된 뒤, 1927년부터 그 후속 연구로 설정한 「파리의 파사주」이다.[3] 기획의 제목에서도 볼 수 있듯이, 벤야민은 탐구의 '표본적' 대상으로 파사주를 발견한 것이다. 그러나 이 계획은 1929년에 급작스레 중단되고, 파시즘의 집권으로 인해 벤야민이 망명길에 오르기까지 5년 동안의 휴식기에 빠져든다. 파리에서의 망명 생활과 함께 본격적으로 착수되는 프로젝트는 이제 「19세기의 수도 파리」라는 새로운 제목의 연구 계획서로 거듭나, '19세기의 근원사'에 대한 역사적 비판을 목표로 나아가게 된다. 계획서의 제목이 시사하듯이, 탐구 영역은 유럽의 세기를 대표하는 '대도시 파리'로 거대하게 확장되고 있지만, 이와 같은 외연의 확대는 첫 번째 작업 단계에서 포착한 대상을 집중적으로 조명한 결과로서, 파사주는 나중에도 여전히 탐구 대상의 표본적 성격을 잃지 않는다. 이때 파사주는 '미시 세계'의 공간, '일종의 도시, 축소된 세계'이다.

파사주가 탐구의 표본이자 일종의 세계를 이루는 미시 공간이라는 말은 구체적으로 무엇을 뜻하는가? 파사주는 이성 중심주의적 철학 체계 안에서 논리적으로 추론한 어떤 개념이 아니라, 역사적으로 나타난 현상이자 실체이다. 현상계를 의식이 수행하는 합리적 인식으로 한정하여 설명하거나, 존재자를 사유의 운동 법칙이라는 틀에 묶어 개념의 운동으로 체계화한 것이 전통 철학의 주된 특징이라면, 이 사유 모델은 무한한 운동 속에서 합리적 인식의 결과물인 개념들을 스스로 실체화하면서 점점 실재하는 세계로부터 독립되고 유리되는 경향을 내재하고 있다. 파사주라는 탐구 대상이 하나의 현상이자 실체라는 것은 벤야민이 바로 이러한 개념의 자기 완성적인 운동 경향으로부터 탈피하여 '세계' 자체로 방향을 선회하고 있음을 뜻한다. 물론 세계의 현상 모두가 역사적 성격을 띠는 것은 아니다. 파사주는 인류의 역사가 시작된 태고 때부터 존재했던 것이 아니라, 19세기에 불현듯 등장한 아주 새로운 것이다. 벤야민은 바로 이 현상에서 현대 문화의 모태를 발견하는데, 이러한 의미에서 파사주를 '원현상'(原現像, Urphänomen)이라 부르고 있다.[4] 이를 토대로 현대 문화 이론을 정립하는 것이 프로젝트의 궁극적인 목표이다.

원현상이란 본래 괴테의 자연철학 개념 중의 하나로, 벤야민은 『독일 비애극의 원천』에서 자신의 독자적인 원천(=근원) 개념을 발전시키기 위해 자연 영역에 지정된 원현상을 역사적 영역으로 전의시킨다.[5] 고전주의적 자연철학에 대한 내재적 비판 속에서도[6] 벤야민이 괴테로부터 넘겨받은 예술철학적 인식 도구는 식물 변태론의 사유 모델이다. 즉 식물계의 온갖 풍요로움이 만개 이전의 작은 싹과도 같은 원형 잎이 변형되어 형성된 것이라는 괴테의 주장처럼, 파사주는 생성과 발전을 통해 번성하는 현대 문화의 원형인 것이다. 이 원형은 이미 지적한 것처럼 추론되는 것이 아니라 세계의 실체로서 발견되는 것이고, 발견의 능력은 개념적 사고가 아니라 직관(Anschauung)에 있다. 벤야민이 언젠가 아도르노에게 전한 바 있는 "직관된 현실의 가장 작은 세포"[7]라는 표현은 바로 원현상으로서의 파사주를 가장 잘 특징짓고 있다.

그렇다면 발견된 가장 작은 세포가 어떻게 현대 문화 이론의 형성이라는 거대한 목표에까지 이를 수 있는가? 파사주는 벤야민이 주목할 때까지 어느 분야를 막론하고 진지한 학문적 관심의 외곽지대에 놓여 있었다. 물론 몇몇 문인이 언급한 사례는 있다. 졸라는 『테레즈 라캥』이라는 소설에서 파사주를 배경으로 삼았고, 『나나』에서 파사주는 위협적인 풍경으로 등장한다.[8] 발자크는 『잃어버린 환상』에서 파리의 최초 파사주라 할 수 있는 팔레 루아얄의 갤러리(회랑)를 세밀하게 묘사한 바 있다.[9] 또 벤야민의 프로젝트에 영향을 미친 아라공의 『파리의 농부』는 내용의 절반을 파사주에 할애하고 있다.[10] 그러나 문예비평에서 파사주라는 현상 자체에 관심을 둔 적은 없으며, 다만 문학적 형상화를 위한 부차적인 보조 수단 정도로만 생각했을 뿐이다.

그만큼 파사주는 지성 담론의 관심 밖에 놓여 있었던 것인데, 그 이유는 무엇보다도 파사주의 세속적 성격 때문이었을 것이다. 파사주가 등장하고 일상생활에 깊숙이 파고들면 들수록 그 안에서 벌어지는 일이나 현상들은 항상 반복되는 일상처럼 너무나 당연한 것으로 여겨졌고, 또 그렇게 익숙해질수록 파사주는 지극히도 사소하고 대수롭지 않은 것으로 자리 잡는다. 바로 일상에 가장 밀착된 세속성 때문에 일종의 속물성과 하등 다를 바 없다는 타성적 관념이 지성 담론의 터부로 작용한다.

그러나 어떤 것에 익숙해진다는 것이 곧 그것을 이해하고 파악하고 있다는 뜻도 아니며, 당연한 것이 관성일 수는 있으나 그것이 진리인 것도 더더욱 아니다. 우리는 우리의 일상을 지배하는 문화에 대해 얼마나 알고 있는가? 더욱이 현대인인 우리는 현대 일상 문화가 어디서 기원하며, 또 어떻게 발전해나가고 있는지를 충분히 인식하고 있는가?

무심결에 지나치는 아주 사소한 것에서 시대의 변혁 징후를 읽어내는 것이 벤야민 철학의 독특성 중의 하나라고 말할 수 있고, 바로 파사주가 그러한 표본으로 포착된 것이다. 벤야민은 이 세속의 공간을 개척하기 위해 파리 국립도서관에서 먼지로 뒤덮인 고문서를 파헤치는 고고학적 탐구를 수행한다. 『파사주 저작』에 기록된 무수한 인용문구가 바로 이러한 탐구 과정 속에서 수집된 경험 자료들이고, 또 이와 관련된 코멘트들이 이 실증 자료들에 대한 비판적 검토 과정을 가리킨다. 이러한 점에서 파사주는 경험철학적 탐구 대상이라고 할 수 있다. 이때 유의해야 할 점은 벤야민의 철학함이 개념이 아니라 세계의 역사적 현상에서 출발한다고 해서 개념 형성 자체를 전면적으로 거부한 건 아니라는 사실이다. 어떤 역사적 현상이 이론화되기 위해서는 개념화가 필수적이다. 다만 개념이 어떻게 무엇을 기반으로 형성되는가가 문제일 뿐이다. 벤야민은 철저하게 경험 자료의 실증적 탐구와 그 비판적 검토를 바탕으로 한 개념화를 모색한다.

3 | 파사주 건축과 현대 예술의 두 가지 아방가르드 운동

파사주의 역사적 발전 단계

파사주하면 사람들은 오늘날 우리 주변 곳곳에 자리 잡은 아치형의 건물이나 지하도의 상점가를 떠올리며 즉시 이와 동일시한다. 그러나 이와 같은 직접적인 연계는 원칙적으로 옳지 않다. 파사주는 실재했던 것이지만, '더 이상 존재하지 않는 기념비'이다. 소비문화의 '원풍경'이 펼쳐졌던 파사주는 오늘날 흔적을 남기고 있고, 그러한 점에서 그것은 '공간화된 과거'다. 벤야민은 파사주를 발생과 사멸의 지점까지 고찰하며 역사적 발전 경로를 뒤쫓는다. 그가 추적한 파리 파사주의 역사는 세 단계로 구분해볼 수 있다.

첫째 단계는 파사주가 맨 처음 1786년에 생겨나, 대부분이 1822년 직후부터 건설되기 시작하면서 세기의 중반에까지 이르는 시기다. 이때의 파사주는 일부 바닥을 대리석으로 깔고, 천정의 유리를 익형의 철로 지탱했으며, 실내를 가스등과 석유램프로 비추고 있어 마치 요정의 궁전과 같은 모습을 띠었다. 그곳에 늘어서 있는 우아한 상점들은 온갖 진기한 상품을 진열해놓고 고객을 유혹하고 있었다. 이 시기가 사치품 거래의 절정기라 할 것이다.

둘째 단계는 1852년부터 다양한 종류의 상품들을 한곳에 모아둔 백화점이 생겨난 시기다. 백화점의 발생은 오스망 남작의 파리 도시 계획과 불가분의 관계가 있다. 토지 수용과 국가에 의해 주도된 철도 공사와 관련하여 수많은 인가와 신용 대부가 이루어짐으로써 부르주아 계층의 부가 증가했고, 이러한 경제 호황 속에서 백화점이 속속 들어섰다. 「연구 계획서」에서 제5장으로 자리 잡고 있는 '보들레르 또는 파리의 거리들'의 시대적 배경을 이루고 있는 제2제정기가 백화점의 시대다. 또 같은 시기 1851년에 최초의 만국박람회용으로 수정궁이 지어지기도 했다.

셋째 단계는 20세기에 이르러 초라한 모습으로 변모한 파사주의 붕괴기다. 아라공의 오페라 파사주에 대한 묘사가 바로, 다름 아닌 파리에서 마지막으로 남은 파사주가 철거의 운명에 처한 순간을 포착하고 있는 것이다.

파사주의 발생 조건

벤야민은 사라진 파사주의 원형을 탐색하기 위해 특히 발생기에 해당하는 자료를 집중적으로 수집했다. 이로써 파사주가 생겨날 수 있었던 사회 제반적인 조건이 밝혀지는데, 그것은 대략 세 가지 관점에서 조명해볼 수 있다.

첫째는 경제적 조건이다. 프랑스 혁명을 통해 탄생한 현대 국가는 교회와 일부 소수 귀족의 소유권을 박탈한 뒤에 몰수한 재산을 재사유화함으로써, 파리와 같은 대도시의 토지와 건물을 개인 소유로 탈바꿈시켰다. 상인들은 땅과 궁전을 매입하여 투기의 대상으로 삼거나 임대업으로 활용했다. 특히 봉건제의 유물인 팔레 루아얄은 갤러리와 정원, 왕실과 분수로 어우러진 우아하고 화려한 정경을 배경 삼아 사치품 거래의 중심부로 자리 잡았고, 그 한복판에 상점과 유흥업소가 속속 들어섰다. 파사주는 그렇게 처음 생겨났다. 상품 거래의 중심부로 커다란 성공을 거두자 19세기 초반부터 파사주 건설의 붐이 일기 시작하는데, 이를 경제적으로 뒷받침한 것이 주식 투기다. 주식회사의 부흥과 때를 같이하여 파사주 건설을 위한 주식 투기가 활성화되었고, 한때는 파사주 안에서나 그곳에 인접한 거리에 투기장이 들어서 밤낮을 가리지 않고 주식 암거래가 성행했다.

둘째는 사회 집단의 공간을 형성하는 건축의 관점이다. 파사주의 발생은 현대 도시의 형성과 밀접한 관계가 있다. 늦어도 18세기 후반부터 대규모의 인구 유입으로 대중이 출현하는 와중에도 파리는 여전히 중세 도시의 상태를 벗어나지 못하고 있었다. 거리는 구불구불한 형태로 매우 비좁았고, 행인 전용으로 분리된 도로도 없었으며, 점차 증가하는 교통수단으로 인해 도시는 매우 위협적인 모습을 하고 있었다. 도시 한복판에서 유유자적 산책을 즐기는 일이란 상상조차 하기 어려웠다. 이에 일군의 투기꾼들은 도시의 위험과 혼란스런 환경으로부터 보호되는 안전지대를 만들 요량으로, 도로로부터 분리된 건물의 일부를 활용하자는 제안을 내놓는다. 이로써 축조된 것이 파사주다. 건물과 건물 사이에 놓인 거리를 아치형의 둥근 지붕으로 연결한 소형 파사주는 건물의 중심 유흥지나 갤러리와 직접 연결되었고, 이는 다시 대로로 통할 수 있게끔 축조되었다. 이렇게 만들어진 파사주는 교통수단의 위험뿐 아니라 변덕스런 비바람도 차단하여 궂은 날씨에도 여유롭게 산책을 즐기거나 안락한 기분 속에서 진열된 상품을 구경할 수 있는 안전지대를 확보한다.

여기서 파사주의 건축과 관련하여 시대적 전환을 가리키는 현상에 주목할 필요가 있다. 건축술의 의미에서 파사주의 또 다른 이름인 아케이드는 열주(列柱)에 의해 지탱되는 아치군과 그것이 조성하는 개방된 통로를 가리키는데, 그것은 고대 로마 때 발생하여 중세 때에는 교회나 사원의 회랑(回廊)에 등장했다. 이 건축술을 19세기에는 상점가를 구축하는 데 도입한 것인데, 이때의 아케이드는 철골로 지탱한 천장을 유리로 덮은 아주 새로운 것이다. 철과 유리가 건축의 소재로 쓰이게 된 것은 현대에 이르러서이다. 소재의 성질상 다루기가 매우 까다롭고 제조 방식에 있어서도 기술적인 전문 지식을 필요로 한 철과 유리는 새로운 축조 원리에 바탕을 둔 건축술의 변화를 가져왔을 뿐 아니라, 산업적 생산에 도달하면서 도시 건축에 광범위하게 사용되기에 이른다. 벤야민은 이 새로운 건축 소재의 등장을 현대 예술의 분기점으로 봄과 동시에, 이로부터 파생되는 현대 생활공간의 거대한 혁신을 추적한다.

셋째는 현대 일상 문화의 관점이다. 벤야민은 파사주 발생의 조건 중의 하나로 '섬유 산업의 호황'을 꼽고 있는데,[11] 이는 시대의 경제 호황을 유행이 떠받치고 있었음을 암시하는 것이다. 실제로 파사주 부흥기 때 유행은 섹슈얼리티의 각별한 부각과 함께, 특히 여성 의상에 관철되기 시작했다. 유행은 기본적으로 순환적인 리듬을 특징으로 하는 시간 개념이다. 그 시간은 과거-현재-미래를 순차적으로 연계하는 것이 아니라, 옛것을 새로움과 접목시키면서 현재화하고, 때로는 미래를 선취하는 순간에 형성된다. 본질적으로 비합리적인 시간이지만 새로움과 변화를 추구한다는 점에서 현대적인 삶의 리듬이다. 한편 유행은 집단의 소속감을 확보하면서 그 정체성을 형성한다. 거기엔 일종의 취기와도 같은 문화적 정서가 존재한다. 그것은 유한자의 생에 깊숙이 침투함과 동시에, 유한자의 죽음을 극복하는 영원성으로 매개되어 '동일자의 회귀'로 현상한다.[12] 시대의 흐름을 강력하게 대변한다는 점에서 유행의 문화적 힘은 사회적 범주인 것이다.

파사주는 특제품이나 신제품이라는 이름으로 세계의 온갖 진기한 사치품을 전시하고 최상의 유흥거리를 제공하며 세기의 유행을 주도한 문화 중심지였다. 그 유혹의 대상으로 겨냥된 주요 고객은 당시 부를 축적한 신흥 부르주아 계급이나 소수 특권 계층이었다. 파사주는 외형상 모두에게 개방된 공간이었지만, 그 안에 지배적으로 관철된 풍속을 함께 고려한다면 배제의 원리를 암묵적으로 내재화한 금기의 장소이기도 했다. 사치를 부담할 수 없는 자들은 초대받은 자가 아니었기에 환영받을 수 없었으며, 따라서 발생기에 해당하는 파사주는 필연적으로 배타성을 가질 수밖에 없었다.

현대 예술의 아방가르드 운동

파사주의 발생 조건은 동시에 그 사회적 기능을 암시하는 것이기도 하다. 그중에서 건축의 관점은 벤야민이 애초 프로젝트를 기획할 때부터 현대 예술의 기폭제로 작용한 두 가지 사조와 결부시켜 조명하고 있다는 점에서 심층적으로 고찰해볼 수 있다. 벤야민이 주목한 사조 중의 하나는 이성의 눈에 가려진 무의식의 세계를 대변한 초현실주의 운동이고, 또 다른 하나는 현대의 과학 기술 혁명에 고무되어 그 유산인 기술적 합리성을 예술에 최대한 적용하려는 구성주의다. 벤야민은 이 두 조류의 서로 상반된 경향에서 파사주 건축의 기능적 요소를 발견한다.

벤야민은 독일 지성인으로서 프랑스의 초현실주의 운동에 깊은 정신적 유대감을 느꼈다. 맨 처음『파사주』기획에 직접적인 자극제가 되었던 것도 사실은 초현실주의였다. 아라공의『파리의 농부』를 읽었을 때 두세 페이지를 채 넘기기도 전에 심장 박동이 빨라져 그때마다 책을 손에서 놓아야 했을 정도로, 벤야민은 이 동시대 아방가르드 운동으로부터 강한 영감을 받았다. 아라공의 책은 오페라 파사주와 뷔트 쇼몽 공원을 다루는 2부로 나뉘어 있는데, 벤야민은 전반부에 해당하는 오페라 파사주에 각별한 관심을 둔다.

책의 화자는 오스망 남작이 만들어낸 시야가 확 트인 대로(Boulevard)의 침투로 철거의 운명에 처한 파사주를 오로지 욕망이 부르는 대로 미로 속을 헤매듯이 산책한다. 이곳에서 초현실주의가 탄생했다. 몽파르나스와 몽마르트르를 혐오했던 아라공과 브르통(André Breton)은 뜻을 같이한 동료들의 회합 장소를 오페라 파사주의 카페로 옮겨 당시 막 출현하기 시작한 '다다 운동'에 대해 격렬한 토론을 벌이면서 초현실주의 선언을 준비했다. "초현실주의의 아버지가 다다였다면, 그 어머니는 파사주였다"[13]라는 말은 바로 이러한 의미에서 이해할 수 있다. 벤야민이 초현실주의에서 무엇보다도 주목한 것은 이 아방가르드 운동이 전통적 예술 형식을 깨는 데 추동력이 된 꿈·도취·환각의 세계다.

한편 「19세기의 수도 파리」에서 파사주가 생겨날 수 있었던 조건으로 철골 건축의 시작을 꼽는 동시에, 유리를 건축 소재로 사용하는 범위가 점차적으로 확대되고 있음을 지적하고 있는 맥락[14]은 벤야민이 유럽의 또 다른 아방가르드 운동에 주목했음을 시사한다. 건축에서만이 아니라 문학의 글쓰기 원리로까지 관철된 구성주의가 바로 그것이다. 사실 벤야민은 1924년부터 구성주의 잡지에 글을 발표하고 잡지 동인으로 활동하는 등 일찍부터 이 운동에 지대한 관심을 가졌다.

구성주의란 마치 기술자가 철로 구조를 구축하는 것처럼, 예술 소재를 적확한 지식과 합리적인 계획에 입각하여 처리하는 것을 뜻한다. 기술적 원리를 예술과 동떨어진 것이 아니라 예술 활동의 구성 요소로 보는 것이다. 본래 건축술에서 유래한 이 원리는 회화 및 문학으로 이전되어 이미지와 문자 텍스트의 조직 방식에까지 적용된다. 그것이 바로 몽타주의 원리다. 기술적 합리성에 입각해 있기 때문에, 양식(Stil)의 형성은 최소한으로 제한되어 차갑고 무색무취의 느낌을 주는 것이 특징이다. 이 아방가르드 운동은 전통적인 순수 예술이라는 관념의 지배 속에서 예술이 삶과 분리되어온

상황을 타파하고자, 과학과 기술에 바탕을 둔 예술을 삶의 일반적
조직 방식으로 이해하고, 구성을 실천적 과제로 생각했다.

『파사주』 프로젝트는 현대 건축에 대한 여러 연구서를 폭넓게 수
용하고 있는데, 그중에서 마이어(Alfred Gotthold Meyer)의 『철골 건축』
과 기디온(Siegfried Giedion)의 『프랑스의 건축—철과 철근 콘크리트』
는 매우 주목할 만하다. 일찍이 벤야민은 마이어의 책을 "주택을 통
해 생활 법칙 그 자체가 되는 기술적 구성 법칙을 인식"함으로써
20세기의 운동 사조가 추구한 "새로운 즉물성"을 선취한 것으로 높
이 평가했다. 이 연구서를 "역사 유물론의 건축사에 대한 서문"으
로 볼 수 있다면, 기디온의 책은 풍부한 자료를 바탕으로 후속 연구
를 수행하고 있다. 실제로 이 두 저작은 철과 유리라는 새로운 건축
소재의 등장을 기점으로 건축의 현대성을 밝히려고 한다는 점에서
벤야민에게 '건축의 근원사'라는 탐구 시각을 제공함으로써 파사주
탐구에 영향을 미치고 있다.[15]

구성주의와 초현실주의, 이 상반된 현대 예술의 두 조류는 벤야
민이 파사주라는 건축 공간의 성격을 더 심층적으로 들여다보는
데 있어서 열쇠 역할을 한다. 벤야민의 탐구 시각을 규명하기 위해
이제는 구성주의와 초현실주의로 각각 나누어 이와 관련된 문제를
상세하게 고찰해보자.

4 | 구성주의와 파사주

구성주의의 대변자인 마이어와 기디온은 전통적으로 뿌리가 깊은 예술론의 편견에 대해 이의를 제기한다. 그 편견이란 소재와 기술적 요인을 예술의 유기적인 구성 요소로 보지 않거나, 부차적인 문제로 치부함으로써 예술사를 양식사로 환원시키는 것이다. 미학이라는 이름으로 전개된 모든 근대 예술철학이 바로 그러하다. 헤겔이 건축 예술을 논할 때 상징의 목적을 충족시키는 요건에서 출발하고, 그 최종적인 귀결로서 건축이 예술의 계열로부터 퇴출되는 일이 그 단적인 사례다. 즉 기술적 구성 원리에 입각한 건축의 측면은 애초 예술 개념에 포함되지 않고, 따라서 건축이 예술일 수 있는 조건에서 구성 원리가 전적으로 배제되는 것이다. 이로써 기술과 예술의 이분법이라는 통념이 생겨난다. 그것은 한편으로 건설의 유용성으로, 다른 한편으로는 미와 취미의 추구로 재차 분화되어 상호 분리되는 경향을 강화시킨다.

이에 마이어와 기디온은 두 가지 측면에서 기술과 예술의 통합을 위한 변론을 편다. 하나는 건축의 기술적 구성이 미학이라는 개념과 불가분의 관계가 있다는 이론적 변론이고, 다른 하나는 건축사에 대한 실증적인 고찰을 통해 기술과 예술의 분리 현상을 역사적으로 상대화시키는 것이다. 이러한 맥락 속에서 특히 마이어는 자신의 연구가 단순하게 건축 기술자를 위한 전문서가 아니라 양식사에 대해서도 기여하는 성과임을 분명히 하고 있다.

철골 구성과 아이스테시스

우선 첫 번째 변론부터 살펴보자. 마이어는 철이라는 새로운 소재의 등장이 건축 기술의 획기적인 변화를 가져왔다는 사실에서 출발하여 건축사를 재조명한다. 건축 기술은 소재의 성질을 파악하는 것에서부터 적확한 지식 및 계산 그리고 과학적 경험을 필요로 한다. 따라서 건축 소재와 과학의 발달에 따라 기술적 원리도 상이해질 수밖에 없다. 석조 건축 기술이 절석법(截石法)을, 목조 건축 기술이 구축의 텍토닉(Tektonik, 구조학)을 원리로 한다면, 철골 건축은 철이라는 소재의 성질을 밝히는 데 동력이 되었던 정역학(靜力學)이 등장하면서 합리적 구성 기술을 원리로 삼게 된다.

구성이 건축의 기술적 원리가 될 수밖에 없는 이유는 철이 성질상 서로 다른 제조법으로 만들어지는 주철·연철·용철 등의 다양한 종류에서 볼 수 있는 것처럼, 애초에 생산 과정에서부터 인공적으로 가공되기 때문이다. 철이라는 물질 자체가 다양한 변형을 이루는 가변적 잠재력을 가지고 있는 것이다. 그 가변성으로 인해 철이 건축의 소재로 쓰일 수 있는 범위는 무한하며, 인공적으로 응축된 강도와 연성의 면에서는 돌이나 목재와 같은 여타 소재보다 훨씬 월등하다. 따라서 벤야민이 지적하고 있는 것처럼 철은 가히 '혁명적인 건축 자재'라고 할 수 있다.[16]

건축 자재가 혁명적이라는 평가는 건축의 원리가 오로지 소재에 의해서만 결정된다는 소재-기술-환원주의를 주장하기 위한 것이 아니다. 마이어의 논변에는 물질의 성질, 이로부터 얻어지는 소재, 그리고 이에 적합한 기술적 구성의 필연적 조건이라는 사안에 비추어볼 때 도달할 수밖에 없는 논리적 귀결에 초점이 맞춰져 있다. 요컨대 제조 과정에서부터 이미 가공되어야 할 기술적 필요성이 건축의 '형식', 즉 '양식'을 규정할 수밖에 없다는 것이다.

이와 관련하여 정역학에 따라 계측된 철골 구조가 아무런 심미적 효과를 발휘하지 못한다는 통념을 반박하고 있는 맥락은 매우 흥미롭다. 마이어는 미학(Ästhetik)의 어원이 그리스어 아이스테시스(Aisthesis)에서 유래했음을 상기하며, 정확하게 본래의 의미인 '감각적 지각에 미치는 영향'을 강조한다. 이 어원에 따르면, 미학이란 아름다움에 대한 학문이라기보다는 감각에 의해 매개되는 지각에 대한 분석과 이론을 뜻한다.[17] 아이스테시스의 의미로 보면, 철골 건축은 당연히 미학의 범주에 속할 수밖에 없다. 철골로 지어진 기차역이나 전시관의 홀, 현대 대도시의 장대한 건물을 보고 우리는 아무런 느낌도 받을 수 없다고 말할 것인가? 건축 소재조차도 상이한 느낌을 준다는 점은 명백하다. 돌에서는 덩어리의 자연스런 정신을 느끼게 되는 반면, 철은 인공적으로 응축된 강도와 연성만을 느끼게 해줄 뿐이다.

건축이란 기본적으로 공간을 확보하는 일이다. 석조 건축과 목조 건축 그리고 철골 건축은 절개 방식에서 서로 다를 뿐 아니라, 평면과 선의 관계나 음영의 관계, 지주와 중량의 관계가 서로 상이하며, 이에 따라 공간의 가치도 또한 달라지고, 이로부터 우리가 받게 되는 느낌은 확연한 차이를 보일 수밖에 없다. 마이어는 철과 유리로 지어진 건축물을 논할 때, 이 공간이 주는 지각의 형태도 상세하게 고찰하고 있다. 그에 따르면 양식이란 바로 아이스테시스에 바탕을 두고 있는 것이고, 그는 이를 가리켜 '형식 의욕'[18]이라고 부르고 있다. 이렇게 본다면 철골 건축은 소재와 무관한 예술 양식이라는 전통적 관념뿐 아니라 기존의 양식 자체에도 도전하고 있는 셈이다.

아이스테시스라는 개념을 직접 사용하고 있지는 않지만, 기디온 또한 마이어처럼 합리적 구성은 지각에 바탕을 둔다고 주장하고 있다. 구성은 단순하게 물질에 대한 과학적 지식과 합리성으로만 이루어지는 것이 아니라 창조적인 직감을 필요로 한다는 것이다. 물론 건축은 예술이라는 미명 아래 오용되어온 것이 사실이지만, 그 구성은 감정을 계측하고 이를 시험하기 위해 적확한 계산을 하는 원리이지, 감정 자체를 배제하는 것이 아니다. 어떻게 보면 구성 원리란 어떤 예술적 상징과도 같이 본능 작용의 표현이라고까지 말할 수 있다.[19]

너무 빨리 등장한 철과 유리

이제 기술과 예술의 분리 문제를 건축사의 탐구를 통해 접근하고 있는 맥락을 살펴보자. 마이어에 따르면 기술과 예술의 분리는 역사적으로 볼 때 일반적인 현상이 아니다. 예술사나 양식사만을 들여다보아도 기술과 건축은 애초부터 경계선을 분명하게 그을 수 있는 고정 개념이 아니라, 상호 침투하고 확장되는 매우 유동적인 장르의 이름으로 나타난다. 이에 마이어는 문제를 다른 방식으로 제기한다. 즉 언제 건설은 예술이 되며, 또 언제 구성은 건축이 되는가? 19세기의 상황은 바로 이 지점을 파악할 수 있는 단초를 제공한다. 이 시기에 기술과 건축이 마치 서로 무관한 분야인 양 독립되는 양상을 보이는 것이다.

18세기 말 프랑스 혁명이 발발한 직후에 군대는 도시의 다리와 도로를 건설하는 임무를 떠맡게 되는데, 이때 축성술과 공성술을 담당했던 장교를 가리켜 처음으로 기술자(ingénieur)라는 용어가 등장했다. 이 용어는 건설의 업무를 수행하는 전반적인 분야로 급격하게 일반화되고, 그러한 가운데 '구성과 건축의 대립'이 표면화되기 시작했다. 섬세한 예술가의 의식을 가진 사람들이 건설 기술자에 대해 노골적인 반감을 드러내는 한편, 건설 기술자는 사회적으로 독립된 입지를 확보하면서 건축가로부터 분리된다. 이러한 대립은 과거에는 찾아볼 수 없는 현상이었다. 이전에는 다리 건설이나 기념비 건축 모두가 서로 동등한 가치로 인정받았으며, 건축자의 명예도 또한 구성적 성과와 예술적 성과 모두에 의해 결정되었던 것이다.

벤야민은 마이어의 설명을 기록하며 19세기의 상황을 '에콜 폴리테크니크와 에콜 데 보자르의 투쟁'[20]으로 특징짓는다. 에콜 폴리테크니크(École Polytechnique)는 1794년에 기술자의 양성을 통해 과학의 진보에 기여할 목적으로 설립된 것이고, 에콜 데 보자르(École des Beaux-Arts)는 루이 14세 때 설립한 왕립건축학교를 1793년에 이르러 왕립회화조각학교와 합병시킨 국립미술학교다. 전자가 자연과학적 계몽 정신에 입각해 현대를 촉진하는 역사적 세력이라면, 후자는 예술의 전통적 가치를 고집하면서 현대를 비판하고 무력화시키는 세력이다. 이 두 후진 양성의 제도화는 '구성자와 장식가'라는 사회적 기능인을 낳았고, 또 그 대립을 고착시켰다.

기술 구성의 등장에 대해 장식가는 어떤 방식으로 대응했는가? 앞서 설명했듯이 철이라는 소재가 성질상 예술 양식을 규정하는 잠재력을 가진 전혀 새로운 것이라면, 세기의 건축 예술은 이 소재에 상응하는 새로운 예술 형식을 창출해나갔는가? 벤야민의 관찰에 따르면 전혀 그렇지가 않다. 장식가는 기술 구성자의 등장을 자신의 전통적인 입지를 위협하는 도전으로 보았고, 또 철이라는 건축 소재가 인공적으로 가공된 것이라는 바로 그 이유로 강한 거부감을 드러냈다. 르네상스 양식의 전통적인 예술관에 젖어 있던 장식가는 자연적 소재 자체가 주는 느낌을 이상향인 양 생각했던 것인데, 철이 이 규범을 깨는 소재로 보였던 것이다.

이에 건축 예술은 고대 그리스의 고전 양식을 불러들여 그대로 모방하는 방식으로, 오히려 시대의 흐름을 역행하는 방향으로 나아간다. 이로써 특히 나폴레옹이 지배했던 제정기에 신고전주의가 부흥하게 된다. 당대의 저명한 건축 이론가였던 뵈티허(Karl Bötticher)조차 철이 고대나 중세의 예술과는 다른 미지의 형식 원리를 만들어낼 수 있는 뛰어난 소재라는 점을 인정함에도 불구하고, 새로운 건축 체계의 형식 원리를 위해서는 헬레니즘의 양식을 차용할 수밖에 없다고 주장할 정도로 고대의 이상향에 매달렸다.

이로써 철의 등장과 함께 제기된 문제, 즉 구성자와 장식가를 어떻게 서로 병합할 수 있는가라는 일은 기이한 절충주의에 함몰되고 만다. 바로 여기서 건설이 예술이 되고, 또 구성이 건축이 되는 역사적 지점을 명확하게 들여다볼 수 있다. 철로 건설한 기차역, 전시관, 박물관, 광장은 신고전주의적 조각상과 분수 또는 문양으로 가득 치장됨으로써 마치 그것이 예술의 기념비인 것 같은, 또 고대 그리스 건축술의 도래 시대를 맞이한 듯한 착각을 불러일으킨다. 먼 과거에 흠뻑 취해버린 19세기를 기디온은 "역사적인 것으로 보이도록 만드는 가면"의 시대로 특징짓는데,[21] 그것은 심미적 감각을 기능적 목적의 일부로 다루길 거부하고 직접 눈으로 보이는 환상적 효과만을 노려 구축된 구성물의 표면에 사후로 고대 양식을 덧칠한 것에 불과하다. 이렇게 건설은 예술이 된다. 그 배경에는 건축가를 기술자와 대립되는 예술가로 간주하고, 정역학적 계산과 같은 기술적 지식을 적대시한 태도가 숨어 있다. 이러한 공격의 선두에 서 있던 것이 바로 건축을 조형 예술로 다룬 에콜 데 보자르다. 벤야민은 건축의 기술적인 물적 활동이 예술이라는 이름으로 정신적 생산의 산물로 취급되는 상황에 경계의 시선을 던진다.

벤야민에 따르면 '철과 유리는 너무 빨리 등장'했다. 19세기 중반까지도 사람들은 이 새로운 소재로 건물을 어떻게 지어야 할지 몰랐다.[22] 애초부터 철골 기술과 건축이라는 서로 동떨어진 두 가지의 작업이 있다고 간주되었고, 하나의 철골 건축을 건설할 때 기술적 업무와 건축의 업무가 통일적인 하나의 사안으로 다루어지거나 적어도 협동의 체계를 바탕으로 수행된 것이 아니라, 그 사이에 암암리에 위계질서가 상정되어 건축의 업무가 기술의 업무를 압도했다. 이러한 역사적 정황을 기디온은 1811년의 곡물 시장 홀을 통해 확인하고 있다. 이 홀은 한 사람이 아니라 건축가와 기술자라는 두 사람에 의해 지어진 최초의 사례이자, 건축가의 주도 속에서 건설된 것이다. 그 축조 방식은 철골 구성이라기보다는 목재 건축 양식을 철에 그냥 적용한 것에 불과하다.

이처럼 그릇된 사례는 오히려 일반적이었다. 기둥을 만들 때는 폼페이풍의 원주를, 공장을 지을 때는 주택을, 기차역을 건설할 때는 산중의 양치기 오두막 샬레를 모방했다. 건축만이 아니다. 침대의 뼈대, 의자, 작은 원탁, 화분 받침대 등과 같은 철제 가구나 소도구도 애써 목재를 흉내 냈다. 파사주도 예외가 아니었다. 건축가가 철과 유리의 기능적 본질을 전혀 이해하지 못한 상황에서 지어진 파사주를 두고 벤야민은 '능욕'이라는 표현을 쓰고 있다.[23]

마이어와 기디온의 연구서는 건축 모델로서 수정궁과 백화점을 다루고 있지만, 파사주는 고찰에서 빠져 있다. 이는 무엇보다도 파사주가 독립적인 형태로 지어졌다기보다는 기존의 건물을 활용하여 변형시킨 형태로 건설되기 시작했기 때문일 것이다. 이에 벤야민은 이 두 건축 이론가의 개별적인 진술을 꼼꼼하게 검토하면서 파사주의 건축술과 관련된 모형을 재구성한다. 파사주 건축술의 가장 두드러진 특징은 앞서 지적한 것처럼 유리와 철로 천장을 두른 아케이드다. 팔레 루아얄의 갤러리를 바로 아케이드의 시발점으로 볼 수 있는데, 기디온에 따르면 제정 양식의 창시자이자 신고전주의 건축가인 퐁텐(Pierre-François-Léonard Fontaine)이 철재를 사용하여 만든 이 갤러리가 곧이어 기차역 등에 등장하는 것에서 볼 수 있듯이, 이는 새로운 건축의 출발점을 이루는 것이기도 하다.[24] 오페라 갤러리에는 벽기둥에 나선형 주철관을 통해 공급되는 340개의 수소 가스등이 설치되어 있었다.[25]

벤야민은 궂은 날씨로부터 보호되는 공간의 확보에서, 파사주의 구성 요소 중의 하나가 지붕임을 인식해낸다. 이러한 기술적 필요성에서 보통 만들어지는 것이 본래는 홀이다. 홀이란 위가 덮인 공간이지 에워싼 공간이 아니다.[26] 홀은 일반적으로 대규모의 상설 시장을 짓는 데 도입되었던 것이다. 두 개의 가건물을 지붕으로 연결하고, 공기가 잘 통하고 상품 유통이 원활하도록 가능한 한 커다란 대들보를 피했다. 건설자의 이름이 붙은 파리의 발타르 홀은 마치 두 건물을 짜깁기하듯이 지붕만 두른 것인데, 발타르(Victor Baltard)는 사실상 건축가도 기술자도 아니었으며, 단지 석조 건물을 지어본 경력만 있을 뿐이었다. 그럼에도 불구하고 그는 오스망의 도시 계획에 동원되어 막대한 건설 사업을 수행했다.[27]

　여기서 흥미로운 점은 홀의 모델이 온실이었다는 사실이다.[28] 수정궁의 홀도 마치 원예가가 온실을 짓는 것처럼 아치형의 둥근 지붕을 둘렀다.[29] 이로써 우리는 파사주의 공간 원리가 나중에 전시관의 구성 요소로 이전되고 있음을 알 수 있다. 이전된 공간 원리란 무엇인가? 그것은 공간의 형성이 아니라 용기(Gehäuse)의 원리다. 전자는 석조 건축의 조건을 이루지만, 후자는 공간을 둘러싸고 덮어 만드는 원리다. 즉 공간을 격자 세공으로 두르고, 이 격자 사이의 평면을 투명한 유리로 끼워 넣는 것이다. 이곳에서 사람들은 공간을 입체적으로 느낄 수 있는 것이 아니라, 개별 공간의 총체 또는 개별 평면과 개별 윤곽선의 총체를 바라볼 수 있게 됨으로써 건물을 둘러싼 형태와 그 배열이 마치 경계 없이 무한하게 이어지는 것처럼 느끼게 된다.

파사주—집단의 신체이자 내면

지금까지 고찰한 바에 따르면 예술과 기술의 분리는 현대의 현상인 셈이다. 벤야민이 확인하고 있는 것처럼 현대의 건축은 오류로 가득한 구성이 지배했고, 그 산물 중의 하나가 바로 파사주다. 구성주의자가 아이스테시스의 개념을 소환하며 예술을 구성의 유기적 요소로 보는 시각은 현실태를 가리키는 것이라기보다는 현대 건축의 역사적 한계를 넘어서려는 규범적 이론 원리에 더 가깝다. 20세기의 구성주의가 삶의 공간을 위한 새로운 건축을 사회 실천적인 운동으로 이해했던 사실을 상기해보면 좋을 것이다. 철과 유리라는 새로운 소재와 구성에 바탕을 둔 양식이란 발견될 수 있는 미래의 형식인 것이다. 따라서 구성 원리는 미래의 형식을 선취하는 성격을 띠게 된다.

이에 대해 벤야민이 자신의 프로젝트와 관련하여 구성주의의 운동 흐름을 다른 방향으로 선회하고 있는 시각은 매우 주목할 만하다. 기디온은 합리적 구성을 가능하게 한 과학 기술의 지식이 궁극적으로 삶에 기반을 두고 있고, 또 삶에 기여하는 것으로 본다. 삶의 과정은 유기체의 생명 원리다. 이에 따라 그는 구성 원리를 생리학에 비유한다. 마치 생리학이 인간의 신체 구조와 호흡과 같은 신체 기관의 기능 사이에 존재하는 연관을 파악하는 것처럼, 구성은 사회적 신체 장치를 구축함으로써 그 내적 삶의 형식을 표현한다.

"19세기에는 구성이 잠재의식의 역할을 한다." 기디온의 이 명제는 세기에 구축된 사회적 신체를 가리킨다. 벤야민은 생리학의 비유를 염두에 두고서, 구성을 죽은 물질의 구축이 아니라 집단의 신체 구조를 구축하는 일로 해석한다. 구조물은 삶의 과정을 표현하는 것이기에 "신체적 과정"이라고 말할 수 있다. 여기에 덧붙여지는 것이 있다. "신체적 과정을 구성하고 난 다음에 마치 생리적 과정의 골격 위에 꿈을 부려놓듯이, '예술적' 건축물이 구축"된다.[30] 요컨대 벤야민은 구성 원리와는 무관하게 독립적으로 수행되는 장식가의 예술적 활동을 꿈의 세계를 펼쳐놓는 것으로 파악하는 것이다.

이러한 파악 방식에는 구성주의자가 미래의 과제로 설정한 철골 건축의 구성적 선취보다는 오류로 가득한 과거 건축의 현실태에 무게 중심이 실려 있다. 따라서 벤야민의 시각은 현대에 관철된 기술과 예술의 분리 현상을 적극 반영함과 동시에, 이 분리 관계를 다른 방식으로, 즉 집단의 신체와 집단의 꿈의 표상 사이의 관계로 규정하는 것이다. 그 귀결로 벤야민은 기디온의 구성 개념을 현실태에 상응하는 형태로 재조명함으로써 파사주의 또 다른 공간적 특성을 개념화한다.

파사주의 축조 구조는 집단의 신체이다. 신체란 집단이 뛰어넘을 수 없는 물리적 한계치다. 동시에 살아 있는 생명체로서 신체는 자연적 욕구를 충족시켜 끊임없이 스스로를 재생산해야 한다. 이 신체적 과정의 측면은 파사주에 어떤 것들이 들어서 있었는가를 살펴보면 명확하게 드러난다. 그곳에는 레스토랑, 카페, 메리야스 가게, 양복점, 세탁실, 호텔 등 인간의 기본 욕구를 충족시킬 수 있는 온갖 시설이 완비되어 있었다. 그뿐 아니다. 도박장과 클럽과 같은 유흥 시설이 있었고, 도서대여실과 극장이 있었으며, 때로는 콘서트 행사가 열리는 등 문화 공간이기도 했다. 흡연이 허용되었고, 술

집이 즐비하게 늘어서 있었을 뿐 아니라, 매춘이 성행했던 것으로 미루어보아 파사주는 도취의 공간이자 욕망의 장소이다.

이러한 공간의 생리적 기능이란 신체 감각의 작용 없이는 이루어지지 않는다. 먹고 마시고 취하며 욕망을 뒤쫓을 때, 무수한 신체적 느낌의 물결이 출렁대고, 또 여러 번 주사위가 던져지듯이 환각의 무늬가 만들어진다. 벤야민은 이러한 상황을 수면에 빠진 사람이 자기 몸을 통해 대우주를 여행하는 꿈의 상태로 비유하고 있다. "맥박이나 내장의 운동, 심장의 고동 소리, 근육의 감각 등 내부의 소리나 느낌들, 깨어 있는 건강한 사람들에게는 건강의 소용돌이치는 물결로 합류될 이러한 것들이 잠들어 있는 사람의 부단히 예민해지는 내부 감각 속에서 광기와 꿈의 이미지들을 만들어내 감각이 이것들을 해석하고 설명하게 되듯이, 꿈꾸는 집단에게도 상황은 이와 비슷해 이들은 파사주를 통해 자기 내면으로 침잠해 들어갔다."[31] 이러한 점에서 파사주는 집단의 내면이다.

집단에게는 날씨도 내면적인 성격을 갖는다. 날씨의 변화에 따라 집단은 웃기도 하고 우울해하기도 한다. 파사주가 대도시 교통의 위험뿐 아니라 궂은 날씨로부터도 보호된 안전지대였음을 상기해보자. 파사주는 우울과 불쾌를 추방한, 내면의 유쾌하고 쾌적한 공간인 셈이다.[32] 다만 이 내면의 무대는 오로지 상품 거래를 매개로 해서 펼쳐질 뿐이다.

파사주가 집단의 신체라는 점은 건축 구조의 축조라는 측면에서 바라본 기능이다. 사회과학적 개념을 빌려 표현한다면, 이는 생산의 측면에 상응한다. 달리 말해서 집단의 신체 구조는 자연적으로 그냥 주어지는 것이 아니라 만들어지는 것이다. 이와는 달리, 파사주가 집단의 내면이라는 점은 건축의 수용이라는 측면에서 바라본 것이다. 개인이 주거하는 것처럼 집단도 또한 건축물 안에서 살아간다. 이로써 알 수 있듯이 벤야민은 건축 개념을 수용의 측면으로까지 확장시켜 더욱 넓은 의미로 파악하고 있다. 즉 그에게서 건축의 의미는 골격을 구축하여 확보한 공간의 구조적 성격만이 아니라, 공간의 기능과 활용에 따라 나중에 소공간을 배열·배치하고 조명 및 부속물로 실내를 장식하는 것까지를 포괄한다. 파사주와 관련해서는 상품의 진열도 이에 속한다. 이러한 맥락 속에서 벤야민은 건축에서 "환각적 기능"[33]을 발견한다. 이로써 점점 첨예한 형태로 표면화되는 것이 건축의 '지각적' 성격인데, 이 부분을 포착한 것이 바로 초현실주의라 할 수 있다.

5 | 초현실주의와 파사주

구성주의의 규범적 구성 개념은 아이스테시스를 포함한다 하더라도 소재와 구성 원리로부터 유리되지 않는 유기적인 건축술을 모델로 삼고 있다는 점에서 초현실주의 경험 세계를 파악하는 데 한계를 노출한다. 아라공이 파사주를 산책하며 묘사하고 있는 환각의 경험은 꿈의 표상계가 그러하듯이 지각의 내면 자체에서 출발하여 건축 구조로부터 독립된 심리 작용의 거대한 역동성을 보여준다. 반드시 집단의 신체에 종속되지 않는다는 점에서 초현실주의의 이미지는 생리학 모델을 넘어서고 있다.

산책의 공간, 파사주―탈자아적 경험 세계

『파리의 농부』에서 파사주 오페라를 어슬렁대는 아라공은 산책자다. 혼잡한 교통과 궂은 날씨로부터 차단되어 있을 뿐 아니라, 눈을 즐겁게 하는 진기한 물품들이 잔뜩 진열되어 있는 파사주는 무위의 시간을 보내는 데 안성맞춤이다. 산책은 특정한 목적과 결부된 행위가 아니다. 근면 노동이 신체의 에너지 소비를 통한 성과와 의식적인 합목적성을 요구하는 반면, 산책에서는 신체가 긴장이 풀어진 상태이고 원칙적으로 어떤 목적을 지향하지 않는다. 산책하는 사람은 애초에 무엇을 하겠다는 의도를 갖고 있었다고 하더라도, 발길이 닿는 대로 걷던 도중에 길에서 이탈하기가 십상이다.

아라공은 산책길에서 시간제 호텔이나 쾌락의 은밀한 장소를 발견하고, 극장 앞에 서성대는 창녀의 옷차림 속에서 유행의 변화를 읽어내는가 하면, 상점에 쌓여 있는 진기한 상품을 구경하던 도중에 갑자기 조개가 부딪는 소리에 이끌려 그 뒤를 쫓다가 한 여인에게 매혹당한다. 어떤 미장원에 들어서서는 그곳에서 머리를 손질하는 금발 여성을 졸라의 소설에 나오는 창녀 나나로 착각하고선, 그녀가 귀엣말로 속삭이는 환청에 사로잡히기도 한다. 이렇듯 아라공은 우발적인 사건과 통제 불가한 욕망의 흐름에 온통 자신을 맡기고 있다.

이 책을 읽는 독자는 의미의 판독 자체가 거의 불가능한 내러티브 형식에 시달리게 된다. 그도 그럴 것이 『파리의 농부』는 우발성과 환각에 노출된 산책자의 아비투스를 그대로 반영하고 있기 때문이다. 산책길에 벌어지는 에피소드가 아무런 맥락도 없이 돌출하는가 하면, 예기치 않은 곳에서 철학적 단상을 끌어들여 이를 몽환적 상념 및 이미지의 분출과 결합시킨다. 파사주에서 마주치는 사물은 순식간에 형태 변화를 일으키고, 마치 스스로 생명력을 부여받은 것처럼 화자에게 말을 걸기도 한다. 또 광고, 카페의 메뉴판과 가격표, 안내 표지판, 신문에서 오려낸 기사 토막들이 다다풍의 몽타주로 처리되어 아무런 예고도 없이 불쑥불쑥 등장한다. 어떤 틀에도 구속받지 않고, 분별력조차 상실되어 있으며, 내러티브가 유일하게 의지하고 있는 것이란 즉흥성뿐이다.

초현실주의 운동이 그러하듯이, 아라공의 서술 기법은 전통적 문학 형식의 규범을 깨고 있다. 따라서 초현실주의 작품을 전통 문학 장르의 구분에 맞춰 이해하려는 시도 자체가 무모해진다. 기존의 형식으로부터의 탈피는 글쓰기에 대한 이 아방가르드 운동의 자기 이해에서 비롯된다. 중요한 것은 문학의 형식이 아니라 문학의 지양이라고 말하는 편이 옳다. 초현실주의는 순수 예술 운동이 아니다. 이들은 구성주의처럼 삶과 유리된 예술을 거부했으며, 삶의 가장 저변에서 솟구치는 원천에 다다르길 원했다. 그 원천이란 욕망과 소망이 지배하는 무의식의 세계다. 이 때문에 그들에게 글쓰기란 예술적 형상화를 위한 수단이 아니라 무의식의 세계를 표현하는 매체이다. 그들의 궁극적인 의도는 이 세계를 드러냄으로써 억눌린 소망과 욕망을 분출시켜 해방시키는 것이다. 이를 실현하는 데 가장 커다란 장애로 느낀 것이 의식과 도덕관념의 개입을 통해

검열과 통제를 행사하는 자아중심주의의 주체관이다. 이에 맞서 초현실주의의 글쓰기는 자아의 해체를 시도하게 되는데, 그것은 현실 개념을 급진적으로 문제 삼는 방향으로까지 나아간다.

『파리의 농부』 서문에는 바로 이러한 해체 전략이 간결한 형태로 잘 나타나 있다. 그러한 점에서 서문은 본문의 독해를 위한 지침을 제공한다고 말할 수 있다. 아라공은 시대 담론의 지배적인 흐름에 대한 회의로부터 출발하고 있다. 그것은 대부분 사유의 수단 및 목적에 치중되어 있을 뿐, 사유의 대상이나 진리에 대해서는 아무런 관심을 갖지 않는다는 것이다. 사유의 확실성이 얼마나 객관성을 확보하고 있는가 하는 문제에 대해서는 서로 앞을 다투어 논쟁을 벌이지만, 확실성의 현실에 대해서는 모두가 침묵한다. 이러한 방식으로 밝혀진 인간이란 외형상 매우 명약관화해 보이지만, 그 개념이 전제하고 있는 추상적 성격에 대해서는 아무런 의구심을 품지 않는다.

그러나 아라공에 따르면 길들여진 통념에서 근대의 관념철학에 이르기까지 사유의 확실성은 존재의 의식에 국한되어 있고, 그러한 제한은 오류를 구분하는 자아에 의해 확보된다. 이러한 방식으로 확실성은 현실이 된다. 자아의 확실성은 오류를 배제한 현실을 확보하며, 따라서 그것은 사실상 자아의 현실에 다름 아니다. 이러한 현실관에 기초를 놓은 것이 '나는 생각한다. 고로 나는 존재한다'라는 데카르트의 의심의 여지가 없다는 명증성이다.

아라공은 데카르트의 자아를 전적으로 부정하는 방식으로, 즉 합리성 대 비합리성의 단순 이분법 구도로 논의를 끌고 가기보다는 참에 대한 인식을 논리적으로 추론하는 자아의 역기능에 초점을 맞추고 있다. 인간의 눈이 기피하는 어둠의 제국이란 것이 존재하며, 빛을 묘사하기 위해서는 이 어둠을 응당 포기해야 한다고 말하곤 한다. 그러나 포기된 어둠은 사실상 인간의 눈이 알길 거부한 미지의 것을 간직하고 있는 오류나 다름없다. 그것은 자아가 참을 입증하기 위해 불가피하게 오류를 구별해내면서 미지의 것을 추방하는 것과도 같은 이치다. 이렇게 보면 자아의 확실성이 구축한 인간의 개념은 반쪽짜리일 수밖에 없다.

그렇다면 어떻게 추방당한 미지의 것 자체를 우리의 것으로 되돌려놓을 수 있는가? 확실성은 변별력의 기능으로 인해 어쩔 수 없이 오류를 그림자처럼 끌고 다닐 수밖에 없다. 빛의 존재는 오로지 어둠의 존재를 통해 이해할 수 있는 것처럼, 참은 오류를 전제한다. 따라서 '오류는 명증성을 통해 자기 자신을 주장할 수 있다.' 오류는 합리적 자아의 확실성으로부터 완전 분리되는 것이 아니라 그에 종속되어 있을 뿐이다. 다만 이 종속 관계를 거꾸로 돌려 '오류의 세계'로 과감하게 진입하는 일이 중요하다.

아라공은 자아의 역기능에서 탈자아적 경험 세계로 통하는 틈새를 발견함으로써 자아중심주의적인 주체를 역전시키는 데 성공한다. "나는 더 이상 나 자신의 주인이 아니며, 그만큼 나는 나의 자유를 체험한다. (…) 나는 나의 감각과 우연의 놀이공이다. 나는 룰렛 앞에 앉아 있는 도박꾼과도 같아, (…) 나의 신체라는 룰렛의 원반 중에서 빨강 판에 내기를 건다."[34] 『파리의 농부』는 바로 이러한 탈자아적인 경험 세계를 보여주고 있다. 내가 움직이는 것이 아니라,

우연과 욕망이 길을 트는 산책로를 따라가는 것이다. 아라공은 자아의 현실을 무용지물로 만드는 것이 아니라, 오히려 합리적 인식의 배타적 권리 행사로부터 소외된 신체성과 감각의 범주를 통해 현실 개념 자체를 확장시키고 있다. "감각의 오류라면 어떤 것이든 이성의 진기한 꽃들에 조응한다."[35] 따라서 아라공이 보여주는 오류의 세계는 자아의 현실 경계를 넘나드는 또 다른 현실인 것이다.

파사주—헤테로토피아

1929년에 쓰인 「초현실주의」라는 논문에서 벤야민은 탈자아적 경험의 조건을 "자아의 이완" 상태로 특징지으며, 합리적 이성에 가려진 꿈·도취·환각의 세계를 복권시키고 있다.[36] 이 세계에서는 사인(私人)의 존재로서 합리적 개인이 극복되면서 대중과 밀착된 접촉을 할 수 있는 기회가 주어진다는 것이 벤야민의 견해다. 여기서 주목해야 할 점은 벤야민이 이미 오래전부터 기계론적으로 환원된 칸트식의 경험 개념의 한계를 넘어서고자, 계몽주의적 인식 틀에서는 배제되지만 역사적으로나 현실적으로 여전히 해결되지 못한 경험의 영역을 철학적 성찰의 주요 대상으로 삼았다는 사실이다.

벤야민이 타진한 더욱 총체적인 경험 개념의 특징은 언어에 정향되어 있는 한편, 의식적 판단력이 아니라 지각 개념에 바탕을 두어 그 객관성을 확보하려는 데 있다. 요컨대 벤야민은 정상과 비정상의 구분을 인식의 문제가 아니라 지각의 문제로 본다. 동화에 나오는 일요일의 아이들이 다른 사람들이 무심코 지나치는 마술의 정원을 발견할 수 있는 것은 그 정원이나 보물이 다른 일반 사람들에게는 나타나지 않고 일요일의 아이들에게만 현상하기 때문이 아니라, 아이들이 다른 지각을 가졌기 때문이다. 즉 행운을 발견한 아이나 정신 이상자는 사물을 다르게 본다. 지각은 참과 거짓의 문제가 아니다. 다만 어떤 이가 정신 이상자로 취급받을 때는 그가 속한 특정 공동체가 암암리에 인정하는 지각 방식에서 이탈하는 현상을 보이기 때문이며, 이것을 위협으로 느끼는 공동체는 격리를 강제하게 된다.

벤야민의 경험 개념이 지닌 강점은 지각 자체가 역사적으로 변화를 겪는 것으로 보는 데 있다. 시대마다 서로 상이한 지각 방식이 존재한다는 것이 그의 입장이다. 지각의 역사적 변화는 인간의 지각 능력이라는 측면과 지각의 대상 및 객체라는 측면, 모두에서 일어난다. 전통 철학의 개념을 빌려 표현하자면 지각의 주객 관계를 인과적으로 어느 한쪽에 비중을 두어 환원시키는 것이 아니라, 동시적인 변화의 고찰을 통해 파악하는 것이다. 파사주라는 공간이 바로 지각의 역사적 변혁을 예고하는 표본이고, 따라서 이 공간에 대한 고찰 역시 주객의 두 측면 모두를 고려하고 있다.

우선 지각의 물적 토대를 살펴보자. 단독 공간의 형성 원리가 아니라 용기의 원리로 지어진 파사주에서는 개별 공간의 배치가 안에서 밖으로 향하는 것이 아니라 모두 내부로 향한다. 내부 공간을 노출시키는 것이 아니라, 외부 공간의 침입을 억제하는 식으로 조성되는 것이다.[37] 한마디로 파사주는 외부가 없는 집이거나 통로다.[38] 통로는 실내이면서도 거리다. 그것은 한 장소를 다른 장소와 그저 연결하는 매개물로서 끝없이 넘나드는 이동로의 역할을 할 뿐, 경계란 없다. 파사주는 이곳이 문턱이라는 느낌도 주지 않고서 개별 공간의 실내인 다양한 상점과 유흥업소를 직접 연결하고, 또 어느덧 파사주의 거리로 통한다. 그렇게 무한하게 이어지는 통로는 기본적으로 이질적인 개별 공간의 혼성을 이룬다. 매개와 연결의 이와 같은 경향은 공간의 측면에서만이 아니라 양식의 측면에서도 발견됨을 벤야민은 확인하고 있다.[39]

이러한 느낌의 효과를 최대한으로 발휘하는 것이 바로 유리다. 건물 전체의 윤곽을 알아볼 수 있도록 하는 것은 일차적으로 집과 집을 나눈 바깥벽과 정면이지만, 개별 공간이나 개별 평면을 구분하는 경계를 유리로 끼워 넣으면, 측벽은 말하자면 숨어 있는 것이나 다름없다. 투명한 유리를 통해 외부 세계가 내부 공간으로 들어오게 되고, 벽을 거울로 장식함으로써 내부 공간의 이미지가 외부로 투사된다. 이렇듯 개별 공간이 주는 대비 효과가 사라지기 때문에 측벽은 공간을 나누는 의미를 상실하게 되는 것이다.

파사주는 수정궁처럼 철로 지탱된 유리로만 지어진 것은 아니었지만 파리를 거울의 도시라 부를 만큼, 지금 우리의 주거지나 도시에서 볼 수 있는 것보다 훨씬 더 엄청난 양의 유리와 거울이 사용되었던 것으로 보인다. 충분한 자연 채광을 위해 천장을 유리로 둘렀던 것만이 아니라 일부 벽과 문이 유리로 만들어지고 거울로 장식되어, 처음 이 공간에 들어선 사람은 방향 감각을 잃기 일쑤였다.[40]

그러나 투명 소재를 너무 많이 사용한 것도 문제였다. 지나친 채광은 착시 효과를 일으키는 데 오히려 방해가 된다. 이로써 빛을 차단하는 커튼이 사용되고, 철제의 표면을 가려 미화시키는 이른바 천과 벽지를 두르는 실내 장식 기술이 관철된다.[41] 따라서 유리를 전면적으로 사용하기보다는 거울을 부분적으로 활용하는 것을 선호하게 된다. 밤이면 가스등과 석유램프의 불 밑에서 진열된 상품을 좌우로 비추는 거울 벽은 환상적인 분위기를 연출하기에 충분했다.[42] 그뿐 아니다. 가구와 소도구의 절묘한 배치는 공간의 요새적인 성격을 띤다. 일부 소공간을 점령하여 신체의 유동을 막고, 화려한 실내 장식으로 시선을 끄는 효과를 발휘한다.[43]

이렇게 배치된 공간을 산책하는 사람은 마치 혼란의 미로 속을 헤매는 것과도 같은 느낌을 받을 수밖에 없다. 벤야민은 파사주 안에서 경험하게 되는 지각 방식을 꿈과 '해시시'(마약) 흡입 때 일어나는 도취에 비유하고 있다. 유리로 둘러싸이고 거울로 장식된 공간은 내면의 반성 이미지, 환각 이미지, 거울 이미지를 통해 매개되면서 서로 교차하고 침투하며, 때로는 겹치고 포개지기도 한다. 이러한 중첩 현상은 하나의 의미만 갖고 있지 않다. 거기서는 양의성이, 아니 무한으로 뻗어나가는 다의성이 돌출한다. 안팎을 가르는 경계가 부재하는 꿈처럼 파사주는 벽도 문도 없다. 파사주 공간이 그러하듯이, 꿈에서는 내면의 표상이 우위를 차지한다. 꿈에서는 자아가 수동적 역할을 하기 때문에 사물이 운동하는 것처럼 보이며, 인지력은 사물이 우리에게 부딪히는 듯한 느낌에 따라 리듬화된다. 파사주 공간에 익숙해지면 그 건물을 벗어나서도 동일한 환각을 일으킬 정도로 내면의 우위성은 강력한 마력을 발휘한다. 아라공은 해저의 청록빛과도 같은 조명이 어스름하게 비추는 파사주가 인간 수족관으로 변모하는 환각을 경험하는데, 벤야민은 아라공의 인간 수족관이 도시의 거리로까지 확장되어 심미적으로 묘사된 사례를 기록하고 있다.[44]

꿈·도취·환각의 세계에서는 사물이 유기적인 전체로 표상되지도 않거니와, 어떤 통일성의 원리에 따라 움직이지도 않는다. 임의적으로 사물의 일부가 잘려나가고, 그 파편 조각의 이미지들은 자유로운 연상 작용에 따라 연쇄 고리를 이루거나 비밀스런 친화력으로 결합하며, 상호 침투하고 중첩되다가도 불시에 분리된다. 어디서 언제 결합되고 분리되는가는 아무도 예상할 수 없으며, 걷잡을 수 없는 그 역동성의 마력도 통제가 불가능하다.

이 역동적 표상의 세계를 더욱 명확하게 특징짓는 데 있어 푸코가 제시한 헤테로토피아(Heterotopie) 개념은 많은 시사점을 던져준다. 푸코는 『말과 사물』에서 사유가 유사한 사물들과 상이한 사물들을 분류하면서 사물의 질서를 잡는 방식에 대해 논하고 있는데, 이때 보르헤스(Jorge Luis Borges)가 중국의 한 백과사전을 인용한 문구를 읽고 웃음을 참지 못한 경험을 털어놓고 있다. 그 백과사전에 따르면 동물은 다음과 같이 분류된다는 것이다. "a) 황제에 속하는 동물, b) 미라로 보존되는 동물, c) 길들여진 동물, d) 젖을 빠는 돼지, e) 인어, f) 전설상의 동물" 등등. 푸코는 이 황당한 분류법에서 우리 사유의 한계 상황을 발견할 수 있다고 말한다. "헤테로토피아는 혼란스럽다. 그것은 비밀리에 언어에 침식해 들어가고, 이것과 저것을 명명할 수 없게 하며, 공통의 이름을 파괴하고, 통사법뿐 아니라 말과 사물들을 결합시키는 상대적으로 덜 명확한 통사법까지도 붕괴시키기 때문이다."[45]

헤테로토피아는 유토피아의 대립 개념이다. 후자가 상이성을 배제하고 통일성만을 확고한 기반으로 삼는 정신을 통해 사물에 질서를 부여하는 구성체를 가리킨다면, 전자는 사물들이 서로 상이한 방식으로 혼합되거나 중첩되어 이들 모두에 공통된 위상을 정의하기가 불가능한 상태를 말한다. 유토피아는 실제 장소가 존재하지 않는 배치이며, 비현실적인 공간으로서 현실 사회의 이면이나 추구하는 이상을 가리키는 반면, 헤테로토피아는 문화 안에서 실재하는 대항 배치이고, 실현된 유토피아이며, 한마디로 타자의 공간이다. 유토피아와 헤테로토피아가 서로 혼합된 경험 유형도 존재한다. 예컨대 거울이 바로 그러하다. 거울은 실재 장소가 아닌 장소라는 점에서 유토피아다. 거울 속에서 나는 내가 존재하지 않는 곳에서 나를 본다. 그러나 거울은 실재하고 내가 존재하는 장소에서 나의 부재를 발견한다는 점에서 헤테로토피아다. 거울이 헤테로토피아처럼 작용한다는 것은 내가 존재하지 않는 무(無)에서 출발하여 실재하는 동시에 실재하지 않는 공간을 지각하게 된다는 뜻이다.

푸코가 이질 위상학의 여섯 가지 원칙을 제시하며 열거하고 있는 타자의 공간은 17세기와 19세기를 기점으로 이루어진 현대적 삶의 변혁과 긴밀한 관계가 있다. 지면상 일일이 거론하기는 어려우나, 푸코가 제시하는 여러 유형의 헤테로토피아는 벤야민이 19세기 근원사 프로젝트에서 다루는 여러 주제 및 모티브와 일맥상통한다는 점은 분명하다. 그중에서 파사주 공간의 본질과 관련된 것만 살펴본다면, 우선 일탈의 헤테로토피아를 들 수 있다. 사회적으로 요구되는 규범과 기준에서 벗어나는 이 공간은 무엇보다도 정신병동과 감옥을 가리키지만, 무위(無爲)도 일탈의 한 종류다. 예컨대 산책이 그러하다. 한편 서로 모순되는 배치들을 한곳에 모아 하나의 소우주를 형성하는 헤테로토피아는 극장·영화관·정원을 가리킨다. 파노라마가 유행한 한편, 분수가 설치된 온실을 흉내 냈던 파사주는 이 문화 공간의 선두 주자인 셈이다. 또 무한의 시간을 축적하는 헤테로토피아가 있다. 푸코는 박물관과 도서관을 예로 드는데, 벤야민은 양식의 가면과 관련하여 박물관을 꿈 집의 하나로 손꼽았다. 실제적 환상을 만들어내는 헤테로토피아 중의 하나로 사창가를 빼놓을 수 없다. 매춘은 인류 역사상 오래전부터 존재했던 것이지만, 파사주에서 성매매가 성행했다는 사실은 욕망을 새로운 방식으로 조직하기 시작한 징후로 볼 수 있다. 만약 푸코가 벤야민의 프로젝트를 읽었더라면, 보르헤스를 인용하는 자리에 아라공의 초현실주의적 이미지가 들어서고, 벤야민을 따라 파사주의 고문서를 뒤지며 지각의 문제를 더 깊이 파고든 푸코의 사상적 면모를 볼 수 있었을지도 모를 일이다.

6 | 파사주에서 백화점으로

아라공은 20세기에 이르러서야 파사주의 붕괴를 목격했지만, 사실상 그것은 19세기에 이미 예고된 것이었다. 세기 중반에 오스망이 판옵티콘의 원리를 최대한 활용해 시야가 확 트인 대로를 무차별하게 건설하고 대형 철골 건축물이 파리 곳곳에 들어서자, 파사주는 구식 건축물로 전락하기 시작한다. 늦어도 이때부터 파사주는 공간 축조상의 한계를 노출한다. 파사주는 유리문이나 거울을 이용한 착시 효과를 통해 공간의 확장을 노린 한편, 장엄함과 황홀경을 연출하기 위해 천장이 하늘로만 치솟는 경향을 보였다. 그러나 그 실제 폭은 좁았으며, 따라서 실질적인 공간의 기능은 제한적일 수밖에 없었다. 파사주가 내부 공간을 노출시키지 않기 위해 외부 공간의 침입을 억제하는 식으로 개별 공간을 배치한 반면, 도시화는 원근법을 바탕으로 실질적인 공간 확장을 꾀한다. 대로의 침입으로 인해 파사주는 점차 매력을 상실한다. 또한 19세기에 본격적으로 관철된 생활권의 전기화도 파사주의 붕괴를 재촉했다. 밤이면 실내를 희미하게 밝혔던 가스등이 전기로 대체되자, 파사주의 요정 궁전과도 같은 몽환적 형상이 일시에 탈마법화된다. 그러고는 파사주에 공격적인 상품 광고가 침입하면서 잠들어 있던 이미지의 세계에 상품 거래의 노골적인 전략 의식이 문자로 새겨지기 시작한다.

그러나 벤야민이 강조하고 있는 것처럼 파사주는 완전 붕괴한 것이 아니라 '전회'(轉回)를 맞이한 것이다.[46] 즉 파사주는 백화점으로 확대, 발전하게 된다. 우선 공간의 대변혁이 일어난다. 건물은 복층으로 지어지고, 각 층은 개별 공간을 나누는 측벽을 모두 없앤 단일 공간으로 이루어져, 한눈에 전체를 바라볼 수 있도록 판옵티콘의 원리를 도입한다. 대형 단일 공간은 확 트인 시야를 확보함으로써 온갖 다양한 상품을 한꺼번에 진열할 수 있게 할 뿐 아니라, 필요에 따라 변화를 줄 수 있는 더욱 유연한 배치를 가능케 한다.

그뿐 아니다. 파사주의 미로와도 같은 통로를 극복한 백화점은 군중의 자유로운 유입과 흐름을 충분히 고려하고 있다. 그것은 또 하나의 중요한 시대적 변혁을 암시하고 있다. 파사주의 향유 문화 고객이 대부분 소수 부르주아 특권층이었다면, 백화점이 상대하는 대상은 이제 일반 대중이다. 세기의 소비문화는 일부 사회 특권층으로 한정된 한계를 넘어 얼굴 없는 대중으로 거대하게 확장된다.

백화점은 대량 생산 원리에 보조를 맞춘 대량 소비 시대의 산물이다. 대량의 고객 유치와 상품의 대규모 제공이라는 영업 원리가 들어서자 정찰 가격제가 시행되고, 때로는 반품 제도도 도입된다. 그것은 값을 흥정하는 시간을 줄임으로써 더 많은 판매를 노린 것이었지만, 무엇보다도 싼값의 상품 제공으로 대중을 유인하는 흡인력을 발휘했다. 이러한 소비문화의 거대한 혁신 뒤에는 사실상 자본의 권력이 똬리를 틀고 있었다. 자본주의 소비문화는 향락과 욕망을 자기 자신의 계급 집단의 독점으로 행사하는 데 한계에 부딪혀, 사회 전반적인 범위로 확대할 필요성을 느낀다. 그 확장의 기반으로 발견한 것이 바로 대중이다.

7 | 자본주의 문화의 '마술 환등'

아라공은 오페라 파사주의 붕괴를 초현실주의적 감각을 살해하는 것으로 이해하면서 도시화에 대한 반감을 감추지 못한다. 앞서 살펴보았듯이 이러한 태도는 분명 벤야민의 진단과 상반되는 것이다. 아라공의 판단은 파사주를 '새로운 신화'의 공간으로 이해한 데서 비롯된다. 현대의 신화가 숨어 있는 성스러운 장소로서 파사주는 마땅히 보존될 가치가 있다는 것이 그의 견해였다.[47] 이와는 달리 벤야민은 '역사 공간 속으로 신화를 해체'하는 일을 주된 과제로 삼았다. 그는 헤테로토피아의 발견을 초현실주의의 최대 성과로 손꼽았지만, 이 아방가르드 운동이 목표로 설정한 욕망의 해방이 도취·꿈·환각을 '진전'시키는 일로 귀결된 데서는 한계를 본다. 초현실주의에 대한 주해로 쓰인 「꿈 키치」라는 글은 우리 주변 가까이에 온통 널려 있는 사소한 사물들에까지 꿈이 범람하고 있음을 지적하면서, 이러한 상태 속에서도 여전히 무아경의 신화만을 붙드는 일이 얼마나 무의미한가를 피력하고 있다.[48] 벤야민에 따르면 꿈의 초과 상태 뒤에는 "신화적 힘들을 재활성화"시키는 법을 터득한 자본주의가 숨어 있다. "자본주의는 꿈을 동반한 새로운 잠이 유럽을 덮친 일종의 자연 현상"이다.[49] 그러나 파사주가 백화점으로 확대, 발전하는 것에서 볼 수 있듯이, 이 역사적 자연 현상이 발휘하는 마력에는 자동 붕괴란 존재하지 않는다.[50]

벤야민은 자본주의라는 신화의 해체를 두 가지 방향 속에서 모색한다. 하나는 정치 실천적인 정향이고, 또 다른 하나는 역사적 인식에 기여할 이론 형성의 정향이다. 정치 실천적으로 정향된 글이 「초현실주의」 논문이다. 이 글은 어떻게 '혁명을 위한 도취의 힘을 확보'할 수 있는가를 화두로 삼고 있으며, 이에 대한 답으로 '몸과 이미지 공간'이라는 실천 모델을 제시하고 있다.

역사적 인식을 위해서는 비판적 현대 자본주의 문화 이론의 형성이라는 프로젝트의 궁극적인 목표로 이어지는데, 여기서 '상품 물신성'이라는 개념이 핵심적인 역할을 하고 있다. 익히 알려져 있듯이 '상품 물신성'이란 정치경제학 비판에서 제시되고 있는 칼 마르크스의 개념이다. 벤야민은 무엇보다도 마르크스가 상품 물신성, 즉 상품을 생산하는 사회에서 고유하게 나타나는 의식의 전도 현상을 설명하는 데 있어서 '마술 환등'(Phantasmagorie)이라는 표현을 사용하고 있는 것에 주목한다. 바로 이 용어가 벤야민이 문화 이론의 관점에서 구축하려는 자본주의 비판의 여러 다양한 구조적 계기를 이루는 것으로서 프로젝트의 탐구 대상의 총체성을 표현하고 있다. 그러한 점에서 마술 환등이 차지하는 위상은 마르크스 개념의 단순한 원용이라고 볼 수 없는 성질의 것이다.

이처럼 벤야민의 역사 인식적 이론 프로그램은 독특한 마르크스 전유 방식을 암시하고 있다. 그러나 유감스럽게도 이 특유한 전유 방식은 정통 마르크스주의의 적자 논쟁에 휘말려 지금까지도 만족할 만한 해명을 보지 못하고 있는 실정이다. 벤야민의 마술 환등 개념은 분명 루카치가 헤겔의 논리학을 적용하여 마르크스의 상품 물신성을 해석함으로써 제시한 '물화 이론'과 커다란 차별성을 지니며, 바로 그렇기 때문에 프로젝트를 수행하는 과정에서 루카치와 동일한 견해를 가지고 있던 아도르노와 적지 않은 갈등을 빚었다.

벤야민의 마술 환등 개념에는 상품 물신성 개념을 문화 이론적인 관점에서 언어철학적으로 구축하려는 탐구 시각이 중심에 서 있다. 그의 언어철학은 텍스트 개념이 바탕을 이루며, 문자 텍스트만이 아니라 지각론에 의거한 이미지계도 포함한다. 상품의 가치 개념을 일종의 "사회적 상형 문자"의 변형으로 보는 마르크스의 발언은 가치론을 "언어"의 문제로 볼 뿐 아니라, 일종의 이미지로 파악하는 시각을 단적으로 드러낸다.[51] 또 상품을 "기호"로 특징짓고 있는 사례도 이에 해당된다.[52] 마르크스의 텍스트를 치밀하게 인용하고 있는 프로젝트의 여러 단편은 바로 벤야민의 독특한 마르크스 수용이 기존의 통념과는 달리 충분히 정당하고 근거가 있는 것임을 시사하고 있다. 이에 대한 더욱 구체적이고도 체계적인 해명이 이루어질 때, 비로소 벤야민을 정통 마르크스주의의 이탈자로만 본 지금까지의 편견을 불식시킬 수 있을 뿐 아니라, 19세기 이래로 관철된 자본주의 문화의 본 얼굴을 총체적으로 들여다볼 수 있을 것이다.

IV

HERBERT MARCUSE

4 마르쿠제
일차원적 사회, 유토피아적 상상력, 인간 해방[1]

손철성

1 | 68세대의 영웅, 신좌파의 사상가

헤르베르트 마르쿠제(Herbert Marcuse, 1898~1979)는 1960년대에 가장 많이 거론되었던 철학자 중의 한 사람이다. 마르쿠제는 선진 산업 사회를 비판하고 정치적 급진주의(political radicalism)를 옹호했으며, 그의 주장은 세계 각국에 커다란 영향을 주었다. 그는 신좌파(New Left)의 아버지로 칭송되었다. 현대 철학자 중에서 마르쿠제처럼 학계뿐 아니라 대중 매체에서도 논쟁거리가 되었던 인물은 매우 드물다. 그는 위계적인 체계를 고안하는 사람이 아니라, 록 음악처럼 환상과 실천적인 행동을 자극하는 사람이었다. 그는 실제적인 조직가가 아니라 행동을 고무하는 선언문을 작성하는 이론가였다. 그는 학생 운동이야말로 '자유를 향한 항해'라고 말했다. 그는 비판 이론

142

을 체계화한 프랑크푸르트학파의 중심적 이론가이자, 신좌파의 대표적 사상가로서 68학생운동의 이론적 지도자였다.

1979년에 그가 사망했을 때 신문과 잡지, 텔레비전을 비롯한 수많은 언론 매체가 앞다투어 그의 생애와 사상을 회고하는 글을 신거나 특집 프로그램을 방송했다. 그는 사망하기 몇 해 전에 한 텔레비전의 대담 프로그램에 출연하여 "내가 이루어놓은 성과가 있다면 그것은 소수 젊은이들의 의식을 변화시킨 것"이라고 겸손하게 말했다. 자신의 삶에 대한 겸손한 평가에도 불구하고, 기존의 억압적인 낡은 체제를 거부하면서 자유와 해방을 갈망하던 수많은 학생과 젊은이에게 마르쿠제는 정신적 지주이자 영웅이었다.

마르쿠제는 현대 사상을 발전시키는 데 크게 기여했다. 그는 철학과 사회 이론 분야에서 독창적인 시도를 하였고, 급진적 사회 변혁을 위한 정치적 기획을 제안하였으며, 대안 사회와 인간 해방을 위한 전망을 구체화하였다. 마르쿠제는 20세기의 주요한 역사적 사건 및 사상적 흐름에 적극적으로 대응하면서 자신의 독창적인 사상을 만들어갔다. 그는 젊었을 때부터 일관되게 이론과 실천의 통일을 추구했으며, 그것이 마르크스주의의 진정한 모습이라고 믿었다. 그는 교조적이고 기계론적인 해석으로 말미암아 마르크스주의가 생기를 상실해가고 있던 시기에 그것을 새롭게 구성하여 활력을 불어넣으려고 노력했던 인물이다.

마르쿠제는 1898년 7월 19일에 독일의 베를린에서 태어났다. 마르쿠제는 독일 사회에 잘 적응한 중상류 계층의 유대인 집안 출신이다. 그래서인지 그는 유대인으로서의 특별한 민족적 성향이나 소속감을 지니고 있지는 않았다. 그 당시의 젊은 지식인들에게서 흔히 볼 수 있었던 것처럼 마르쿠제도 1차 세계대전을 겪으면서 급진적 사상을 갖게 되고, 마르크스와 엥겔스의 저작을 읽으면서 그들의 혁명 사상에 동조했으며, 실천적인 정치 활동에 직접 뛰어들어 1917년에는 독일 사회민주당(SPD)에도 가입한다. 1919년에 사회주의 혁명이 실패하자 마르쿠제는 크게 낙담하여 조직적인 정치 활동에서 물러나서 본격적으로 연구 활동에 몰두한다.

사상적으로 방황하던 시기에 하이데거의 『존재와 시간』(1927)이 출판되자 마르쿠제는 거기에 관심을 갖게 되어, 하이데거 밑에서 연구를 한다. 그는 마르크스주의를 실존주의 및 현상학과 결합시키려고 시도한다. 그는 「역사적 유물론의 현상학에 대하여」(1928)라는 논문을 발표했는데, 이것은 기존의 기계론적인 마르크스주의를 비판하면서 현상학과 실존철학의 관점에서 역사적 유물론을 새롭게 해석한 것이다. 거기에는 '불안', '역사성', '결단', '현존재' 등 하이데거 특유의 용어들이 많이 사용되고 있다. 그는 '결단'을 통해서 프락시스(praxis), 즉 실천으로 나아가는 길을 모색한다. 그렇지만 하이데거는 마르크스주의에 반감을 갖고 있었기 때문에 마르쿠제의 그러한 시도를 달갑게 보지 않았다. 1932년을 기점으로 마르쿠제는 하이데거와 철학적으로 결별한다.

2 | 휴머니즘적 마르크스주의

마르크스가 젊었을 때 쓴 『경제학-철학 수고』(1844)는 초고 형태로
보관되다가 1932년에 처음 출판된다. 이 책에는 헤겔 철학의 영향
과 더불어 인간론 및 소외론과 관련된 중요한 내용이 담겨 있다. 마
르크스는 인간을 '유적 존재'(Gattungswesen), 즉 자유롭고 의식적인
활동인 노동을 통해 자신의 본질을 실현하는 사회적 존재로 규정
한다. 그런데 이러한 인간의 본질적인 존재 양식이 자본주의의 사
적 소유에 의해 왜곡되고 억압됨으로써 인간 소외가 발생한다고
보았다. 이 책이 출판됨으로써 기계론적 유물론이나 과학주의적 관
점 대신에, 변증법을 중심으로 한 헤겔주의적 관점 또는 인간론과
소외론을 중심으로 한 휴머니즘적 관점에서 마르크스주의를 새롭
게 해석하려는 경향이 등장하며, 이로 말미암아 마르크스주의 진영
내부에서 많은 논쟁이 벌어진다.

이 책은 마르쿠제의 사상을 전환시키는 데 결정적인 역할을 한
다. 그는 마르크스의 초기 저작을 중심으로 하여 헤겔주의와 휴머
니즘의 관점에서 마르크스주의를 새롭게 해석한다. 마르쿠제는 그
책을 읽은 다음에 "거기에는 분명히 새로운 의미의 마르크스가 있
었다"[2]라고 말했다. 그래서 그는 하이데거냐 마르크스냐 하는 선택
의 문제에 종지부를 찍는다. 하이데거와 마르크스를 결합하려고 시
도하면서 그 둘 사이를 우왕좌왕하던 방황을 마치고서, 이제 그는
마르크스주의로 완전히 전환한다.

마르쿠제가 『경제학-철학 수고』에서 보았던 마르크스주의는 제

2인터내셔널을 지배하고 있던 기존의 마르크스주의가 아니라 새로운 마르크스주의였다. 마르쿠제는 그 책에서 '새로운 마르크스'를 보았던 것이다. 마르쿠제는 1차 세계대전 때 마르크스와 엥겔스의 저작을 읽으면서 그들의 사상에 동조하여 사회민주당에 가입했으며, 1918년에는 독일 혁명에도 직접 참여하는 등 젊은 시절부터 마르크스주의에 호감을 갖고 있었다. 그러나 마르쿠제는 그 당시 제2인터내셔널을 중심으로 한 사회주의 정당들의 기회주의적인 태도에 실망하면서 그들의 기계론적이고 수정주의적인 마르크스주의에 대해 거부감을 갖는다.

국제적인 노동운동의 연대를 위하여 1864년에 제1인터내셔널(국제노동자협회)이 창립되었으나 내부의 이념적 대립으로 인해 10여 년 만에 해체되었으며, 그 뒤를 이어 1889년에 창립된 것이 제2인터내셔널(사회주의국제연맹)이다. 그런데 베른슈타인과 카우츠키 등이 주도하던 제2인터내셔널은 과학주의를 표방했지만 상당히 경직되고 교조화된 형태의 마르크스주의로 나아간다. 이들은 마르크스의 사상을 기계론적 유물론의 관점에서 해석했으며, 그 결과 마르크스주의는 경제주의 및 수정주의 경향을 갖게 되었다. 경제적 토대가 사회적 제도나 사회적 의식과 같은 상부구조를 일방적으로 결정한다고 간주함으로써 의식적이고 적극적인 실천 활동의 의미가 약화된 것이다. 주체의 자발적인 실천 활동보다는 경제적 상황과 같은 객관적 조건이 혁명의 결정적 요인이라고 본 것이다.

1차 세계대전이 끝나고 유럽에서 사회주의 혁명이 실패로 돌아가자, 제2인터내셔널의 정책과 사상에 대한 비판이 일어나면서 제

2인터내셔널은 점차 해체의 길로 접어든다. 이런 상황에서 루카치, 코르쉬, 그람시 등은 제2인터내셔널의 입장을 철학적으로 비판하고, 그 대신에 마르크스주의에 내재하는 헤겔의 변증법적 측면을 복원하여 마르크스주의에 새로운 활력을 불어넣는다. 이들은 사회와 역사에 대한 기계론적 해석을 거부하고, 그 대신에 주체와 객체의 관계에 대한 변증법적 해석을 기반으로 주체의 적극적인 실천적 활동의 의미를 강조한다. 사회 변혁의 과정에서는 경제적인 객관적 조건도 중요하지만 이와 더불어 주체의 의식적 활동, 즉 실천(praxis)도 매우 중요한 요소로 작용한다는 것이다. 이들의 관점은 소련을 중심으로 한 소위 '정통 마르크스주의'와 대립하는 '서구 마르크스주의'의 전통을 형성하는 이론적 기반이 된다.

1923년에 출판된 루카치의 『역사와 계급의식』과 코르쉬의 『마르크스주의 철학』은 마르크스주의를 헤겔의 변증법적 측면에서 새롭게 해석함으로써 제2인터내셔널의 입장을 무너뜨리는 데 크게 기여한다. 특히 루카치는 마르크스의 『자본론』에 대한 분석을 통해 '사물화' 개념을 확립함으로써 소외론이나 인간론을 바탕으로 한 휴머니즘적 관점에서 마르크스주의를 해석할 수 있는 길을 개척한다. 마르쿠제도 1920년대에 루카치와 코르쉬의 저작을 읽으면서 그들의 입장에 공감한다. 그러다가 그들의 입장을 확고하게 지지해주는 마르크스의 『경제학-철학 수고』가 1932년에 출판되자, 마르쿠제는 이에 대한 확신을 갖게 되었으며, 그래서 하이데거 철학과 완전히 결별한 뒤에 마르크스주의로 전환한다.

마르쿠제는 마르크스의 초기 저작을 중심으로 하여 헤겔주의 및 휴머니즘의 관점에서 마르크스주의를 새롭게 해석하였다. 이런 관점은 『경제학-철학 수고』에 대한 일종의 해설서라고 할 수 있는 「역사적 유물론의 정초를 위한 새로운 자료」(1932)에 나타나 있다. 마르쿠제는 마르크스의 초기 저작에 나타난 철학적 관심이 후기 저작에서 폐기되었다고 보는 관점은 타당하지 않다고 말한다. 마르크스가 후기 저작에서 체계화한 경제학이나 정치학은 인간의 본질에 대한 철학적 해석을 기반으로 하고 있다는 것이다. 즉 철학적 인간학을 바탕으로 마르크스주의의 혁명 이론이 완성되었다는 것이다. 공산주의는 단순히 경제적, 정치적 관계의 변화만을 가리키는 것이 아니라 인간이 자신의 본성을 실현하기 위해 인간의 근본적인 존재 방식을 변화시키는 활동이다. 혁명을 통해서 인간은 자신의 잠재적 본성을 실현할 수 있고, 진정한 혁명은 소외를 극복하여 '유적 존재'로서 인간의 본질을 회복하는 것이다. 또한 진정한 인간 해방은 자유롭고 의식적인 활동인 노동을 통해서 자신의 잠재적 능력을 전면적으로 발휘할 때 이루어진다.

이처럼 마르쿠제는 『경제학-철학 수고』에 나타난 철학적 인간학을 바탕으로 마르크스주의를 새로운 관점에서 해석하는데, 이러한 관점을 가리켜 '휴머니즘적 마르크스주의'라 한다. 1932년을 전후로 하여 형성된 마르크스주의에 대한 이러한 휴머니즘적 관점은 헤겔주의적 관점과 더불어 마르쿠제가 자신의 사상을 발전시키는 데 있어서 커다란 영향을 미친다.

한편 독일의 나치는 1932년 7월의 총선거에서 제1당이 된다. 나치즘 세력이 확산되면서 사회주의자와 유대인에 대한 탄압이 본격화되자 이에 불안감을 느낀 마르쿠제는 독일을 떠나 스위스의 제네바로 피신한다. 이때 마르쿠제가 만난 조직이 바로 프랑크푸르트학파의 사회연구소이다. 마침 사회연구소도 나치즘의 집권에 위기감을 느껴 해외로 연구소를 옮기려고 하던 참이었다. 1934년에 프랑크푸르트학파는 안정적인 연구 활동을 위해 미국으로 망명하게 된다. 그들은 나치즘을 비롯한 파시즘이 확대되는 사회 현실을 우려하면서 마르크스주의에 대한 수정과 재구성을 바탕으로 자본주의의 위기, 전통적 자유주의의 붕괴, 권위주의의 등장 등을 주제로 삼아 활발한 연구 활동을 펼친다.

마르쿠제는 「전체주의적 국가관에서 자유주의에 대한 투쟁」(1934)이라는 논문을 통해 전체주의 또는 권위주의 국가가 표면적으로는 자유주의와 대립하는 것처럼 보이지만, 내면적으로는 서로 긴밀하게 연결되어 있다고 주장한다. 자유 자본주의가 독점 자본주의나 제국주의 단계로 발전하는 과정에서 파시즘과 같은 전체주의가 탄생했다는 것이다. 마르쿠제는 「권위에 관한 연구」(1936)에서 전체주의가 비합리적인 권위주의를 바탕으로 하고 있다고 보았다. 자유 자본주의가 독점 자본주의로 이행하면서 부르주아 합리주의가 지니고 있던 내면적 자율성은 사라지고, 대신에 타율적 권위에 대한 맹종만 남은 것이 바로 전체주의라는 것이다. 그렇다고 그가 모든 권위를 부정한 것은 아니며, 합리적 권위의 가치는 인정한다. 그는 일반적 이익과 개별적 이익이 조화를 이룰 때 자발적 복종으로서 합리적 권위가 형성된다고 본다. 마르쿠제는 「철학과 비판 이론」(1937)에서 비판 이론은 인간 해방이 실현된 이성적 사회(rational

society)를 추구한다고 말한다. 이성적 사회는 인간의 자유와 행복이
보장되는 사회로서 '자유인들의 연합체'이다. 그것은 착취와 억압
을 위해 물질적, 이데올로기적 권력이 동원되는 분열된 사회가 아
니라, 개인의 자발성과 규율이 조화를 이루면서 모든 사람이 자유
롭게 발전할 수 있는 사회이다.

3 | 헤겔 철학, 비판 정신, 부정의 변증법

마르쿠제는 비판 의식이 상실된 암담한 시대적 상황에서 헤겔 철
학에 대한 전반적 재검토를 통해 그 속에 내재되어 있는 변증법의
비판적, 부정적 힘을 복원시키려고 『이성과 혁명』(1941)이라는 책을
저술한다. 그는 이 책의 저술 목적에 대해 다음과 같이 말한다. "우
리 시대에 파시즘의 발흥은 헤겔 철학에 대한 재해석을 요구하고
있다. 우리는 헤겔 철학에 대한 분석을 통해 헤겔의 주요한 기본 개
념들이 파시즘 이론이나 실천과 연관된 경향들에 대해 적대적이라
는 사실을 증명하려고 한다."[3] 그 당시에 헤겔 철학이 나치즘과 연
관되어 있다고 보는 관점들이 있었는데, 마르쿠제는 그러한 관점들
을 비판하면서 오히려 헤겔 철학이 파시즘과 대립된다는 점을 밝
히려고 했다. 파시즘이 세력을 확장하고 있던 시대적 상황에서 헤
겔 철학에 대한 재해석을 통해 파시즘을 비판하려고 했던 것이다.

마르쿠제는 교수 자격 취득 논문으로 제출한 「헤겔의 존재론과
역사성 이론의 정초」(1932)에서도 헤겔 철학을 전반적으로 검토하

였지만 그 기본 관점은 크게 바뀌었다. 그는 이 논문에서 역사는 절대정신의 자기 전개 과정이기 때문에 주관과 객관은 동일하다는 '주객 동일성 이론'의 관점에서 헤겔 철학을 해석했다. 그러나『이성과 혁명』에서는 동일성 이론이 아니라 '부정성 이론'의 관점에서 헤겔 철학을 해석한다. 이성과 현실이 서로 동일하지 않을 수 있으며, 따라서 이러한 불일치의 상태는 부정의 힘에 의해 극복되어야 한다는 것이다. 이것은 나치즘이 활개를 치던 시대적 상황에서 헤겔 철학에 대한 재해석을 통해 이러한 비합리적 현실에 대항할 수 있는 이성의 비판적, 부정적 힘을 부활시키려는 의도 때문이었다. 그래서 마르쿠제는 헤겔 철학의 동일성 측면보다는 부정성 측면을 강조한 것이다.

마르쿠제는『이성과 혁명』에서 헤겔의 변증법에 대해 다음과 같이 말한다. 변증법적 사고의 원동력은 부정적 사유 능력이다. 이것은 현실을 내적 모순이라는 관점에서 이해하는 것으로 일정한 가치 판단을 개입시키는 것이다. 변증법적 사고는 모든 사실을 영원한 것으로 보는 것이 아니라 하나의 과정이자 단계로 이해한다. 현실이란 끊임없이 새롭게 형성되는 과정이다. 그것은 의식적이든 무의식적이든 '존재하는 어떤 것'이 '그것 아닌 다른 것'으로 되어가는 과정이며, 모순적인 현실을 끊임없이 부정하는 과정이다. 따라서 현실은 단순한 객체로서만 존재하는 것이 아니라 주체의 실천에 의해 변화되는 객체, 따라서 주체의 실천적 의지가 구현되는 객체다. 주체와 객체는 변증법적인 상호작용의 관계에 있다.

변증법적 사고는 세계가 자유롭지 못하다는 인식, 즉 인간과 자연이 소외된 상태로 존재한다는 인식에서 출발한다. 그래서 실천을 통해서 기존 현실을 변화시키고 이를 통해 사유와 존재, 주체와 객체의 일치에 도달하려고 한다. 억압과 비합리성, 모순으로 가득 찬 현실은 필연적으로 폭발과 파국을 통해서 질적인 변화를 겪는다. 철학적 사유에서 '부정'은 해방의 기능이라는 적극적 기능을 갖고 있다. 그것은 현존하는 비합리적인 것을 단지 비판하고 부정하는 데 그치지 않고, 더 나아가 현존하지 않는 합리적인 것을 적극적으로 추구한다. 철학적 사유는 '진정한 언어'를 모색한다. 그것은 협잡을 통해 미리 조작해놓은 게임의 규칙에 대한 '위대한 거부'를 뜻하는 '부정의 언어'를 모색한다. 더 큰 진리가 현존하지 않는 것에 들어 있기 때문에 현존하지 않는 것을 현존하도록 만들어야 한다.

마르쿠제는 칸트, 피히테, 셸링, 헤겔로 이어지는 독일 관념론이 프랑스 혁명에 대한 응답이었으며, 국가와 사회를 합리적 기초 위에 재구성하여 사회 및 정치 제도를 개인의 자유 및 이익과 조화시키려는 목적을 지니고 있다고 본다.[4] 독일 관념론은 개인들이 자신들의 이성적 능력을 바탕으로 자율적인 삶을 영위할 수 있는 능력을 지니고 있으며, 사회도 이성적인 방향으로 진보한다고 보았다. 마르쿠제는 이러한 이성주의가 계몽주의 철학의 전통을 계승한 헤겔 철학의 핵심이라고 본다. 헤겔 철학은 이성 개념을 중심으로 역사와 국가의 발전을 설명한다. 프랑스 혁명을 통해서 드러난 역사의 진보는 인간이 이성적 능력을 발휘하여 현실을 이성적으로 변화시킨 것이다. 프랑스 혁명은 현실에 대한 이성의 궁극적 지배를 선언한 것이다. 헤겔은 현실에 대한 무비판적인 맹종을 비판하면서 현실을 합리적으로 조직할 것을 요구한다. 즉 이성이 현실을 지배해야 한다는 것이다. 우리가 진리, 정의, 선이라고 생각하는 것은 사회 속에서 구체적으로 현실화되어야 한다. 이성적인 것은 현실적인 것이 되어야 하며, 현실적인 것은 이성적인 것이 되어야 한다.

이성의 생명력은 존재하는 것을 파악하고, 그렇게 파악한 진리에 따라 존재하는 것을 변형시키는 데 있다. 이성의 실현은 역사 속에서 끊임없는 투쟁을 통해 현실을 변화시킬 때 가능하다. 이성과 현실의 직접적인 통일은 결코 존재하지 않는다. 통일은 장기간의 실천적 투쟁을 통해서 달성된다. 이성의 기준에 합치되는 것만이 진정으로 현실적인 것이 된다. 헤겔의 이성 개념은 비판적이고 논쟁적이다. 그것은 주어진 사태를 그대로 받아들이기를 거부한다. 헤겔 철학은 근본적으로 이성의 철학이자, 비판과 부정의 철학이다.

그러나 헤겔 철학은 점차 기존 현실과 타협하기 시작하면서 진보적인 성격을 상실하고 보수화되어갔다. 프랑스나 영국과는 다르게, 독일에서는 봉건적 질서가 유지되었으며 시민 계급의 성장도 미약했기 때문에 계몽주의의 이상은 실현될 가망이 없었다. 이에 좌절한 헤겔은 외부 세계와 타협하면서 내면적인 자유의 세계로 도피한다. 헤겔은 그 당시에 전제 군주가 지배하고 있던 프로이센 정부를 이성이 최고로 실현된 국가로 간주하기도 한다. 그 결과, 헤겔 철학에서는 체계와 방법이 서로 모순을 이룬다. 헤겔 철학의 변증법적 방법은 혁명적이지만, 철학 체계는 보수적이었던 것이다.

헤겔이 사망한 뒤에 헤겔 철학은 다양한 분파로 나뉘어졌지만, 그중에서 헤겔 철학의 핵심이라고 할 수 있는 변증법의 비판적, 부정적 정신을 제대로 계승한 것은 마르크스주의라고 마르쿠제는 주장한다.[5] 헤겔이 자신의 철학 체계를 완결된 형태로 간주하면서 보수주의로 나아갔다면, 마르크스주의는 헤겔의 변증법적 방법을 적극적으로 수용함으로써 비판적, 진보적 성향을 유지할 수 있었다. 마르크스는 헤겔과 마찬가지로 변증법의 핵심은 '부정'에 있으며, 이 부정이야말로 운동과 창조의 원리가 된다고 보았다. 변증법은 '부정의 변증법'인 것이다. 또한 마르크스는 『경제학-철학 수고』를 비롯한 초기 저작에서 헤겔의 변증법적 방법뿐 아니라 노동, 소외, 사물화 개념도 받아들임으로써 헤겔주의적·휴머니즘적 마르크스주의를 완성할 수 있었다.

마르쿠제는 헤겔 철학이 그 당시에 널리 확산되어 있던 실증주의와는 상반된다고 말한다.[6] 헤겔 철학에는 합리적이고 비판적인 요소들, 특히 변증법적 방법이 내재되어 있기 때문에 그것은 기존의 사회 질서와 갈등을 일으킬 수밖에 없다. 따라서 헤겔 철학은 '부정의 철학'(negative philosophy)이다. 이에 반해 실증주의(positivism)는 '긍정의 철학'(positive philosophy)이다. 실증주의는 사실과 가치를 절대적으로 구분하면서 오직 사실만을 숭배한다. 실증주의를 체계화시킨 콩트(Auguste Comte)는 자신의 철학을 '실증적'(positive)이라고 불렀는데, 이 말은 주어진 사태에 대해 긍정적 태도를 취한다는 의미를 함축하고 있다. 실증주의는 주어진 사실에 만족하고 그 사실을 넘어서는 어떠한 비판이나 부정도 거부한다. 이성의 비판적, 부정적 힘은 사실에 종속되어 무기력해진다. '부정의 철학'인 헤겔 철학이 기존 현실을 비판하는 진보적 철학이라면, '긍정의 철학'인 실증주의는 기존 현실을 인정하는 보수적 철학인 것이다.

계몽주의의 이성주의적 전통과 변증법의 비판적, 부정적 정신을 기반으로 삼고 있는 헤겔 철학은 파시즘이나 전체주의와는 거리가 멀다고 마르쿠제는 주장한다.[7] 이탈리아의 파시즘이 헤겔 철학을 정치적으로 악용했기 때문에 헤겔 철학이 전체주의와 연관되어 있다고 보는 사람들도 있지만 이것은 잘못이다. 헤겔은 사회 형태가 가족, 시민사회, 국가로 발전한다고 보았는데, 이때의 국가는 전체주의적 국가를 의미하는 것이 아니다. 국가는 가족과 시민사회를 지양한 형태로서 개별성과 공동체성이 통합되어 있다. 따라서 거기에서는 개인의 자유와 자율성이 보장된다. 헤겔은 계몽주의의 이성주의적 전통을 계승하고 있기 때문에 시민혁명의 성과물인 개인의 권리와 자유를 인정한다. 이에 반해 전체주의 국가는 시민들의 기본적 권리와 자유를 억압한다. 독점 자본주의 단계에서 발생한 파시즘은 거대 자본이 요구하는 생산의 효율성을 위해서 중앙 집권적인 관료적 행정 조직을 강화시켰으며, 또한 해외 시장을 확대하기 위해 강력한 상비군을 구축하여 제국주의 전쟁을 준비하였다. 이 과정에서 사회적 통제를 위해 권력이 소수에게 집중되면서 시민들의 권리와 자유는 박탈된다.

이처럼 헤겔의 국가 개념과 파시즘의 국가 개념은 근본적으로 차이가 있다. 독일의 국가 사회주의가 헤겔을 비판하는 이유도 바로 그 때문이었다. 헤겔 철학에는 개인의 자유를 옹호하는 내용이 포함되어 있기 때문에, 전체주의를 강화하기 위해서는 헤겔 철학에 반대할 수밖에 없었던 것이다. 독일 제3제국의 이데올로기를 체계화하였던 카를 슈미트(Carl Schmitt)는 헤겔의 국가 개념을 거부하면서 그것이 국가 사회주의와 상충된다고 보았다. 그래서 슈미트는 헤겔의 전통이 마르크스와 레닌으로 이어지고 있으며, 히틀러가 집권한 이후 독일에서는 헤겔의 전통이 사라졌다고 말한다. 반면에 이탈리아의 파시즘은 헤겔 철학을 왜곡하여 파시즘을 정당화하는 데 악용하였다. 그러나 그것은 헤겔 철학을 자의적으로 해석한 것에 불과하다. 그들은 여러 봉건 세력으로 나뉘어져 있던 이탈리아를 통일하여 단일한 민족국가를 만들려고 하였다. 그래서 시민사회가 국가 형태로 나아가야 한다고 주장하면서 헤겔의 국가 개념을 전체주의적 관점에서 왜곡하여 악용했던 것이다.

독일의 국가 사회주의가 헤겔 철학을 거부한 데서 분명히 드러났듯이 이성과 자유, 비판과 부정을 강조하는 헤겔 철학은 파시즘과 같은 전체주의와는 연관성이 없다. 오히려 헤겔 철학은 사회적 통제를 위해 개인의 자유를 억압하면서 체제에 순응할 것을 강요하는 비합리적 파시즘과는 대립적 관계에 있다.

유럽에서 파시즘이 더욱 기세를 부리면서 2차 세계대전이 확산되자 프랑크푸르트학파의 망명 생활도 장기화된다. 1940년에 마르쿠제를 비롯한 대부분의 연구원은 미국 시민권을 얻는다. 연구소의 재정난이 심화되자 연구원들은 새로운 직장을 얻거나 미국 정부와 관련된 연구 작업에 뛰어든다. 1945년에 2차 세계대전이 끝나자 대부분의 연구원은 순수한 이론적 연구 작업으로 되돌아갔으나, 마르쿠제를 비롯한 몇몇 연구원은 정부 기관에 계속 근무하면서 연구 활동을 한다. 이를 계기로 마르쿠제와 사회연구소의 관계는 점차 멀어진다. 1949년에 사회연구소가 독일로 이전하였지만, 마르쿠제는 미국에 머물면서 정치적 급진주의를 추구한다.

4 | 유토피아적 상상력, 에로스, 억압 없는 문명

"5월의 폭발은 드골에게만 놀라움으로 다가오지는 않았다. 아무도 그것을 계획하지 않았다. 거의 누구도 그것을 예상하지 않았다. 겉으로 보이던 현대 산업 사회의 평온함 속에서, 학생들의 저항이 프랑스에서 총파업을 촉진시켰다."[8]

카치아피카스(George Katsiaficas)는 스승이자 친구인 마르쿠제에게 헌정한 『신좌파의 상상력』에서 68혁명에 대해 이렇게 말한다. 미국의 베트남 침공 및 대학 기숙사에서의 여성 차별에 반대하여 시작한 투쟁이 학생운동을 넘어 노동자들의 총파업으로, 프랑스를 넘어 전 세계로 확산된 것이다. 카치아피카스는 68혁명이 급속하게 확산된 것은 '에로스 효과'(eros effect) 때문이라고 본다. 수백만 명의 대중이 혁명에 동참한 것은 해방을 향한 본능적 욕구인 에로스가 분출되어 확산되었기 때문이라는 것이다. '에로스 효과'라는 용어는 마르쿠제의 '에로스' 개념을 활용하여 카치아피카스가 만든 것이다.

프랑크푸르트학파는 실증주의적 경향을 지닌 '전통 이론'에 대항하여 '비판 이론'을 내세웠으며, '포괄적 합리성' 개념을 바탕으로 현실 비판과 이성적 사회의 형성을 학문적 목표로 제시했다. 이러한 이론적 작업은 마르크스주의에서 상실된 유토피아적 차원을 복원시키기 위한 기반을 마련해주었지만, 마르쿠제나 벤야민 등을 제외한 호르크하이머, 아도르노, 하버마스와 같은 대부분의 프랑크푸르트학파 이론가들은 적극적인 유토피아론을 전개하지는 않았다.

호르크하이머는 유토피아가 더 이상 사회 문제를 다루기 위한 적절한 철학적 형식이 아니라고 말한다. 오늘날 중요한 철학의 과제는 유토피아적 미래상을 제시하는 데 있는 것이 아니라, 현실의 구체적 상황이나 경향들을 과학적으로 분석하여 그 문제점을 비판하는 데 있다는 것이다. 아도르노도 이성적인 사회란 상상력을 통한 추상적인 구성적 작업에 의해서가 아니라, 현실의 모순에 대한 인식을 바탕으로 주어진다고 주장한다. 따라서 유토피아적 미래상을 기획하는 작업보다는 기존 사회의 사회적, 물질적 조건을 분석하고 비판하는 작업이 더 중시된다. 하버마스가 제시하는 이상적 담화 조건은 해방된 사회의 가능성, 즉 자유롭고 평등한 개인들의 자율적 행위에 기초한 새로운 사회 질서의 가능성을 보여주고 있지만, 해방된 사회에서 개인들의 삶의 모습이 구체적으로 어떤 것인지에 대해서는 거의 아무런 시사도 하고 있지 않다. 하버마스는 이상적 담화 상황을 단지 규범의 타당성을 확보하기 위한 형식적 조건으로만 간주하며, 구체적인 이상적 삶의 형태로 보지는 않는다. 더 좋은 사회의 구체적 형태를 기획하는 것은 사회 이론이나 담론 윤리의 과제가 아니라 담론에 참여하는 시민들에게 맡겨져야 할 과제라는 것이다.

이러한 소극적 유토피아론의 원인에 대해 제이(Martin Jay)는 다음과 같이 설명한다. 프랑크푸르트학파는 대부분 유대인이었는데, 이들은 유토피아적인 '타자'(the other)에 대해 이름을 부르거나 묘사하는 일을 기피했다. 왜냐하면 거룩한 자의 이름을 발설해서는 안 된다는 유대교의 금기가 있었기 때문이라는 것이다. 이런 소극적 태도는 그들이 살았던 시대적 상황 속에서 그들이 갖게 된 비관주의와도 깊이 연관되어 있다. 소련에 대한 실망과 환멸, 서구 노동자 계급의 혁명성의 상실, 대중문화의 획일화 등으로 말미암아 그들의 희망은 좌절되었으며, 결국 그들은 비관주의에 빠져들었다. 호르크하이머와 아도르노의 『계몽의 변증법』에 드리워져 있는 비관론적 분위기는 이를 잘 보여준다.

이에 반해 마르쿠제는 프로이트 이론의 수용과 변형, 그리고 미학적 이론의 활용을 통해 적극적으로 유토피아 이론을 전개한다. 마르쿠제는 비판 이론의 추진력이 잘못된 현실을 공격하면서 그것을 더 좋은 것으로 대체하려는 힘에서 나왔다고 주장한다. 비판 이론은 단순한 비판이나 부정에만 그쳐서는 안 되며 현실 초월적인 이상적 목표를 제시해야 한다고 말한다. 그는 정치적 이론과 실천을 위해서는 해방의 목표들, 즉 대안적 사회에 대한 유토피아적 전망을 적극적으로 제시할 필요가 있다고 믿었다. 그는 강한 유토피아적 충동을 갖고 있었다.

마르쿠제의 유토피아적 충동이 적극적으로 나타난 저술이 바로 『에로스와 문명』(1955)이다. 그는 '억압 없는 문명'(non-repressive civiliza-tion)이란 개념을 통해 유토피아적 전망의 토대를 마련한다. 프로이트는 문명이 쾌락을 추구하는 인간 본능에 대한 영원한 억압에 기초하고 있다고 보지만, 마르쿠제는 이에 동의하지 않는다. 프로이트는 인간의 역사를 억압의 역사로 본다. 인간의 본능적 욕구에 대한 억압과 더불어 문명이 시작된다는 것이다. 쾌락 원칙이 현실 원칙으로 바뀌면서 즉각적 만족이 유보된 만족으로, 쾌락이 쾌락의 억제로, 놀이가 노동으로 바뀐다. 생계를 유지하기 위하여 쾌락적인 본능적 욕구를 제어하고, 노동이라는 현실적 원칙을 선택한다. 이처럼 문명은 억압을 토대로 한다. 인간의 본능적 욕구를 자유롭게 충족시키는 것은 문명화된 사회와 양립할 수 없으며, 문명을 진보시키기 위해서는 만족의 포기와 유보가 필요하다는 것이다.

그런데 마르쿠제는 이러한 억압이 영원한 것이라고 보지 않는다. 문명의 발달 과정에서 인류의 존속을 위해 본능을 억압하는 것을 '기본 억압'이라고 하며, 여기에 통용되는 원칙이 '현실 원칙'(reality principle)이다. 이에 비해 특정한 역사적인 단계에서 지배 체제를 유지하기 위하여 이러한 기본 억압 위에 추가로 부가되는 억압을 '과잉 억압'(surplus repression)이라고 하며, 여기에 통용되는 원칙이 '수행 원칙'(performance principle)이다. 예를 들면 가부장적 가족 제도의 영구화, 노동의 위계적 조직화, 개인에 대한 공적 통제 등이 바로 이에 해당된다. 과잉 억압은 특정한 사회적, 역사적 조건에서 발생하는 것으로 지배 계급의 특수한 이익을 위한 것이다. 따라서 문명의 일반적 원칙인 '현실 원칙'과 문명의 특정한 원칙인 '수행 원칙'은 서로 구분된다.

마르쿠제는 과잉 억압적인 수행 원칙이 폐기된다면 현실 원칙은 쾌락 원칙(pleasure principle)과 통합될 수도 있다고 보는데, 이러한 역할을 담당하는 것이 바로 문명의 본능적 원천인 에로스적 충동이다. 에로스(삶의 본능)는 리비도(성 본능)와 자아 본능(자기 보존 본능)이 통합된 것으로서 '억압 없는 문명'의 가능성을 보여준다. 문명이 성숙하여 리비도가 억압 없이 발전할 수 있다면, 현실 원칙과 쾌락 원칙은 통합될 수 있다. 수행 원칙에 따르는 과잉 억압을 제거하는 것은 노동을 제거하는 것이 아니라, 인간을 한낱 노동 수단으로 전락시키는 낡은 조직을 제거하고, 그 대신에 새로운 조직을 확립하는 것이다. 해방의 기준은 단순한 물질적 풍요에 있는 것이 아니라 본능의 보편적 충족에 있다. 여기서는 더 이상 생산성이나 효율성이 가치 판단의 기준이 되지 않으며, 과잉 억압에 따른 인간 소외가 사라진다. 노동은 놀이로 전환된다. 즉 노동이 놀이처럼 즐거움과 쾌락을 가져다주는 에로스적 노동으로 전환된다. 에로스에 의해 쾌락 원칙과 현실 원칙이 통합된다.

마르쿠제는 이러한 인간 해방이 문명의 거부를 통해서가 아니라 성숙한 문명을 토대로 가능하다고 본다. 인간 해방을 위해서는 거대한 산업 기구를 합리적으로 재조직하고 자동화 시스템을 확대 도입함으로써, 노동 시간을 단축하고 여가 시간을 증가시켜야 한다. 유희적 노동은 현대 사회의 높은 생산력을 최대한 활용할 때 가능하다. 기존의 사회 제도를 개선하여 높은 수준의 생산력을 활용할 수 있을 때, 현실 원칙과 쾌락 원칙이 통합된 '억압 없는 문명'이 현실화될 수 있다. 이러한 유토피아에서는 노동 소외가 극복되고 인간이 자신의 본질을 자유롭게 실현할 수 있다. 따라서 여기에는 마르크스가 초기 저작에서 추구했던 공산주의 사회의 진정한 모습이 나타난다.

그렇다면 현실을 과잉 억압적으로 지배하고 있는 수행 원칙을 거부할 수 있는 힘의 원천을 어디에서 찾을 수 있을까? 계급 억압적인 현실을 비판하고, 더 나아가 유토피아를 향한 변혁을 추구하는 의식을 어느 곳에서 확보할 수 있을까? 문명의 발달과 함께 쾌락 원칙은 현실 원칙에 의해서 대체되지만, 무의식 속에는 현실 원칙의 지배에서 벗어난 쾌락의 충동이 내재되어 있다. 이러한 쾌락의 충동과 과거의 기억이 상상력을 자극함으로써 유토피아적 의식이 형성된다. 즉 '무의식에 보존된 과거의 행복했던 기억'과 상상력이 유토피아적 의식의 근원이 된다. '억압 없는 문명'을 인식할 수 있는 것은 우리의 무의식 속에 완전한 만족을 획득했던 과거의 기억이 보존되어 있기 때문이다. 과거의 행복했던 유년기 기억이 미래를 향한 진보적 기능을 떠맡는다. 무의식에 보존된 기억은 단순한 치료적 기능을 넘어서서 유토피아적 의식의 근원으로 고양된다.

또한 마르쿠제는 유토피아적 의식의 원천으로서 미학적 상상력의 역할도 중시한다. 일차원적인 선진 산업 사회에서는 대부분의 영역이 기술적, 도구적 합리성의 지배에 의해서 현실 순응적으로 바뀌었음에도 불구하고, 미학적 상상력이 발휘되는 예술 영역은 기존 질서를 초월하는 유토피아적 의식을 간직하고 있다고 본다. 예술은 기존 현실로부터 상대적 자율성을 유지하고 있기 때문에 해방의 이미지나 욕구를 불러일으킬 수 있다. 그래서 마르쿠제는 말년에 쓴 『미적 차원』(1978) 등의 저서에서 예술의 역할을 강조한다.[9] 상상력이 자유롭고 창조적으로 현존하지 않은 대상을 표상하여 재구성한 것이 예술 작품이다. 재구성은 집중, 과장, 본질적인 것의 강조, 여러 가지 사실의 재정리에 의해서 이루어진다. 따라서 예술 작품은 허구적인데, 바로 이러한 허구성이 예술에 비판적, 해방적 힘을 부여한다. 예술은 현실 원리에 의해 억압되지 않는 본능적인 쾌락 원리를 드러냄으로써 현실 비판적인 급진성과 해방의 이미지를 보여준다. 위대한 예술이 추구하는 유토피아는 현실에 대한 단순한 부정이 아니라 과거와 현재를 바탕으로 이를 지양하는 해방된 사회의 미래 모습을 보여준다. 이처럼 마르쿠제는 일차원적인 현대 사회에서 정신분석학과 미학 이론을 동원하여 급진적인 유토피아적 차원을 회복하려고 노력했다.

5 | 일차원적 인간, 선진 산업 사회 비판

마르쿠제는 휴머니즘적 마르크스주의를 기반으로 하여 진정한 인간 해방과 자유를 추구하는 정치적 급진주의를 표방하였지만, 미국 사회의 현실은 그것과는 너무 거리가 멀었다. 마르쿠제는 1960년대 초반의 미국 사회를 분석하면서 거기에는 정치적 급진주의를 실현하기 위한 변혁의 가능성이 거의 없다는 사실을 깨닫고 크게 실망한다. 마르쿠제가 1964년에 출판한 『일차원적 인간』은 바로 이러한 비관론적인 시대 인식을 반영한 책이다. '선진 산업 사회의 이데올로기에 대한 연구'라는 부제에서 볼 수 있듯이, 이 책은 선진 산업 사회의 이데올로기에 대한 분석을 통해 미국을 비롯한 서구 사회에서 비판적, 변혁적 세력이 사라지고 있는 원인을 규명한다.

마르쿠제는 『에로스와 문명』에서는 프로이트 이론을 수용하여 유토피아로서 '억압 없는 문명'이 가능하다는 것을 보여주려고 시도하는 등 급진적 변혁에 대한 희망을 간직하고 있었다. 그렇지만 서구 사회가 안정된 상태로 접어들면서 기존 체제가 더욱 확고해지고 비판적, 변혁적 세력은 더욱 약화되는 현실을 마르쿠제도 인정하지 않을 수 없었다. 더욱이 『소비에트 마르크스주의』(1958)에서 밝히고 있듯이, 어느 정도 희망을 가졌던 소련 사회에서도 효율성의 논리가 지배하면서 관료제적 억압이 심화되자, 급진적 변혁에 대한 희망은 좌절로 바뀐다. 마르쿠제는 한때 『이성과 혁명』에서 헤겔이 진보적 흐름에 대한 날카로운 통찰을 바탕으로 미국 사회를 자유와 이성이 살아 있는 '미래의 땅'으로 예언했다는 점을 언급하면서 미국 사회를 매우 긍정적으로 평가하기도 했었다. 그러나 그로부터 수십 년이 흐른 뒤에 마르쿠제는 미국에서 더 이상 자유와 이성에 대한 희망을 찾을 수가 없다고 진단한다.

선진 산업 사회에서는 생산성과 효율성의 논리가 지배하면서 비판적 의식이 사라지고 체제 순응적 태도가 확산되는데, 마르쿠제는 이러한 사회를 가리켜 '일차원적 사회'(One-Dimensional Society)라고 부른다. 일차원적 사회에서는 비판 의식이 마비되고, 오직 주어진 목표를 효과적으로 달성하기 위한 수단에만 관심을 기울이는 '기술적, 도구적 합리성'이 지배한다. 그래서 달성하려는 목표가 정당한지 부당한지에 대해 관심을 기울이지 않으며, 또한 목표를 달성하기 위한 수단의 정당성에 관한 도덕적 판단도 유보된다. 이러한 일차원적 사회에서는 오직 효율적인 것만이 가치 있는 것으로 인정되는 반면에 비판적, 저항적 태도는 비효율적인 것으로 간주되어 무시되고 배척된다. 물질적 풍요, 획일적인 대중문화의 확산, 긍정의 철학인 실증주의의 확산 등으로 말미암아 무비판적이고 체제 순응적인 '일차원적 인간'이 더욱 많이 양산된다. 이성의 주요 기능인 비판적, 부정적 사유, 즉 '이차원적 사유'는 사라지고, 그 대신에 현실을 있는 그대로 긍정하는 '일차원적 사유'가 지배하고 있는 것이다. 생산의 효율성은 정당성을 주장하면서 이에 대한 비판을 거부하며, 오직 '허위의식'인 기술적, 도구적 합리성만이 참된 의식으로 간주된다.

벨(Daniel Bell)은 자본주의와 사회주의의 이념적 대립이 사라지고 이 양자가 산업 사회로 수렴된다는 의미에서 '이데올로기의 종언'을 주장했지만, 현대 산업 사회에서는 새로운 의미의 이데올로기가 이를 대신하여 지배하고 있다. 그것은 바로 효율성만 중시하는 기술적, 도구적 합리성의 논리다. "기존의 주장과 행위를 비판하면서 이를 넘어서려는 새로운 사유와 소망 및 목적들은 배제되거나 기존 체계의 용어로 위축된다. 새로운 것을 추구하려는 사유와 소망 및 목적은 기존 질서의 기술적 합리성의 논리에 의해서 억압되고 통제된다."[10] 그래서 일차원적인 사유와 행동이 사회 전체를 지배한다.

마르쿠제는 일차원화가 심화된 선진 산업 사회에서 비판 정신을 상실하여 체제 순응적으로 바뀐 노동자 계급은 더 이상 사회 변혁의 주체가 될 수 없다고 본다. 노동자 계급을 비롯한 민중이 이전에는 사회 변혁의 효소였지만 이제는 사회적 통합의 효소가 되어버렸다. 그래서 그는 민중 대신에, 다른 계층에서 변혁의 힘을 찾으려고 하였다. 마르쿠제는 기존 체제에 편입되지 않고 체제 외부에 존재하는 계층이 반체제적인 혁명적 성격을 지니고 있다고 주장한다. 여기에는 인종 차별에 의해 억압을 받는 사람, 시민권을 획득하지 못해 권리가 박탈된 불법 이민자, 실업자 등이 속한다. 그들은 기존 체제 밖에 있으며, 그들의 생활은 견딜 수 없을 정도로 열악하기 때문에 그들은 기존 체제를 종식시키려는 강한 욕구를 갖고 있다. 따라서 그들의 반대와 저항은 기존 체제에 대해 밖에서부터 타격을 가한다. 이들의 저항과 투쟁은 게임의 규칙을 어기는 기초적 힘이며, 그렇게 함으로써 그 게임이 부당한 게임이라는 것을 폭로한다. 그들은 게임 속에서가 아니라 게임 밖에서, 그 게임의 규칙 자체를 부정하는 혁명성을 지니고 있다.

그러나 마르크스와 다르게, 다수의 프롤레타리아트가 아니라 소수의 체제 외적인 세력을 변혁의 주체로 삼은 마르쿠제는 이들의 반체제적 저항성이 성공적인 결과를 낳을 것으로 보지는 않았으며, 그래서 결국 비관론에 빠진다. 기존 사회의 경제적, 기술적 힘이 이들의 저항을 충분히 무력화하고 마비시킬 수 있다고 보았기 때문이다. 비판 이론은 현재와 미래 사이에 다리를 놓을 수 있는 개념도 갖고 있지 않으며, 기대를 불러일으키는 것도 성공을 보여주는 것도 아니며, 단지 부정적인 것으로만 존재할 따름이다. 비판 이론은 희망 없는 '위대한 거부'(Great Refusal)에 자기 생명을 바칠 따름이다.

마르쿠제는 『일차원적 인간』이 서로 대립된 두 가지 전제를 바탕으로 하고 있다고 말한다. 선진 산업 사회는 새로운 질적 변혁을 차단할 수 있는 힘을 갖고 있지만, 다른 한편으로 이러한 억압적 힘을 파괴할 수 있는 변혁적 힘과 경향도 갖고 있다는 것이다. 그런데 마르쿠제는 그중에서 첫 번째 경향이 지배적이라고 보았기 때문에 변혁의 가능성에 대해 상당히 비관적인 전망을 제시하게 되었다.

6 | 68학생운동, 정치적 급진주의, 해방론

마르쿠제가 1960년대 초반에 가졌던 사회 변혁에 대한 비관론적인 전망은 1960년대 후반에 급진적 학생운동이 활발히 전개되면서 낙관론적인 전망으로 바뀐다. 1964년에 미국 서부에 있는 캘리포니아 대학 버클리 캠퍼스는 학내의 정치 활동을 규제하려고 했다. 학생들은 이에 반발하여 언론 자유 운동을 벌이는데, 이것이 학생운동의 중요한 시발점이 된다. 이 운동은 대학을 산업계에 필요한 인력 양성 공장으로 전락시키려는 시도에 대한 저항이기도 했다. 그 후 학생운동은 세계로 확산되었으며, 1968년 5월에 프랑스에서 대학생들이 봉기를 일으키면서 절정에 달한다. 미국에서는 흑인 인종 차별에 반대하는 인권 운동, 베트남 전쟁에 반대하는 반전 평화 운동, 기술 문명에 반대하는 반기술 문명 운동 등으로 확산되었으며, 여기에는 대학생 이외에도 흑인 청년이나 히피와 같은 많은 젊은이가 참가하였다. 이들은 '자율', '자유', '평화', '상상력에 권력을' 등의 구호를 외치면서 낡은 권위주의 체제에 저항하는 급진적 변혁 운동을 펼친다. 이러한 반체제 세력을 가리켜 '신좌파'라고 부른다. 이들은 제2인터내셔널과 소련의 사회주의 세력이 중심이 된 '구좌파'와는 다르게 자본주의뿐 아니라, 관료주의적인 사회주의에 대해서도 신랄한 비판을 가하면서 진정한 인간 해방과 자유를 추구한다. 신좌파의 사상은 상당히 복합적이어서 그들은 마르크스뿐 아니라 프로이트, 레닌, 마오쩌둥, 마르쿠제, 사르트르, 체 게바라 등 여러 사상가의 이론과 사상을 받아들인다.

그 당시 미국에서 활동하고 있던 마르쿠제는 『일차원적 인간』 등의 저술을 통해 명성이 높아지면서 신좌파의 이론적 지도자이자 학생운동의 대변자로 간주되었다. 그의 대중적 명성이 과장되었다는 지적도 있지만, 현대 산업 사회에 대한 그의 비타협적인 비판은 젊은 세대가 느끼고 있던 분노와 혐오를 대변함으로써 그들의 공감을 얻었다. 젊은 세대는 베트남 전쟁, 흑인을 비롯한 소수파에 대한 사회적 억압, 소비 사회의 풍요로움에도 불구하고 여전히 존재하는 가난에 대해 분노하고 있었다. 그들은 중산 계급이 자기만족적인 삶을 살면서 기존 질서와 타협하고 거기에 순응하는 데 대해 저항했고, 기술 사회에서 광범위하게 확산되고 있는 관료제를 거부하려고 하였다. 그들은 대학이 회사와 관료제적 기계에 봉사하는 노예를 생산하는 공장이며, 교수는 '일차원적인' 순응적 사고를 양산하는 사람이라고 간주하였다.

그런데 마르쿠제의 기존 사회에 대한 비판은 '급진적'(radical)이었다. 그의 비판은 생산과 소비, 사회적 통제 체제에서 기인한 소외의 근원을 추적한다. 마르쿠제는 선진 산업 사회와 그것의 '기술적 합리성'을 비판하면서도, 이와 동시에 자본주의 생산양식 자체를 비판하기도 한다. 그래서 기계에 적대적인 반문명적 저항자들과 자본주의에 반대하는 급진주의자들에게는 마르쿠제가 자신들의 이념의 대변자이자 동맹자로 보이게 되었다. 또한 마르쿠제는 기존 사회에 대한 대안을 제시했으며, 이것은 그의 대중성을 더욱 높여주었다. 놀이와 자유연애, 인간 해방을 표방하는 반문명적 지지자들은 마르쿠제의 저작에서 자신들의 가치와 매우 일치하는 점들을 발견했다. 즉 자본주의에 대한 신랄한 비판, 민주적인 자유주의적 사회주의 형태에 대한 비타협적 옹호는 신좌파 자신들이 내세우는 급진주의와 매우 잘 들어맞았다. 마르쿠제는 해방과 혁명적 투쟁을 정당화하였고, 대부분의 자신의 세대들과는 다르게 신좌파와 청년들의 저항을 열정적으로 껴안았다.

반면에 그가 오랫동안 몸담아왔던 프랑크푸르트학파의 많은 사상가는 상당히 보수화되어 정치적 급진주의와는 멀어졌고, 그래서 학생운동과 신좌파의 활동에도 부정적이었다. 신좌파는 이론과 실천의 통합을 추구하던 비판 이론으로부터 많은 자극을 받았기 때문에 프랑크푸르트학파에 급진적인 실천 활동에 동참할 것을 요구하였지만 그들은 이를 거부하였다. 호르크하이머가 은퇴한 뒤에 연구소를 지도하고 있던 아도르노는 1969년에 한 신문과의 인터뷰에서 다음과 같이 말했다. "나는 나의 이론 모델을 만들 때, 사람들이 화염병을 가지고서 이 모델을 실현하려고 할 것이라는 사실을 예측하지 못했다." 그러나 이 말은 신좌파를 더욱 격앙시켰다. 1969년 아도르노가 프랑크푸르트 대학에서 강의를 하고 있던 도중에 학생들이 강단으로 뛰어들었으며, 한 여대생은 가슴을 드러낸 채 꽃

과 성적인 애무로 그를 조롱하고 비판했다. 그는 무기력하게 그 수
모를 받아들였으며, '아도르노는 죽었다'라는 조소 섞인 야유를 들
으면서 강의실을 떠나야 했고, 얼마 뒤에 병으로 사망하였다.[11] 하
버마스도 직접적인 실천 활동에 동참하기를 거부하였으며, 그래서
1971년 프랑크푸르트 대학을 떠나 조용하고 작은 도시인 슈타른베
르크로 자리를 옮겨갔다.

　마르쿠제는 1968년을 전후로 하여 학생운동과 신좌파 활동이 활
발하게 이루어지자 이에 매우 고무되어 『해방론』(1969)을 저술한다.
이 책에서 마르쿠제는 기업 자본주의에 대한 저항이 세계적 차원
에서 활발하게 전개되고 있다고 보면서, 사회 변혁에 대한 낙관론
적 견해를 드러낸다.[12] 자본주의의 거대한 힘 때문에 사회주의는 지
속적으로 군비를 증가시켜야 했으며 억압적인 관료 제도를 강화시
킬 수밖에 없었다. 막강한 자본주의 세력과 경쟁하기 위해서 사회
주의는 자신들이 추구했던 원래의 목적에서 벗어나게 되었으며, 그
래서 서구 산업 사회의 모습을 자신들의 발전 모델로 삼기까지 하
였다. 그러나 마르쿠제는 활발하게 전개되고 있는 신좌파 운동이
사회주의와 자본주의의 이러한 수렴과 동질화를 거부하면서 새로
운 대안의 가능성을 제시하고 있다고 보았다. 낡은 사회주의 국가
뿐 아니라 자본주의 국가에서도 확산되고 있는 학생운동은 해방의
잠재력을 강렬하게 보여주고 있다는 것이다. 그는 억압과 착취를
받고 있는 빈민가 주민, 실업자, 제3세계 주변부 국가의 노동자 계
급이 급진적 혁명의 주체가 될 수 있으며, 학생운동은 여기서 촉매
제 역할을 담당할 수 있다고 보았다.[13]

마르쿠제는 정치적 급진주의가 추구하는 유토피아적 기획이 위대하고 진정한 초월적 힘으로서 일종의 '새로운 사유'라고 말한다. 그것은 기존의 사회 전체에 대한 저항이자, 기존의 가치에 대한 전면적인 재평가이며, 질적으로 새로운 삶의 방식의 추구이다. 이것을 잘 보여준 것이 1968년 프랑스의 5월 혁명이다. 분노한 젊은이들은 "상상력에 권력을"이라는 구호를 외쳤다. 거기서는 재즈 연주가와 바리케이드가 조화를 이루었으며, 그들이 내걸은 붉은 깃발은 『레미제라블』저자의 동상과 잘 어울렸다. 새로운 감성은 정치적 힘이 되었으며, 그것은 자본주의와 공산주의 진영의 경계를 넘어선 것이었다.[14]

마르쿠제는 '유토피아'가 기존 권력에 의해 억압되고 차단되었지만, 유토피아의 가능성은 선진 자본주의 및 사회주의의 기술적 발전과 그 힘 속에 내재되어 있다고 본다.[15] 세계적인 차원에서 그러한 힘이 합리적으로 사용된다면 가난과 기근은 가까운 미래에 사라질 것이다. 그렇다고 지금 당장 직접 생산자인 노동자가 그러한 힘을 통제한다고 해서 지배와 착취가 사라지는 것은 아니다. 지금 중요한 것은 욕구의 문제다. 타인을 해치지 않고 자신의 욕구를 충족시키는 문제도 중요하지만, 더 중요한 것은 자신을 해치지 않고 자신의 욕구를 충족시키는 것이다. 새로운 사회에서는 복지의 증대가 삶의 질을 새롭게 바꾸어줄 것이다. 이것은 욕구의 질적 변화를 전제로 한다. 이것은 기존 질서에서 지배적인 그러한 욕구가 아니라 자유로우면서도 진정한 욕구가 될 것이다.

7 | 마르크스주의자, 진정한 인간 해방의 추구

1970년대에 들어와 학생운동이 약화되고 신좌파가 분열되자, 마르쿠제의 정치적 급진주의는 실천적 기반을 상실했으며 그의 대중적 인기도 떨어졌다. 마르쿠제는 고령의 나이에도 불구하고 강연을 위해 여행을 하던 도중에 독일에서 병에 걸렸으며, 1979년 7월 29일 81세의 나이에 자신의 고국인 독일의 슈타른베르크에서 사망한다.

마르쿠제의 사상에 대해서는 다양한 평가가 있을 수 있는데, 이와 관련하여 마르쿠제에 대한 몇몇 비판에 대해 살펴보자. 앞에서 보았듯이 마르쿠제는 미학적 상상력 및 이것에 의해 구성된 예술 작품에서 유토피아적 변혁 의식을 찾고 있다. 그는 미학적 상상력의 유토피아적 변혁성과 진리성이 예술 작품의 순수한 미적 형식에 있다고 하면서 이것에 의해서 사회나 정치로부터 예술의 자율성이 확보된다고 보았다. 그러나 켈너(Douglas Kellner)는 여기에는 예술과 정치 사이의 해소될 수 없는 긴장이 내재되어 있으며 이로 인해 문제가 발생한다고 비판한다.[16] 마르쿠제는 한편으로 혁명적 희망을 실현시키기 위한 정치 투쟁의 중요성을 강조하지만, 다른 한편으로 가장 혁명적인 예술은 정치 투쟁으로부터 멀리 떨어져 있어야 예술의 자율성을 확보할 수 있다는 모순된 주장을 하고 있다는 것이다. 켈너는 예술의 자율성이나 순수한 미적 형식이 그 자체로서 혁명성을 담지하고 있지는 않다고 말한다. 고급 예술에는 전복적 요소도 있지만 또한 혁명적인 정치적 잠재력을 침해하는 이데올로기적 요소도 있는데, 마르쿠제는 이러한 부정적 요소를 간과

하는 등 혁명 운동에서 예술의 역할을 제대로 분석하고 있지 못하다는 것이다. 예술 작품의 혁명성 여부는 미적 형식 그 자체만으로는 평가할 수 없으며, 예술 작품의 형식과 내용, 작품과 맥락, 제작과 수용 사이의 변증법적 관계를 중심으로 이에 대한 평가가 이루어져야 한다고 켈너는 주장한다.

또한 마르쿠제의 예술 이론은 엘리트주의라는 비판을 받기도 한다. 마르쿠제는 예술이 때로는 민중의 의식과 대립할 수도 있다고 본다. 자본주의 체제와의 결별만이 민중 속에 작가의 '장소'를 만들 수 있는데, 이 장소를 만드는 과정에서 작가는 민중과 대립할 수 있으며, 때로는 이러한 장소를 만드는 데 방해가 되는 민중의 말을 사용하는 것을 자제해야 한다고 마르쿠제는 말한다. 작가가 창조하는 예술 작품의 비판성과 혁명성이 기존 질서에 동화된 민중과 대립할 수도 있다는 것이다. 그래서 민중의 의식보다는 오히려 작가와 같은 엘리트의 의식이 더 진보적일 수도 있다고 말한다. 그러나 이러한 태도에 대해서는 엘리트주의라는 비판이 가해질 수 있다.[17] 대다수의 민중이 '허위 욕구'에 사로잡혀 있을 때 '참된 욕구'를 느끼고 인지할 수 있는 것은 이러한 소수의 엘리트이며, 그래서 진리를 발견한 이들 소수가 다수를 해방시키기 위한 재교육을 실시해야 한다고 보고 있기 때문이다.

마르쿠제는 개인의 내면적 주관성이 자본주의 사회에서는 하나의 반대 세력이 될 수 있다고 본다. 내면으로의 도피나 사적인 영역의 고수는 인간 생존의 모든 면을 관리하는 사회에서는 방호벽의 역할을 담당할 수 있으므로 개인의 내면성이나 주관성은 새로운 세계의 출현을 위한 내적, 외적 장소가 될 수 있다는 것이다. 그러나 유토피아적 변혁 의식을 개인의 내면적 의식에서 찾고 있는 마르쿠제의 관점에 대해서는 해방이 공적인 기획이기를 중단하고 하나의 사적인 경험으로 전락했다는 비판이 가해지기도 한다.[18]

마르쿠제는 노동자와 같은 민중이 아니라 실업자나 불법 이주자와 같은 체제 외부 세력을 변혁의 주체로 간주한다. 그는 선진 자본주의 사회의 민중이 예전에는 사회 변혁의 효소였지만 이제는 사회 통합의 효소가 되어버렸다고 비판하면서, 체제 외부에 존재하는 실업자, 불법 이주자, 인종 차별을 받는 유색 인종 등이 반체제적인 혁명적 성격을 지니고 있다고 말한다. 그렇지만 이들은 노동자 계급처럼 강한 연대 의식이 부족하고 또한 다수 세력이 아니라 소수 세력에 불과하기 때문에 변혁의 주체로서는 한계가 있다는 비판이 가해진다. 그래서 마르쿠제 자신조차도 이러한 소수의 체제 외부 세력이 변혁을 성공적으로 이끌 수 있다는 확신을 갖지 못하게 되어 결국 비관주의에 빠졌다는 것이다.

마르쿠제의 급진주의 사상에 대한 비판도 있다. 마르쿠제는 젊은 시절에 마르크스주의를 실존주의와 결합시키려고 시도했던 적이 있었는데, 그의 사상에는 '결단'을 중시하는 이러한 실존주의적 '실천' 개념이 여전히 남아 있다는 것이다. 그래서 객관적인 조건을 무시하는 극단적 행동주의나 모든 것을 무조건 부정하는 무정부주의적 경향이 있으며, 이러한 주관주의적 경향이 극좌파 학생운동에 나쁜 영향을 주었다는 것이다.

이러한 문제점이나 비판에도 불구하고 마르쿠제는 1930년대에 자신이 정립한 헤겔주의적, 휴머니즘적 마르크스주의를 일관되게 유지한 사상가로 평가할 수 있다. 마르쿠제는 마르크스주의를 변화하는 시대적 상황에 적합하게 발전시키기 위해서 그것을 끊임없이 재해석하고 수정하는 데 심혈을 기울였다. 물론 마르쿠제를 비(非)마르크스주의, 심지어 반(反)마르크스주의 사상가로 보는 견해도 있다. 루카치는 1962년에 프랑크푸르트학파 전체를 '혼란스러운 거대한 호텔'이라고 혹평하기도 했다. 마르쿠제는 노동자 계급의 혁명성에 의구심을 가졌으며, 소련의 마르크스주의를 비판하기도 했다. 그렇지만 마르쿠제가 마르크스주의에 대해 때로는 매우 비판적인 태도를 취했다고 하더라도, 그 비판의 칼날은 주로 제2인터내셔널의 교조적 마르크스주의나 소련의 정통 마르크스주의를 향한 것이었지, 마르크스의 초기 저작에 나타난 휴머니즘적 마르크스주의를 향한 것은 아니었다.

마르쿠제는 1932년에 정립한 헤겔주의적, 휴머니즘적 마르크스주의의 근본정신과 관점을 일생 동안 견고하게 유지했다. 마르크스를 전혀 언급하고 있지 않은 『에로스와 문명』이나 정통적 마르크스주의를 근본적으로 문제 삼고 있는 『일차원적 인간』에서도 마르쿠제는 마르크스주의의 문제점을 비판하고 그 한계를 극복하기 위해 기본적으로 마르크스주의적 개념과 방법을 사용하였다. 거시적으로 본다면 마르크스주의에 대한 마르쿠제의 견해는 마르크스주의에 대한 수정과 혁신 과정이자 현대 사회를 분석하고 변혁시키기 위한 급진적 유토피아의 기획이었다.[19] 따라서 마르쿠제가 프랑크푸르트학파와 많은 점을 공유하고 있다고 하더라도, 그 학파의 대다수 구성원은 그러한 마르크스주의적 요소를 폐기하거나 약화시켰다는 점에서 마르쿠제와는 어느 정도 차이가 있다.

마르쿠제는 변혁 운동이 쇠퇴하는 어려운 시대적 상황 속에서도 마르크스주의의 근본정신을 포기하지 않고 고수하면서 인간 해방을 위한 급진적 사회 변혁을 끝까지 옹호하였다. 마르쿠제는 삶을 마감하기 1년 전인 1978년에 영국 BBC 방송과 인터뷰를 하였다. 그때 마르쿠제는 자신이 마르크스 사상의 문제점을 비판하면서도 여전히 마르크스주의자로 남아 있는 이유에 대해 다음과 같이 답변하였다. "나는 마르크스의 이론 그 자체가 오류라고 생각하지 않는다. 물론 내가 전에 언급했듯이, 마르크스 이론의 몇 가지 개념들은 다시 평가되어야 한다. 그렇지만 자본주의의 발달 과정에서 확증된 마르크스 이론의 핵심 개념들도 있기 때문에 이에 주목해야 한다. 경제력의 집중, 경제적 권력과 정치적 권력의 융합, 경제에 대한 국가의 간섭 증가, 이윤율의 저하, 시장을 창출하기 위한 신제국주의적 정책의 필요성이 바로 그것이다. 이러한 여러 목록은 마르크스 이론에 대해 많은 것을 말해주고 있다."[20] 마르쿠제는 마르크스주의의 낡은 요소들을 비판하고 수정하였지만, 마르크스주의의 근본정신과 핵심 방법을 끝까지 고수하면서 이를 바탕으로 진정한 인간 해방을 위한 급진적 유토피아 기획을 모색했던 사상가이다.

V

ERICH FROMM

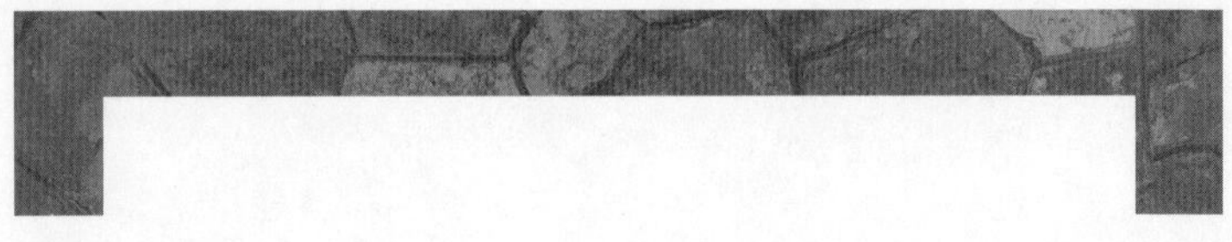

5 프롬
인간주의적 사회주의

박찬국

1 | 에리히 프롬은 누구인가?

에리히 프롬(Erich Fromm, 1900~1980)은 『자유로부터의 도피』(1941) 『사랑의 기술』(1956) 『소유냐 존재냐』(1976)와 같은 세계적인 베스트셀러를 쓴 사상가다. 아마도 프롬은 20세기 사상가 중에서 대중에게 가장 많이 읽힌 사상가일 것이다. 역설적인 일이지만, 바로 이렇게 대중의 큰 사랑을 받은 사상가라는 이유 때문에 프롬은 보통 깊이가 없는 통속적인 사상가라고 평가를 받는 경향이 있었다. 그러나 나는 프롬이야말로 인류 역사에 나타난 다양한 종교적, 철학적 통찰을 종합적으로 수용하여 독자적 사상을 세운 심원한 사상가라고 생각한다. 그는 그 어떠한 철학 이론에도 교조적으로 집착하지 않고 선불교, 유대교·기독교의 신비주의, 실존철학, 마르크스 사상,

프로이트의 정신분석학 등을 창조적으로 수용했다. 이 점에서 프롬은 20세기의 사상가 중에서 가장 개방적이고 균형 잡힌 사상가라고 할 수 있다.

프롬은 현대인과 현대 사회의 병적인 성격을 극복하기 위해 자신의 모든 사고와 정열을 다 바친 사상가이며, 단순한 이론가에 머물지 않고 적극적으로 정치에 참여하면서 자신의 사상을 구현하려고 노력했다. 1955년에 프롬은 미국 사회당에 가입한 뒤 정당 활동을 통해 미국 사회를 변혁하려고 했지만, 당 내의 관료주의에 환멸을 느끼면서 당을 떠났다. 그러나 프롬은 계속해서 군비 축소 운동을 비롯한 평화 운동에 열정적으로 참여했다.

아울러 소유 양식보다 존재 양식을 주창하면서 사랑의 실천을 강조했던 프롬 자신은 진정으로 소유욕에서 벗어난 사람이었다. 독일에서 수백만 부가 팔렸던 『사랑의 기술』의 인세로 프롬은 보잘것없는 액수의 돈을 받았지만 전혀 문제 삼지 않았다. 아울러 프롬은 오전 시간을 연구와 사색을 위한 신성한 시간으로 생각하면서, 오전에는 돈 버는 것과 관련된 일을 일체 하지 않았다고 한다. 지행합일을 이룬 사람은 자고로 극히 드물었고, 철학마저도 하나의 지적인 분석 작업에 불과한 것으로 간주되는 오늘날에는 그러한 사람을 더욱 찾아보기 힘들게 되었다. 이러한 시대에 프롬은 언행이 일치했던 극소수의 사상가 중의 하나가 아니었나 생각한다.

2 | 인간주의적 사회주의

1980년대 말에 동구 사회주의가 몰락하기 훨씬 이전부터 에리히 프롬, 마르쿠제, 하버마스와 같은 비판 이론가들이나 서구 마르크스주의자들은 동구의 사회주의를 사회주의의 희화(戱畵)로 간주하면서 참된 의미의 사회주의를 건설하기 위한 철학을 확립하려고 했다. 그들은 동구 사회주의를 사회가 아닌 국가, 즉 사회 구성원들 전체가 아니라 소수의 관료들이 지배하는 야만적인 사회로 보았으며, 이런 점에서 동구 사회주의를 전체주의로 파악했다.

더 나아가 그들은 사회주의가 그러한 전체주의로 전락하게 된 원인을 동구 사회주의가 자신의 이론적 근거로 삼았던 마르크스 사상 자체의 문제점에서 찾으려고 했다. 따라서 그들은 마르크스의 사상을 한편으로 수용하면서도, 그것이 갖는 문제점을 극복하기 위하여 마르크스의 사상과는 전적으로 뿌리를 달리하는 사상을 받아들이는 것도 주저하지 않았다.

사회주의를 본래의 의미에서 '인간의 얼굴을 한 사회주의'로 변혁시키려고 했던 이러한 다양한 시도 중에서 프롬의 시도가 아마 가장 파격적인 시도일 것이다. 마르쿠제는 프로이트의 사상을 수용함으로써, 그리고 하버마스는 특히 영미 언어철학을 비롯한 최근의 과학적·철학적 성과들을 수용함으로써 마르크스 사상이 전체주의로 전락할 수 있는 위험성을 극복하려고 했던 반면에, 프롬은 프로이트 이외에도 특히 서양의 고전적인 철학 전통과 기독교나 불교의 신비주의와 같은 종교, 그리고 실존철학의 수용을 통해서 마르크스의 사상을 변혁하고자 했기 때문이다. 더 구체적으로 말하자면, 프롬은 니체와 하이데거류의 실존철학과 플라톤이나 스피노자 등의 서양의 고전적인 철학, 마이스터 에크하르트나 선불교와 같은 동서양의 신비주의까지 수용했던 것이다.[1] 실제로 프롬은 마르크스와 프로이트 못지않게 예수와 부처를 자신의 정신적 스승으로 삼았다.[2]

프로이트는 경제적 착취와 억압으로부터의 해방이 아니라 성적 억압으로부터의 해방을 주창하지만, 어쨌든 억압으로부터의 해방을 주장한다는 면에서는 마르크스와 상통하는 측면이 있다. 따라서 마르크스와 프로이트를 결합하려는 마르쿠제의 시도는 그렇게까지 파격적이라고 생각되지 않는다. 물론 마르크스는 프로이트와 같은 사상가를 부르주아 이데올로그라고 비판했겠지만 말이다. 아울러 하버마스는 마르크스의 사상을 영미 언어철학을 비롯한 최신의 과학적·철학적 성과들을 수용함으로써 변화시키려고 하고 있는바, 이러한 시도 역시 일정한 측면에서는 마르크스의 사상과 어느 정도 상통한다. 하버마스가 수용하는 최신의 과학적·철학적 성과들은 이른바 사태에 대한 '객관적이고 이성적인' 고찰을 토대로 했다고 주장하는 것들인데, 마르크스의 사상 역시 자신의 사상이 사회에 대한 객관적이고 이성적인 고찰에 입각해 있다고 자처하는바, 이 점에서 하버마스와 마르크스의 사상은 서로 상통할 여지가 있다고 할 수 있다.

이에 반해 프롬이 수용하려고 하는 실존철학이나 신비주의적인 종교 사상은 마르크스의 사상과 정면으로 대립되는 것처럼 보인다.

마르크스의 사상은 인간의 이성적 자율성을 내세우는 근대적 계몽주의를 철저하게 구현하려고 했던 반면에, 실존철학이나 신비주의적인 종교 사상은 비합리주의적인 성격을 가지면서 인간을 다시 '존재'나 '신'과 같은 인간 외부의 실체에 내맡기는 것처럼 생각되기 때문이다. 따라서 마르크스주의 내에서 실존철학이나 신비주의적인 종교 사상은 역사의 수레바퀴를 뒤로 되돌리려는 반동사상으로 평가되었다. 마르쿠제도 프롬이 이렇게 다시 신비주의적인 종교나 사상을 사회 비판 이론에 수용하려고 한다는 점에 주목하면서 프롬을 보수적이라고 비판했던 것이다.

그러나 나는 마르쿠제가 비난하는 프롬의 보수적인 측면이 오히려 프롬의 장점이며, 그가 제시하는 인간주의적 사회주의라는 유토피아에 그나마 더 현실적인 성격을 부여하는 요소라고 생각한다. 그가 생각하는 인간주의적 사회주의라는 이념이 더 현실적이라는 이유는, 프롬이 유토피아가 실현되기 위해서는 단순한 사회 구조의 변화만으로는 부족하며 일종의 종교적인 회심에 비교될 수 있는 인간 성격의 근본적인 변화가 함께 수반되지 않으면 안 된다고 생각하는 데 있다.

그동안의 유토피아 사상, 특히 근대적 유토피아 사상은 인간의 가능성에 대한 낙관적인 생각에 기초하고 있다. 보통 근대적 유토피아 사상은 인간은 본래 선한데 사회 구조가 인간성을 왜곡시키고 있고, 따라서 사회 구조만 바로 잡히면 인간성도 큰 어려움 없이 본래의 선한 성격을 회복할 수 있을 것이라고 전제한다. 이 점에서는 마르크스 역시 예외가 아니다. 이와 관련하여 프롬은 마르크스와 엥겔스가 인간에 대한 18세기 계몽주의의 소박한 낙천주의에 사로잡혀 있었다고 보고 있다.[3] 프롬에 따르면 마르크스는 자유를 두려워하고 권력에 의존하고 싶어 하며 파괴를 지향하는 인간 내면의 퇴행적인 힘을 인식하지 못했다는 것이다. 이렇게 인간이 갖는 복잡성을 과소평가하고 인간을 낭만적으로 이상화함으로써 마르크스 사상은 다음과 같은 오류를 범하게 되었다고 프롬은 평가하고 있다.

첫째로, 마르크스 사상은 인간의 변화와 관련하여 도덕적·자각적 요소가 갖는 중요성을 무시하는 오류를 범했다. 마르크스는 생산수단의 사회화가 자본주의를 사회주의적 공동 사회로 개조하기 위한 필요조건일 뿐 아니라 충분조건이라고 생각했다. 따라서 그는 경제적 변혁이 이루어지기만 하면 인간의 선한 본성은 자동적으로 드러날 것이라고 생각했기 때문에 철저하게 도덕적으로 변화되지 않은 사람들에 의해서는 더 나은 사회가 실현될 수 없다는 사실을 깨달을 수 없었다.

둘째로, 그는 동일한 이유로 사회주의가 실현될 수 있는 때를 그릇되게 판단하게 되었다. 마르크스와 엥겔스는 이상 사회가 곧 도래하리라 믿었지만, 공산주의적 전체주의와 파시즘적 전체주의 그리고 전대미문의 대전쟁이라는 형태로 인류가 야만 상태로 전락할 가능성에 대해서는 예측하지 못했다.

마찬가지 이유로 마르크스주의는 레닌주의에서 시작된 사회주의가 파괴적인 양상을 드러낼 때도 그것을 철저하게 비판할 수 없었다. 마르크스주의자들은 그것을 일시적이고 과도적인 현상으로

이해하면서 낙관적인 태도를 취했다.[4]

　이런 맥락에서 프롬은 마르크스가 원래 의도했던 인간주의적 사회주의는 생산수단의 사회화뿐 아니라, 특히 문화와 종교의 변화와 아울러 인간 개개인의 자각적인 노력을 통해서 이룩된다고 본다. 이에 따라서 그는 인간 정신의 변화를 위해서 요구되는 문화와 종교의 변화와, 인간 개개인이 자기 변혁을 위해서 수행해야 할 과제들에 대해서 구체적으로 탐구한다. 그런데 그는 이러한 문화와 종교의 변화, 그리고 특히 인간의 자각적 자기 변혁과 관련해서는 마르크스 사상보다 오히려 프로이트나 실존철학, 그리고 고전적인 철학이나 전통적인 종교에서 더 배울 것이 많다고 생각하는 것 같다. 아울러 그는 이러한 철학이나 종교 사상을 수용하는 가운데 이들의 인간관과 가치관도 상당 부분 수용한다. 마르쿠제가 프롬을 보수주의적 입장으로 회귀한다고 비판하는 것도 프롬이 단순히 종교나 실존철학 등을 원용하기 때문이 아니라, 그러한 사상을 원용하는 가운데 그것들의 도덕관이나 가치관을 수용한다고 보기 때문이다. 예컨대 프롬은 마르쿠제를 추종하던 1960년대의 청년들과 마르쿠제에 대해서 이렇게 비판하고 있다.

　이러한 젊은이들 대다수는 '~로부터의' 자유에서 '~로의' 자유로 나아가지 못했다. 그들은 반항했을 뿐이며, 억압과 종속으로부터의 자유라는 목적을 넘어서 자신들이 지향하여 나아가야 할 목적을 찾아내려는 시도를 하지 않았다. 부르주아지인 그들 부모와 마찬가지로 그들은 '새로운 것은 아름답다!'고 내세웠으며, 그들은 가장 뛰어난 정신이 만들어낸 사상을 포함한 모든 전통에 대해서 거의 두려울 정도로 무관심했다. 그들은 일종의 단순한 자기도취에 빠져서 발견할 만한 가치가 있는 모든 것을 스스로 발견할 수 있을 것으로 믿었다. 그들의 이상은 다시 어린애가 되는 것이었다. 그리고 마르쿠제 같은 저자들은—성년으로의 발전이 아니라—어린아이로 되돌아가는 것이 사회주의와 혁명의 궁극적 목적이라는 편리한 이데올로기를 만들어냈다. 그들은 자신들이 아직 젊어서 이러한 도취감이 지속되는 동안에는 행복했다. 그러나 이 시기가 지났을 때 그들 대부분에게 남는 것은 씁쓸한 환멸이었다. 게다가 그들은 근거 있는 확고한 신념도 얻지 못했으며, 자기의 내부에 중심도 갖지 못했다. 그리하여 흔히 그들은 실망한 무감동한 인간이나 불행한 파괴적 광신자가 되고 말았다.[5]

그들 대부분은 원래는 가장 이상주의적이고 감수성이 예민한 젊은 세대였으나 (…) 전통, 성숙, 경험, 정치적인 지혜를 결여하고 있기 때문에 자포자기에 빠지게 되거나 자신들의 능력과 가능성을 과대평가하는 자기도취에 빠져 불가능한 일까지도 폭력으로 달성하려고 한다. 그들은 이른바 혁명 집단을 결성하여 테러와 파괴에 의해서 세계를 구제하려는 기대를 갖고 있지만, 그들이 폭력적이고 비인간적인 일반적 경향에 기여하고 있다는 사실을 깨닫지 못하고 있다. 그들은 사랑하는 능력을 상실했으며, 그 대신에 자신의 생명을 희생하려는 소망을 갖게 되었다. (자기희생은 가끔 사랑하는 것을 열망하지만 사랑하는 능력을 상실한 사람들을 위한 해결책이 된다. 그들은 자기의 생명을 희생하는 데서 가장 큰 사랑의 경험을 보는 것이다.) 그러나 이들 자기희생적인 젊은이들은 '사랑의 순교자', 즉 삶을 사랑하기 때문에 살기를 바라고 자신을 배반하지 않기 위해 죽어야 할 때만 죽음을 받아들이는 사람들과는 전혀 다르다. 현재 우리 사회의 자기희생적인 젊은이들은 이 사회의 희생자이기도 하지만, 또한 이 사회를 고발하는 자들이기도 하다. 이것은 우리의 사회 체제 내에서 가장 뛰어난 젊은이들의 일부가 절망에서 벗어나는 길이 파괴와 광신주의밖에 없을 만큼 너무나 고립되고 절망감에 빠져 있다는 것을 입증해주고 있는 것이다.[6]

이러한 비판의 연장선상에서 철저한 사디스트였고 사디즘이란 용어의 어원이 되었던 사드를 높이 평가하던 1960년대 당시의 급진적인 사상가들 중 특히 마르쿠제를 겨냥하면서 프롬은 이렇게 비판하고 있다.

헤르베르트 마르쿠제와 같은 정치적으로 급진적인 사상가들 가운데서 사디즘을 인간의 성적 자유의 표현의 하나로서 찬양하는 일이 유행처럼 되었다. 사드의 저작은 이러한 자유의 표현으로서 정치적으로 급진적인 잡지에 게재된다. 그들은 사디즘은 인간적 욕망이며 인간이 그것으로 쾌락을 얻을 수 있다면 사디즘적인 욕망이나 마조히즘적인 욕망을 다른 모든 욕망과 마찬가지로 만족시킬 권리를 가질 수 있다는 사드의 주장을 받아들이고 있다.[7]

이와 관련하여 프롬은 프로이트의 사상도 마르쿠제 같은 사상가와는 전혀 다른 맥락에서 수용한다. 마르쿠제가 프로이트를 주로 성적 억압으로부터의 해방을 역설한 사상가로 보는 반면에, 프롬은 프로이트를 인간이 진정하게 자율적이고 이성적인 주체로 자신을 변혁하는 것에 대한 통찰을 제시하는 사상가로 보고 있다.[8]

프롬은 이렇게 마르쿠제와 같은 사상가들에게 보수주의적이라고 비판을 받을 정도로 전통 철학이나 전통 종교에서 높이 평가되었던 덕목들의 함양을 주창하고 있다. 즉 그는 이성적인 자율성과 사랑할 수 있는 능력 등의 배양이 인간에게 절실히 필요하다고 보는 것이다.

물론 프롬이 인간의 정신적 변혁이라는 측면을 강조한다고 하여 그가 사회 경제적 구조의 변화의 필요성을 무시한다는 것은 아니다. 그는 사회 구조의 변화가 인간성의 변화를 자동적으로 수반한다고 생각하는 사람들뿐 아니라, 인간의 본성이 변한 뒤에야 비로소 참된 인간적인 사회가 건설될 수 있다고 주장하는 사람들 역시 오류를 범하고 있다고 본다. 사회 경제적 구조의 변혁을 무시하는 순전한 정신적인 변혁은 항상 개인적인 영역에 머물거나 소집단에 그칠 뿐이다. 진정한 변혁은 인간의 성격과 사회 구조 양자의 변혁에 의해서만 초래될 수 있다.

아울러 프롬은 마르크스가 인간성이 갖는 복잡성을 제대로 보지 못했다는 것 이외에 마르크스 사상의 또 다른 약점을 지적한다. 그것은 마르크스가 사회주의의 실현을 위해 요청되는 사회 경제적 변혁들 중에서 생산수단을 국유화한다는 것, 달리 말해서 소유권과 재산권을 변화시킨다는 것을 가장 결정적인 것으로 강조하는 경향이다. 그는 생산수단이 자본가의 손에 있든, 국가에 있든 그것만으로는 노동자의 현실에 큰 변화가 일어날 수 없다는 사실을 간과했다. 이러한 소유권의 중시로 인해 레닌의 공산당 이론이 마르크스주의 내에 수용될 수 있었다고 프롬은 보고 있다.

프롬은 마르크스가 생산수단의 사회화를 사회주의의 핵심으로 내세우게 된 원인을 그가 자본주의를 극복하고자 했음에도 불구하고 19세기 자본주의의 영향권 아래 있었다는 데서 찾고 있다. 소유권과 재산권은 자본주의의 핵심적인 범주였다. 따라서 마르크스가 생산수단의 사회화를 주장하면서 자본주의의 사유재산 제도를 전도한 것이 사회주의라고 정의를 내릴 때, 그는 소유권과 재산권 등 물질적인 요인이 인간의 행복에 대해서 갖는 중요성을—그가 비판하는 부르주아지와 마찬가지로—지나치게 과대평가하고 있다.

사회주의의 목표를 단순히 소유권의 변혁에서만 찾는 것은 아직 소유에 대한 집착을 버리지 못하고 소유를 인생의 목표로 여기고 있는 셈이며, 이 점에서는 기존의 자본주의 사회의 사고방식과 다를 바 없는 것이다. 자본주의를 진정으로 극복하는 사회주의의 목표는 소유에 대한 개개인의 집착을 극복하고 인간 개개인이 진정한 의미에서 인간이 되는 데 존재한다. 따라서 사유재산과 공유재산을 추상적으로 대립시키면서 모든 문제를 재산권의 문제로 환원하는 것이 아니라, 노동자의 경영 참여와 공동 경영, 권한의 분산, 노동 과정에서의 인간의 구체적 기능에 초점을 맞추지 않으면 안된다고 프롬은 생각한다.

물론 프롬은 마르크스가 생산수단의 사회화를 목표 자체로 생각하지 않았으며 그것을 인간의 자유와 해방 그리고 '진정한 민주주의'를 달성하기 위한 수단으로 보았다는 사실을 잊지 않고 있다. 이러한 사실은 그가 '천박한 형태의 공산주의'라고 불렀던 이론의 전개에서 특히 명확하게 나타난다. 그가 말하는 '천박한 공산주의'는 소유권의 변화만을, 즉 사유재산의 폐지 그 자체를 목적으로 강조하는 공산주의를 의미한다. 소유의 평등을 사회주의와 동일시하는 천박한 공산주의는 선망과 질시에 바탕을 둔 평균화 과정의 완성에 불과하다. 프롬은 인간의 해방이 원래 단순히 생산수단을 국유화한다는 소유권의 변화에 관련되는 문제이기보다는 노동자들이 적극적으로 사회와 기업의 운영에 참가할 수 있는 사회의 건설이라는 것을 마르크스가 확신하고 있었다고 본다.[9]

그럼에도 불구하고 프롬은 마르크스 안에는 소유권의 변혁을 중시하는 측면이 상당히 강하게 존재하며, 이와 함께 마르크스 자신이 마르크스 이후의 마르크스주의자들로 하여금 그런 측면을 마르크스 사상의 핵심으로 볼 수 있는 여지를 허용했다고 보는 것이다.

그런데 사회주의를 소유권의 변혁과 동일시하는 것을 비판하면서 노동자들의 경영 참여나 공동 경영을 주장하는 것은 프롬뿐 아니라, 마르쿠제나 하버마스 그리고 많은 서구 마르크스주의자에게 공통된 것이다. 그러나 프롬이 마르쿠제나 여타의 인간주의적 사회주의를 주창하는 사상가들과 또 한 가지 다른 점은, 그가 이상 사회의 실현을 위해서 요청되는 사회 경제적 변화와 정치적 변화에 대해서 원리적인 차원에서 추상적으로 규명하는 데 그치지 않고 상당히 구체적인 안들을 제시하고 있다는 점이다.

3 | 인간주의적 사회주의를 위한 구체적 방안

사회 경제적 변화

새로운 사회의 건설을 위해서 필요한 사회 경제적 변화들을 프롬은 다음과 같이 거론하고 있다.

❶ 종합적 계획을 고도의 분권화와 연결시키고, 지금은 거의 허구가 되어버린 자유 시장 경제를 버려야만 한다. 자본주의 아래서 각각의 기업은 끊임없이 확대되는 시장에서 자신들이 차지할 몫을 획득하기 위해 점점 더 많은 판매고를 올리려고 애쓴다. 이러한 경제 상황의 결과, 각 산업은 대중의 구매욕을 자극할 목적으로 정신 건강에 해로운 수용적 성향을 조성하고 강화할 수 있는 모든 수단을 동원하게 된다.

이러한 경향은 또한 낭비를 낳는다. 이러한 낭비로 빚어지는 경제적 손실은 차치하더라도 이것은 또한 중대한 심리적 효과를 갖는다. 즉 소비자로 하여금 노동에 대한 존경심을 상실하게 하며 또한 자기 자신의 나라, 혹은 더 가난한 나라에서 그가 낭비하는 물품을 많은 사람이 귀중하게 필요로 한다는 사실을 잊어버리게 만든다. 따라서 생산과 광고 등의 분야에서 국가의 통제가 절실하게 필요하다.

❷ 무한한 성장이라는 목적을 버리고 선택적인 성장을 추구해야만 한다. 프롬은 소비의 증대를 강요하는 자본주의적 생산의 내적인 법칙에 의해서 사람들이 소비인이 되도록 강요당하지 않는 사회가 되어야 한다고 생각한다. 생산을 건전한 소비를 위한 방향으

로 돌려야 한다. 그런데 "이러기 위해서는 '이윤을 위한 생산이 아
닌 사용을 위한 생산'이라는 전통적인 정식만으로는 불충분하다.
왜냐하면 이 정식은 어떤 종류의 사용을 가리키는 것인지, 다시 말
해서 건강한 사용인지 병적인 사용인지를 분명히 하고 있지 않기
때문이다."[10]

프롬은 병적이고 쓸데없는 소비 규범 대신에 건강한 소비 규범
을 확립하는 것이 원칙적으로 가능하다고 보고 있다. 그 예로 프롬
은 미국의 식품의약품국(FDA)을 들고 있다. 이곳에서는 어느 식품
과 어느 의약품이 유해한가를 결정하며, 그 결정은 여러 분야의 과
학자들의 전문적 견해에 바탕을 두고 장기간에 걸친 실험 끝에 내
려진다. 그와 같은 방법으로 심리학자, 인류학자, 사회학자, 철학자,
신학자, 그리고 여러 사회 집단이나 소비자 집단의 대표자로 구성
된 위원회에 의해서 그 밖의 상품이나 사업에 대한 평가가 결정될
수 있다. 그러나 프롬은 무엇이 생명에 이롭고, 무엇이 생명에 해를
끼치는가를 검토하기 위해서는 FDA가 문제들을 해결할 때와는 비
교가 안 될 정도로 대규모 연구가 필요하다고 본다. 이와 관련하여
프롬은 이렇게 말하고 있다.

지금껏 거의 손을 댄 적이 없었던 인간 욕구의 본성이라는 문제
에 대한 기초적인 연구가 새로운 인간과학에 의해서 이루어져야 할
것이다. 우리는 어떤 욕구가 우리의 유기체에서 연유된 것이며 어느
것이 문화 과정의 결과인가, 어느 것이 개인의 성장의 표현이고 어
느 것이 산업에 의해 개인에게 강요되는 합성품인가, 어느 것이 '능

동화'하고 어느 것이 '수동화'하는가, 어느 것이 병리에 뿌리박고 있으며 어느 것이 정신적 건강에 뿌리박고 있는가를 결정해야만 한다.

현재의 FDA와는 대조적으로 새로운 인도주의적 전문가 집단의 결정은 강제성을 띠지 않고 지표로서의 구실만을 할 뿐, 그 나머지는 모두 시민의 토의에 맡겨지게 될 것이다.[11]

이와 아울러 과학적 진보를 촉진함과 동시에, 이 진보가 실제로 응용됨에 있어서 인류를 위험에 빠뜨리지 않도록 해야 한다.

❸ 물질적 이익이 아니라 정신적 만족이 삶과 노동의 동기가 되는 사회 풍조와 노동 조건을 만들어야만 한다.

❹ 노동에서보다 생활 속에서 개인의 창의성을 회복해야 한다.

이러한 과제들을 해결하기 위해서는 근대의 새로운 자연과학에 비교될 수 있는 새로운 인도주의적 인간과학이 필요하다고 프롬은 생각한다.[12] 그는 우리가 자연과학의 발달을 통한 '기술적 유토피아'의 건설을 위해 쏟아온 우리의 정력, 지성, 열의를 똑같이 인간적 유토피아의 실현을 위해 쏟을 경우에 메시아적인 '인간적 유토피아'도 실현될 수 있다고 본다.[13]

그리고 프롬은 공동 경영의 원리가 현대의 기업들 전체에 대해서도 실현되지 않으면 안 된다고 본다. 프롬은 현대 자본주의 체제의 소유권 자체가 크게 변화되지 않으면서도 공동 참여와 공동 경영의 원리를 실현할 수 있는 방법을 강구하려고 한다. 프롬은 생산 수단의 소유권이 누구에게 있느냐 하는 문제보다 노동자들 전체가 '경영과 결정에 적극적으로 참여하는 것'을 가장 중요시하고 있다.

사회주의가 재산권의 전면적 변혁이라는 추상적 목표의 실현에 몰두하기보다는 가까운 데서부터, 즉 사회주의 정당 자체와 노동조합 그리고 기업의 민주화에서부터 출발해야 한다고 보는 것이다.

아울러 프롬은 모든 사람들의 소득을 평준화시킨다는 것이 사회주의자들의 목표가 아니었고 여러 가지 이유로 그것은 바람직하지도 않다고 보고 있다. 필요한 것은 인간이 품위를 가지고 살 수 있는 토대가 될 소득이라는 것이다. 소득의 불평등은 소득의 차이가 인생 경험의 현격한 차이를 초래하는 선을 넘어서지만 않는다면 될 것이라고 프롬은 보고 있다. 수백만 달러의 소득을 가짐으로써 아무런 생각 없이 어떤 변덕이든지 충족시킬 수 있는 사람과 하나의 값비싼 소원을 이루기 위해서 다른 욕망을 희생해야 하는 사람은 인생 경험이 다른 것이다. 문제가 되는 것은 소득이 얼마나 더 많고 더 적으냐 하는 것이라기보다 어느 지점에서 소득의 양적 차이가 인생 경험의 질적 차이로 변환되느냐 하는 것이며, 그 지점을 찾아내는 것이 중요하다.

공동 경영과 노동자 참여의 원리는 경영에 대한 책임을 중앙 지도와 일반 사원 사이에 나누는 방법으로 실현될 수가 있다. 전체적인 정보에 정통한 소집단들이 자기들 자신의 노동 상황과 전체 기업에 관한 문제를 토의하고 그들의 결정이 경영진에 전달되어 진정한 공동 경영의 기초를 형성한다. 노동자들이 이렇게 경영에 능동적으로 참여할 수 있기 위해서 프롬은 다른 무엇보다도 노동자들의 책임감과 노력이 필요하다고 본다.

첫째 조건으로, 프롬은 노동자가 그 자신의 일에 대해서만이 아니라 기업체의 운영에 정통해 있어야 한다는 것을 들고 있다. 이런 기술적인 지식은 기술적·과학적 연수 과정에 참여케 함으로써 얻어질 수 있을 것이라고 프롬은 보고 있다. 아울러 제3의 참가자로서 소비자도 어떤 형태로든 기업의 결정 과정과 계획 과정에 참여해야 한다. 어떤 노동의 중요한 목적이 이윤을 남기는 것이 아니라 사람들에게 봉사하는 것이라는 사실을 인정한다면 봉사를 받을 사람들이 그들에게 봉사하려는 사람들의 작업에 발언권을 가져야만 한다는 것은 당연하다.

프롬은 이러한 공동 경영이 그렇게 쉽게 실현되지는 않을 것임을 잘 알고 있다. 그럼에도 그는 공동 경영이라는 원칙이 받아들여진다면 확실히 그것은 충분히 실현될 수 있다고 생각한다. 그는 헌법에서 국가의 여러 부문의 고유한 권한에 관한 비슷한 문제를 해결했으며, 경영에 관한 법률에서 주주, 경영자 등의 여러 가지 권리에 관한 문제를 해결했다는 사실들을 공동 경영의 문제를 우리들이 해결할 수 있다는 증거 사례로서 들고 있다.

정치적 변화

프롬은 선거권의 확대만으로는 진정한 정치적 민주주의는 실현될 수 없다고 본다. 그는 다음과 같은 조치들이 취해지지 않으면 안 된다고 보고 있다.

첫째, 진정한 의사 결정은 대중 투표를 통해서 이루어질 수 없고 옛날의 '부락 회의'에 해당되거나 또는 500명 정도로 구성된 소집단

에서만 가능하다는 것을 인식하지 않으면 안 된다. 그와 같은 소집
단에서만 현안 문제가 충분히 토의될 수 있고 각 성원이 자신의 생
각을 표현하고 남의 의견을 분별 있게 듣고 토의할 수 있다. 사람들
은 서로가 개인적으로 접촉하고 있는 만큼 사람들의 생각에 선동적
이고 비합리적인 영향을 주기가 더욱 어렵게 된다.

둘째, 시민 개개인은 합리적 결정을 내리기 위해서 필요한 구체
적인 정보들을 알고 있어야 한다.

셋째, 시민이 소규모 대면집단(對面集團)의 성원으로서 어떤 결정
을 내리든 간에 그것은 중앙에 선출된 의회의 집행부가 내리는 결정
에 직접 영향을 미치지 않으면 안 된다. 그렇지 못하면 시민은 오늘
날과 마찬가지로 정치적으로 변변치 못한 존재로 남게 될 것이다.[14]

이러한 조건이 없는 상태에서, 투표에 의한 결정은 소위 '여론'에
의한 결정이라고 생각될지 모르나, 충분한 정보, 비판적 숙고, 토의
도 없이 개인들이 이미 가지고 있는 견해들의 집합이라고 할 수 있
는 '여론'은 이성적인 통찰과는 거리가 멀다고 프롬은 보고 있다.
그것은 어떤 주어진 순간의 사람들의 의식적인 생각을 나타내는
데 불과하다.[15]

문화적 변화

프롬은 산업과 정치 조직이 공동체적으로 바뀌기 위해서는 교육
과 문화 역시 공동체적으로 바뀌지 않으면 안 된다고 말한다. 변화
와 재건을 꾀하는 어떠한 시도라도 모든 분야에서 동시에 추진되

지 않으면 성공할 수 없다는 것이다. 원자적인 사회를 공동체적인 사회로 전환시키는 것은 함께 노래하고 함께 걷고 함께 춤추고 함께 찬탄하는 공동의 문화를 다시 만들어내느냐 만들어내지 못하느냐에 달려 있다. 인간이 세계에서 안도감을 느끼기 위해서는 머리만이 아니라 모든 감각과 눈과 귀, 즉 몸 전체로서 세계를 파악하지 않으면 안 된다. 인간은 예술과 종교적 의식을 통해 몸 전체로서 세계를 파악한다.

프롬은 대부분의 사람이 예술의 소비자로 전락한 현실에서 하나의 창조적인 집단 예술이 필요하다고 말한다. 프롬은 여기서 집단 예술이란 말을 집단적인 종교적 의식까지 포함하는 넓은 의미로 쓰고 있다. 현대 예술은 대부분의 경우에 그 생산과 소비가 개인주의적인 데 반하여, 집단 예술은 다른 사람들과 공유하는 방식으로 행해진다. 그것은 생활에 덧붙여진 개인적인 여가 활동이 아니라 절대 불가결한 생활의 일부다. 그것은 인간의 근본적 욕구에 부합하는 것이고, 만일 이 욕구가 충족되지 않는다면 의의 있고 풍요로운 세계상에 대한 욕구가 실현되지 못하며, 그 결과 사람들은 불안해하고 초조해할 것이다.

물론 집단 예술을 인공적으로 고안해낼 수는 없다. 그러나 일단 그 필요성을 인식하여 그것을 장려하기 시작하면 낡은 형식에 새 형식을 더해줄 천부적 재능을 갖고 있는 사람들이 나타날 것이다. 집단 예술은 유치원에서부터 시작하여 학교로 계속되고 나이가 들어서까지 지속될 것이다. 우리는 공동의 무용, 합창, 연극, 음악을 갖게 될 것이다.

프롬은 이러한 문화적인 분야에서도 산업과 정치에서와 마찬가지로 결정적인 요소는 지방 분권화, 즉 구체적인 대면집단과 구성원들의 능동적이고 책임감 있는 참여라고 말한다. "공장, 학교, 소규모 정치 토론 집단 그리고 부락에서 온갖 형태의 공동 예술 활동이 일어날 수 있을 것이다. 그들은 중앙의 예술 단체로부터 필요한 만큼 도움과 시사 그리고 자극을 받을 수 있겠지만, 이들 예술 단체에 의해서 양육되는 것은 아니다."[16]

문화적 변화와 관련하여 프롬은 종교의 변화 없이 사회의 정신적 변화도 불가능하다고 보고 있다. 서구의 기독교는 인간의 존엄성, 형제애, 이성 그리고 물질적 가치보다 정신적 가치의 우월성의 실현을 목표로 하고 있다. 이들 윤리적 목표는 기독교에서는 신자들 사이에서도 다르고 수많은 사람이 받아들일 수 없는 인격신의 개념과 관련을 갖고 있다. 프롬은 휴머니즘적인 입장에 서 있는 비기독교인들이 기독교적인 신 개념을 공격하면서 신이 있느냐 없느냐 하는 문제들에 초점을 맞춘 것은 하나의 큰 오류였다고 본다. 오히려 그들은 종교, 특히 신의 개념을 진지하게 파악하도록 신앙인들에게 촉구해야만 했었다. 즉 신앙인들이 형제애, 진실과 정의의 정신을 실천하고 현대 사회에 대한 가장 급진적 비판자가 되도록 촉구해야만 했었다.

기독교 입장에서는 신의 개념을 둘러싼 논의가 신을 인간의 개념 파악 범위로 끌어내리는 것을 의미한다. 그러나 우리는 신이 무엇'인지'를 말할 수는 없으나, 신이 무엇이 '아닌지'는 말할 수 있다. 이에 프롬은 기독교인이든 비기독교인이든 현대적 형태의 우상 숭배를 폭로하는 데 합심해야 한다고 말한다. 오늘날의 우상 숭배는 국가와 권력을 신성시하고 화폐와 세속적 성공을 신성화하는 것이다. "우리가 신앙인이든 아니든, 또 새로운 종교가 필요하다고 믿든 유대교-기독교적인 전통의 지속이 필요하다고 믿든 간에 껍질이 아니라 본질에, 말이 아니라 경험에, 제도가 아니라 인간에 관심을 갖는 한 우리는 우상 숭배를 단호히 부정하는 데 일치할 수 있고 신에 관한 어떠한 긍정적인 설명보다도 이와 같은 부정적인 면을 통해서 공통된 신념을 훨씬 많이 발견할 수 있을 것이다. 우리는 확실히 겸손과 형제애를 더 많이 보게 될 것이다."[17]

프롬은 기독교도 인류의 진화 과정에서 나타난 종교의 한 형태로 볼 뿐이며 새로운 종교, 즉 인류의 발전에 상응하는 종교가 앞으로 수백 년 안에 발달하리라고 믿고 있다. 그는 이러한 새로운 종교의 가장 중요한 특징으로 이 시대에 이미 받아들여지고 있는 '사해동포주의'를 들고 있다. 그것은 동양과 서양의 모든 위대한 종교에 공통된 인본주의적 가르침을 포용하게 될 것이다. 그 교리는 오늘날 인류의 합리적인 통찰과 모순되지 않을 것이며, 교리를 중시하는 신앙보다는 실제 생활을 더욱 강조할 것이다. 이러한 종교는 인간 사이의 유대를 강화하는 데 기여할 새로운 의식(儀式)과 예술적 표현 형태를 만들어내게 될 것이다. 프롬은 집단 예술이 그러하듯이, 종교도 인공적으로 발명될 수 없다고 생각한다. 그는 과거의 종교들이 과거 여러 세기에 걸쳐 시기가 무르익으면서 나타났듯이, 새로운 종교도 새로운 위대한 스승의 출현과 함께 형성될 것이라고 보고 있다.

그동안 신을 믿는 사람은 그 신념을 '생활 속에서 실천함'으로써 표현하고, 신을 믿지 않는 사람은 사랑과 정의의 계율을 생활 속에서 실천하고 기다림으로써 그들의 신념을 표현해야 할 것이다.[18]

새로운 인간으로의 인간 개개인의 자기 변혁

그런데 프롬은 이러한 인간주의적 사회주의의 건설을 위해서는 인간이 새로운 인간으로 변화되어야만 한다고 본다. 그는 새로운 인간이 되기 위해 인간 개개인이 해야 할 과제로서 다음과 같은 것들을 들고 있다.

❶ 인간에게 소유욕이 존재하는 한 인간 사이의 갈등은 불가피하며 개개인은 자기 자신의 현 상태에도 만족할 수 없다. 소유욕은 인간의 자기 분열과 아울러 인간 사이의 분열을 야기한다. 따라서 완전하게 '존재'하기 위해 모든 소유의 형태를 자진하여 포기하려는 의지를 갖는다. 이렇게 소유욕을 포기하는 것을 통해서만 인간은 자신의 삶에 대해서 안정감을 느낄 수 있으며 주변 세계와 진정한 연대를 맺을 수 있다.

❷ 저축하고 착취하는 데서가 아니라 주고 나누어 갖는 데서 기쁨을 느낀다.

❸ 생명의 모든 현상을 사랑하고 존경한다. 정교한 기계와 상품 그리고 권력에서가 아니라 생명과 그 성장에 관련된 모든 것이 신성하다고 생각한다. 자신이 모든 생명체와 하나라는 것을 인식한다. 자연을 정복하고, 지배하고, 착취하고, 약탈하고, 파괴한다는 목표를 포기하고 자연을 이해하고, 자연과 협력하도록 힘쓴다.

❹ 지금 여기에 완전히 존재한다.

❺ 사악함과 파괴성은 성장에 실패함으로써 나타나는 필연적인 결과라는 것을 깨닫고, 자기와 동포의 완전한 성장을 삶의 궁극적 목표로 삼는다.

❻ 자기 이외의 어떠한 인간이나 사물도 자신의 인생에 의미를 부여하지 못한다는 사실을 자각하는 독립적인 인간이 된다.

❼ 다른 사람을 속이지 않으면서 또한 다른 사람에게 속지도 않는다. 천진하다고는 할 수 있으나 단순하다고 할 수 없는 인간이 된다. 자기 자신을 통찰한다. 자신이 의식적으로 알고 있는 자기뿐 아니라 자신이 모르는 자기까지도 통찰한다.

❽ 이러한 목표에 도달하기 위해서 끊임없이 수양을 한다. 그러나 꼭 '목표에 도달하겠다는' 야심은 없다. 그와 같은 야심도 탐욕과 소유의 한 형태라는 것을 알고 있기 때문이다. 어디까지 도달할 수 있느냐 하는 것은 운명에 맡기고 항상 성장하는 삶의 과정에서 행복을 찾아낸다. 가능한 한 완전하게 산다는 것은 자기가 무엇을 달성할 수 있느냐 없느냐 하는 걱정을 할 필요가 거의 없을 정도로 만족감을 주기 때문이다.[19]

VI

JÜRGEN HABERMAS

6 하버마스
의사소통 행위 이론과 생활세계 식민화 테제

김원식

1 | 우리 시대란 어떤 시대인가?

"우리 시대의 진보란 과연 무엇인가? 아니, 역사적 진보란 이미 구시대적 담론의 흔적에 불과한 것은 아닐까?" 이런 물음과 논란들에 앞서 중요한 것은 과연 우리 시대란 어떤 시대인지를 명확히 밝히려는 작업일 것이다. 우리 시대란 어떤 시대이고 우리 시대의 고통과 과제란 무엇인지를 정확히 진단해낼 수 있을 때, 시대 비판과 진보적 대안의 모색 역시 비로소 가능해질 것이기 때문이다.

사회철학자인 위르겐 하버마스의 전체 작업 역시 시대 진단과 대안 모색이라는 핵심적 물음을 중심으로 재구성할 수 있다. 위르겐 하버마스(Jürgen Habermas, 1929~)는 2차 세계대전의 폐허 위에서 법치주의적 민주주의와 복지국가 체계를 수립해나갔던 독일이라는

국가 상황 속에서 현실과의 비판적 대결을 통해 사회적 해방의 가
능성을 모색해온 유럽의 대표적인 사회철학자다. 그는 호르크하이
머와 아도르노 등 프랑크푸르트학파 비판 이론 1세대들의 비판 정
신을 계승하는 동시에, 철학적 사변의 수준으로 전락한 이전 세대
들의 시대 진단과 비판을 극복하고 경험적 사회과학들과의 학제
연구 전통을 복원하고자 지속적으로 노력해왔다. 이를 위해 그는
복잡한 현대적 논쟁의 전선들 속에서 '의사소통 행위 이론'이라는
독창적인 사회 이론 틀을 제시하였으며, 이를 기초로 토의 민주주
의론을 중심으로 하는 정치 이론을 구축해왔다.

　이 글의 목적은 '생활세계 식민화' 테제로 압축할 수 있는 하버마
스의 시대 진단을 소개하고, 이를 비판적으로 검토하는 데 있다. 이
를 위해 아래에서는 먼저 시대 진단의 전제가 되는 그의 의사소통
행위 이론을 간략히 소개하고, 둘째로 생활세계와 체계라는 개념을
검토한 뒤에 이를 기초로 생활세계 식민화 현상의 의미를 밝히고,
셋째로 이러한 진단에 기초한 진보 정치의 기획을 토의 민주주의
론을 중심으로 살펴볼 것이다. 그리고 마지막으로 이러한 시대 진
단 방식의 의미와 한계를 검토한다.

2 ｜ 의사소통 행위 이론

하버마스는 상호 주관성의 측면에 착안하여 포괄적인 이성 개념
을 제시함으로써 근대적 이성의 협소화를 비판하고, 나아가서 복합

적인 근대의 차원들을 포착할 수 있는 발판을 마련하고자 한다. 이러한 그의 작업에서 핵심을 이루는 것이 바로 '의사소통 행위'(Kommunikatives Handeln)라는 개념이다. 하버마스는 이를 통해 고립된 주체관에 기초한 근대적 의식철학의 패러다임을 상호 주관성에 기초한 의사소통 패러다임으로 전환하고자 한다.

하버마스에 따르면 베버를 비롯하여 프랑크푸르트학파 1세대로 하여금 근대화 과정을 단지 도구적 이성의 지배나 그로 인한 총체적 물화(物化)로 진단하게 만든 근본 원인 중의 하나는 그들이 사회적 행위를 협소하게 규정한 데 있다. 베버는 사회적 근대화에 대한 해석에서 목적합리적 행위 유형의 확산에만 주목하였으며, 이러한 영향 아래에서 호르크하이머와 아도르노의 『계몽의 변증법』은 근대화 과정뿐 아니라 문명화 과정 전체를 자기 보존을 위한 도구적 행위와 도구적 이성의 확대 과정으로 해석하게 되었다는 것이다.

인간의 모든 행위를 도구적 행위로 환원하는 이러한 해석의 근저에는 근대적 의식철학 모델이 존재한다고 하버마스는 주장한다. 데카르트 이후 자기의식의 확실성으로부터 출발하는 근대 의식철학은 주체와 객체라는 근본 구도 속에서 세계를 이해한다. 그리고 주체-객체 구도를 전제하게 되면 타인을 포함한 세계 전체, 나아가서는 자기 자신 역시 주체의 대상으로 규정될 수밖에 없다. 그렇기 때문에 하버마스는 의식철학의 패러다임을 넘어서 주체와 주체 사이의 상호작용을 행위의 근본 모델로 삼는 의사소통 패러다임을 도입할 것을 요구하게 된다.

이를 위해 이제 하버마스는 사회적 행위의 유형을 도구적 행위,

전략적 행위, 의사소통 행위라는 유형들로 분화시켜 나간다. 초기에 '노동과 상호작용'의 구분을 시도한 이래, 그는 도구적 행위로 환원될 수 없는 의사소통 행위의 영역이 존재한다는 사실을 입증하고자 지속적으로 노력해왔다. 하버마스의 분류에 따르면 인간의 행위는 크게 비사회적 행위인 도구적 행위와 사회적 행위로, 사회적 행위는 다시 성공을 지향하는 전략적 행위와 상호 이해를 지향하는 의사소통 행위로 구별된다.

도구적 행위나 전략적 행위는 비판 이론 1세대들이 주목했던 인간의 행위 유형이다. 도구적 행위 모델에 따르면 인간은 자기 보존을 위해 객체나 타자를 도구로 규정하고 이용할 수밖에 없다. 인간의 개념적 사유는 이미 타자에 대한 동일화, 차이의 배제와 억압의 기제를 내장하고 있으며, 그런 한에서 인간의 모든 인식과 행위는 자기 보존을 위한 타자에 대한 지배와 억압 행위에 다름 아니다. 이러한 인식에 입각하여 『계몽의 변증법』은 문명화 과정 전체를 인간의 자연 지배, 타자 지배, 자기 지배가 총체화되어 도구적 질서로 전면화되어가는 과정으로 그리고 있다. 세이렌의 유혹을 이겨내기 위해 자신의 몸을 돛에 묶었던 오디세우스의 예를 통해서 『계몽의 변증법』의 저자들은 자연 지배와 타자 지배가 이미 자기 자신에 대한 지배와 억압을 전제하고 있다는 사실을 상징적으로 보여주고 있다.

그러나 하버마스는 언어적이고 사회적인 존재인 인간에게는 타자를 단지 도구화하지 않고 타자의 타자성을 인정하는 의사소통 행위의 가능성 역시 존재한다고 말한다. 의사소통 행위는 사회적 행위자들이 상호 이해를 목적으로 서로의 행위 계획을 조정하는 데서 성립한다. 여기서 행위자들에게 일차적으로 중요한 것은 자신의 목적을 성취하는 것이 아니라, 공동의 행위 계획에 대한 합의를 성취하고 이를 통해 서로의 행위를 조정하는 것이다. 하버마스는 화용론적인 언어 분석을 통해 이러한 의사소통 행위 유형의 특징을 밝혀내고자 하였으며, 이러한 분석을 통해서 인간의 언어에는 상호 이해라는 본래적 목적이 내재되어 있음을 보여주었다.

의사소통 행위 속에서 화자는 자신의 주장을 제기하며, 청자는 그러한 주장의 타당성을 인정하거나 그에 대해 비판을 제기한다. 이러한 상호 주관적인 관계 속에서 주체는 타자를 나와 동등한 주체로 인정한다. 만일 이러한 상호 인정이 전제되지 않는다면 합리적 대화 자체가 성립할 수 없게 될 것이다. 하버마스의 분석에 따르면 화자의 주장에는 일반적으로 세 가지 타당성 요구가 함축되어 있다. 진리(Wahrheit), 규범적 올바름(Richtigkeit), 진실성(Wahrhaftigkeit) 요구가 그것이다. 하버마스는 의사소통 행위에서 이러한 타당성 요구의 복합적 차원이 등장한다는 사실에 주목하여, 포괄적 이성으로서의 '의사소통 이성' 개념을 제시하고 있다.

사실적 진리, 규범적 올바름, 의도의 진실성 여부 모두에 대해 비판과 논거를 통한 토론 및 정당화가 가능하다는 점에서 이 영역들 전체는 이제 합리적 논의가 가능한 영역으로 인정된다. 그의 분석에서는 특히 사실적 진리에 대한 논의와 구별되기는 하지만, 규범적 논의들 역시 보편적 정당화가 가능하다는 점이 강조되고 있다. 이렇게 규범적 차원의 합리성을 회복해내는 것은 하버마스에게, 나아가서는 비판적 사회 이론 일반의 수립을 위해서 매우 중요한 의미를 갖는다. 이성의 도구화는 모든 규범의 정당화를 불가능하게 만들기 때문이다. 만일 철저히 도구적인 이성의 기준에서 본다면, 살인을 하지 말아야 하는 그 어떤 이성적인 당위적 논거도 제시될 수 없게 될 것이다. 그리고 이는 결국 사회 비판의 성립 자체도 불가능하게 만들 수밖에 없게 된다. 현실에 대한 모든 비판은 그러한 비판이 전제하는 척도에 대한 보편적인 규범적 정당화를 전제할 수밖에 없기 때문이다.

의사소통 행위와 이성이라는 개념에 기초해서 하버마스는 도구적 이성과 질서의 전면화라는 획일화된 일면적 사회관을 극복하고, 나아가서 포괄적 이성 개념을 기초로 이성의 일면화를 비판할 수 있는 기점을 확보하게 된다. 이제 본래적인 근대의 기획은 포괄적 이성의 실현을 지향하는 것이었지만, 자본주의적인 일면적 근대화로 인해 의사소통 이성의 파괴와 도구적 이성의 지배 현상이 나타나게 되었다는 방식의 진단이 비로소 가능해질 수 있게 된 것이다.

3 | 생활세계 식민화

의사소통 패러다임으로의 전회에 기초하여 1세대 비판 이론이 봉착한 난관들을 돌파하기 위해 하버마스는 이층위적 사회 개념에 입각한 '생활세계 식민화'(Kolonialisierung der Lebenswelt) 테제를 제기하고 있다. 그는 사회를 '체계'와 '생활세계'라는 두 차원에서 동시에 파악할 것을 제안한다. 이는 기존의 사회 이론들이 가지는 일면성을 극복하기 위한 전략이라고 할 수 있다.

베버와 루카치, 그리고 그들의 작업을 수용하고 있는 1세대 비판 이론가들은 사회적 합리화의 과정을 단지 도구적이고 기능적인 행위 및 질서의 확대 과정으로만 해석해왔다. 베버는 경제 체계나 행정 체계의 차원에서 진행되는 행위 체계의 합리화만을 파악했을 뿐, 생활세계 내의 일상적 실천에서 나타나는 다차원적인 합리화 과정을 올바로 해명하지 못했다. 그렇기 때문에 베버는 결국 근대적 합리화 과정을 단지 목적합리성의 증대 과정으로만 해석하게 된다.

하버마스의 평가에 따르면 베버가 가지는 이러한 한계는 그의 행위 개념이 가지고 있는 편협성 때문에 나타난다. 베버는 그의 행위 이론적 전제를 통해서 사회적 합리화의 진행이 단지 목적합리성의 관점에서만 해명될 수 있다는 선입견을 가지게 되었다는 것이다. 베버는 상호 이해를 지향하는 행위와 성공만을 지향하는 행위를 명확히 구별하지 못했기 때문에 결국에는 사회적 합리화 전체를 목적합리적 행위와 그에 기초한 사회 질서의 확대 과정으로만 보게 되었던 것이다.

이러한 이론적 결함은 1세대 비판 이론에서도 마찬가지로 반복된다. 호르크하이머나 아도르노는 프롤레타리아 계급에 대해 루카치가 가지고 있었던 역사철학적 희망을 거부한 채 그의 사물화 이론을 수용했다. 그 결과, 그들 역시 근대적 합리화를 도구적 이성의 확대 과정에 지나지 않는 총체적 물화의 과정으로 해석할 수밖에 없게 된다.

하버마스는 이층위적 사회관을 통해서 근대적 합리화 과정에 대한 이러한 일면적 이해와 그에 따른 비관주의적 시대 진단에 저항하고 있다. 이를 위해 먼저 필요한 것은 근대적 합리화 과정에 대한 새로운 진단과 해석의 개념적 기초를 마련하는 것이다. 앞서 살펴본 의사소통 행위와 합리성에 대한 하버마스의 탐구는 이를 위한 기초 작업이라고 할 수 있다. 이러한 작업에 기초해서 이제 그는 사회적 합리화 과정을 좀 더 포괄적이고 복합적인 과정으로 그려내고 있다.

하버마스에 따르면 모든 사회는 두 차원에서, 즉 사회 통합과 체계 통합이라는 차원에서 스스로의 통합성을 유지하며, 따라서 사회 진화 과정 역시 구별되는 두 차원에서 진행된다. 모든 사회는 그것의 존속을 위해 물질적 차원과 상징적 차원에서의 재생산을 필요로 한다. 하버마스는 상징적 차원의 재생산을 생활세계에, 물질적 차원의 재생산을 체계에 할당하고 있다. 상징적 차원의 통합과 재생산, 물질적 차원의 통합과 재생산이 각각 생활세계와 체계라는 개념을 통해서 포착되고 있는 것이다.

전략적 행위와 의사소통 행위를 구별했듯이, 하버마스는 사회 질서의 차원에서 체계와 생활세계의 개념을 구별하고자 한다. 그렇기 때문에 체계와 생활세계라는 개념 쌍은 전략적 행위와 의사소통 행위라는 행위 이론적 구별과도 연관되는 것으로 보아야 한다. 물론 행위 유형과 사회 질서 사이에 명확한 귀속 관계가 성립하지는 않는다. 생활세계는 단지 의사소통 행위만이 귀속되는 영역이 아니

며, 체계 내에서 의사소통 행위가 성립 불가능한 것도 아니다. 그렇
지만 행위 유형들이 그것이 지향하는 목적을 통해 구별되는 두 가
지 유형으로 설정된 것과 마찬가지로, 체계와 생활세계도 사회 질
서를 구성하는 분석적으로 구별되는 두 가지 측면으로서 도입된다.

한 사회가 생활세계의 상징적인 통합과 재생산을 이루어내기 위
해서는 다양한 차원에서의 통합과 연속성이 보장되어야만 한다. 원
칙적으로 볼 때, 생활세계의 질서는 오직 상호 이해를 지향하는 의
사소통 행위를 통해서만 유지되고 재생산될 수 있다. 왜냐하면 문
화적 의미나 규범의 정당성은 화폐로 구매되거나 권력에 의해 강
요될 수 없기 때문이다. 한 사회는 문화적 지속성과 정체성을 유지
하기 위해 공유된 문화적 해석의 틀과 전통을 유지해야 한다. 또한
한 사회는 자신의 존속을 위해 도덕이나 법과 같은 규범적 질서를
확보해야 한다. 그리고 한 사회는 자신의 존속을 위해 새로운 세대
들에 대한 사회화 과정을 지속해야 한다. 그렇기 때문에 하버마스
는 문화, 사회, 인격을 생활세계의 세 가지 구성 요소들로 제시하게
된다. 이를 통해서 그는 후설 이래로 '항상 이미' 전제되어 있는 선
(先) 이해의 지평으로만 다루어지던 생활세계 개념을 사회학적 차
원으로 확장하고 있다.

나아가서 모든 사회는 그 물질적 재생산을 위해 경제적 질서와
정치적 질서의 수립을 필요로 한다. 하버마스에 따르면 생활세계가
주로 참여자 관점에서 포착되는 상징적 차원과 관련되는 데 반해
서, 체계적 통합은 관찰자 관점에서 드러나는 행위 결과들의 기능
적 안정화의 차원과 관련된다. 교환과 관련된 경제적 질서, 권력과

관련된 정치적 질서는 참여자 관점에서 포착되는 행위 동기들과는 무관하게 진행되는 행위 결과들 사이의 객체화된 조정과 통합의 과정이라고 할 수 있다.

사회 진화의 과정 속에서는 이러한 구별되는 두 차원에서의 발전이 동시에 진행된다. 생활세계는 점차 합리화되어가며, 이와 더불어 체계의 복잡성도 증대되어간다. 사회 진화의 초기 단계에서 체계와 생활세계는 밀접하게 서로 결합되어 있다. 미분화된 사회에서 체계를 구성하는 경제적 질서나 정치적 질서는 생활세계의 규범적 질서에 의존하며 그것과 명확하게 구별되지 않는다. 그렇지만 사회적 근대화 과정을 통해 체계와 생활세계의 영역은 분화되며, 나아가 체계는 자립적인 성격을 가지게 된다. 경제 체계와 행정 체계에서 복잡성이 증대하면서 유발되는 의사소통의 부담을 줄여주기 위해 화폐와 권력과 같은 매체들이 등장하며, 이를 통해 체계는 점차로 생활세계의 명령으로부터 분리되어 자립화되어 나간다.

이미 베버가 지적하였듯이 사회적 근대화의 주된 특징은 근대 국가와 자본주의 경제 체제의 성립이라고 할 수 있다. 체계의 측면에서 보자면, 근대 국가의 성립은 권력을 매체로 하는 공공 행정 영역이 자립화되는 것을 의미한다. 근대 국가 체제는 법적으로 정의된 위계적 권력 질서를 통해 국민들에게 명령권을 행사한다. 이러한 명령의 정당성 근거는 이미 제정된 법적 절차에 의해서 주어지며, 명령에 대한 거부는 곧 제재의 위협에 직면하게 된다. 여기서 일반 시민들은 명령을 수용하거나 거부하는 단순한 선택지만을 가지게 되며, 그러한 명령의 정당성은 법적으로 정의된 형식적 절차를 준수했는지 여부일 뿐이다. 화폐를 매체로 하는 자본주의적 시장 질서 역시 규범적 질서로부터 자립화된다. 화폐는 거래 당사자들 사이의 관계를 표준화하고 단순화함으로써 상품 교환을 확대시킨다. 권력이나 화폐 매체들은 당사자들 사이의 의사소통을 우회하여 사회적 상호작용을 가능하게 해주며, 이를 통해 체계의 질서들은 의사소통 행위를 통해 재생산되는 생활세계의 질서로부터 자립화되어 나간다.

물론 체계와 생활세계의 분리가 양자 사이의 완전한 단절을 의미하지는 않는다. 왜냐하면 체계를 성립 가능하게 하는 제도들이나 법 체계는 궁극적으로 생활세계에 기초하고 있기 때문이다. 물론 제도나 법 체계가 화폐나 권력과 같은 매체들이 성립하기 위한 전제 조건들이기는 하지만, 매체들이 이러한 제도들과 동일시될 수는 없다. 법 제도는 매체들이 기능하기 위한 전제일 뿐이며, 화폐나 권력과 같은 매체들은 제도와는 구별되는 자율적인 자기 확장 논리를 가지고 있다. 하버마스는 이러한 사실을 각별히 강조하고 있는데, 이는 그가 경제와 행정 체계의 자율성 자체가 가지는 진화적 성과를 인정하고자 하며 복잡화된 체계를 생활세계의 논리를 통해 제어하는 것은 불가능하다고 보고 있기 때문이다.

체계 복잡성의 증대 및 자립화와 더불어 법과 도덕규범의 차원을 중심으로 진행되는 생활세계의 합리화 역시 진척되어 나간다. 그리고 이러한 생활세계의 합리화 과정은 근대에 이르러 전통적 세계관의 탈주술화와 문화적 가치 영역들의 분화를 요구하게 된다. 진선미의 세계관적 통일성을 보장하던 종교적, 형이상학적 세계관은 해체되고 의사소통 합리성에 내재하는 타당성 요구들은 과학과 기술, 도덕과 법, 예술과 예술 비평이라는 제도적 영역으로 분화되어 나간다. 가치 영역들 사이의 제도적 분화와 민주주의적 사회 제도의 확립은 근대에 이루어진 생활세계의 합리화 과정을 표현하고 있다.

그렇지만 체계와 생활세계 사이의 이러한 분화 과정이 순조롭게만 진행되는 것은 아니다. 자본주의 체제 안에서 이루어지는 사회 진화는 체계의 자립화를 넘어서 체계의 명령이 생활세계에 침투하는 '생활세계 식민화'를 야기하기 때문이다. 여기서 한 가지 주의해야 할 부분은 하버마스가 문제 삼는 것은 체계의 매체들이 생활세계를 식민화하는 문제일 뿐이지, 체계의 복잡화나 자립화 그 자체는 아니라는 점이다.

마르크스는 자본주의적인 경제 자체를 소외로, 계급 착취의 한 양식으로 규정하고, 그러한 물화된 질서 자체를 생활세계 질서로 대체할 것을 요구하였다. 그리고 이는 현실 사회주의 체제에서 프롤레타리아 독재에 기초한 중앙 집권적 계획 경제의 형태로 구체화되었다. 하버마스는 이러한 시도가 첫째, 자본주의 경제 체계의 발전이 가지는 생산에서의 효율성이라는 장점을 무시하고 있다는 점에서, 둘째, 화폐라는 매체를 단지 권력이라는 매체로 대체할 뿐이라는 점에서 근본적인 문제를 가지고 있다고 말한다. 따라서 그는 화폐와 권력을 매체로 하는 체계의 자립화가 가지는 일차적인 의의를 인정하는 조건에서 그러한 매체들이 자신들이 기능하기에 적합한 영역을 넘어서서 생활세계 질서를 파괴하는 경우만을 문제

삼게 된다.

하버마스의 진단에 따르면 효율성만 지향하는 체계의 명령이 상호 이해의 메커니즘을 요구하는 생활세계에 침투하면서 여러 가지 부정적 효과들이 나타나기 시작하며, 생활세계는 이에 대해 저항하게 된다. 하버마스는 가족, 학교, 문화 영역 등 상호 이해에 기초한 의사소통적 질서를 통해서만 유지될 수 있는 영역들에 화폐나 권력과 같은 매체들이 침투하는 과정을 통해 생활세계 식민화 현상들이 발생한다고 말하며, 특히 법제화 경향에 대한 분석을 통해서 이러한 현상들을 구체적으로 다루고 있다. 가족법이나 학교법 등의 제정은 그것이 아동이나 여성 혹은 학생이나 학부모들의 권리를 보호한다는 목적에서부터 시작된 것이기는 하지만, 가족이나 학교를 그와는 이질적인 화폐나 권력과 같은 매체들을 통해 재정의하게 되면서 다양한 저항들을 불러일으키게 된다는 것이다. 생활세계의 영역들에 대한 체계 논리의 침투는 합리적 의사소통을 통한 생활세계의 질서 유지를 교란하고, 생활세계를 물화하는 결과를 초래한다. 예를 들어 문화 영역이 시장에서의 이윤 추구 논리에 의해 지배되고, 교육이 경제 성장을 위한 노동력 재생산 과정으로만 정의되는 곳에서 자율적인 문화적 가치의 추구나 전인적인 교육이 이루어지기를 기대할 수는 없을 것이다.

하버마스에 따르면 이러한 식민화에 대한 저항은 단순히 화폐나 권력을 통한 체계의 보상책을 통해서 해결될 수 있는 성격의 문제가 아니다. "여기서는 사회복지국가가 베풀어주는 보상이 우선적으로 문제되는 것이 아니라, 위협받고 있는 생활 방식을 방어하고 회복하는 일, 또는 변혁된 생활 방식을 관철하는 일이 중요하다. 이제 분배의 문제가 아니라 생활 형태의 문법이 중요하다."[1] 체계 논리에 의한 식민화 효과에 대해 이러한 저항들이 진행되기는 하지만, 다른 한편으로 이러한 사회적 저항은 의식의 파편화로 인해 억압되고 있다. 문화적 영역들이 전문화되고 그것들이 일상적 의식과 소통하는 계기를 상실하게 되면서 일상적 의식은 사회 전체에 대한 조망을 상실한 채 파편화된다. 그렇기 때문에 하버마스는 이제 왜곡된 이데올로기가 아니라 파편화된 의식이 저항의 잠재력의 실현을 방해하게 된다고 말한다.

하버마스는 새로운 사회 운동의 활성화를 생활세계 식민화에 대한 저항의 표출로 해석하고, 이러한 갈등을 '신정치'라고 표현하고 있다. "구(舊)정치는 경제적, 사회적, 국가 내적 그리고 군사적 안전 문제와 관련되며, 신(新)정치는 새로운 삶의 질과 평등권, 개인적 자기실현, 참여와 인권의 문제 등과 관련된다."[2] 이러한 저항의 시도는 그 성격상 특정한 계급에 국한된 저항이 아니다. 이러한 저항은 현대 사회의 자기 파괴적 경험에 당면하거나 그에 민감하게 반응하는 사람들에 의해 나타난다. 그리고 '성장에 대한 비판'이라는 주제는 이들을 결합하는 끈이다.

하버마스는 본래적인 근대의 기획이 의사소통 합리성에 담겨 있는 풍부한 합리성의 차원을 포괄하고 있다고 본다. 그렇기 때문에 우리가 체험하는 근대성의 역설, 합리화의 역설은 단지 자본주의적 근대화 속에서 포괄적 합리성이 제한적으로 실현되고 있다는 사실에 대한 징표일 뿐이다. 그는 사회 진화 과정을 설명하기 위해 '발전 논리'(Entwicklungslogik)와 '발전 역학'(Entwicklungsdynamik)이라는 개념을 사용하고 있다. 사회적 진화의 과정은 구체적이고 경험적인 상황 속에서 이루어지는 발전 역학과 보편적 발전 논리의 수준에서 접근할 수 있다. 이러한 개념적 구별에 따르면 생활세계 식민화로 인한 현대적 병리 현상의 출현은 발전 역학에 해당하는 문제일뿐, 발전 논리 그 자체의 문제는 아니다.

생활세계 식민화를 통해 나타나는 현대적 병리 현상들, 즉 계몽의 한계는 이제 더 이상 불가피한 것이 아니다. 발전 논리의 측면에서 보자면, 근대라는 기획은 과학 기술의 발달, 보편주의적 윤리의 가능성, 예술의 자립화라는 세 측면을 모두 포괄하며, 그것들 사이의 조화를 모색하는 종합적 기획으로 파악된다. 그렇기 때문에 하버마스는 탈근대적인 시대 비판들에 맞서서 근대를 '미완의 기획'(unvollendetes Projekt)으로 규정하면서 근대성의 이념을 옹호하고자 했다. 물론 이러한 근대의 기획이 가지고 있는 잠재적 가능성이 실제로 실현될지 여부는 미리 결정될 수 있는 문제가 아니다. 왜냐하면 그러한 잠재성의 실현은 결국 역사적이고 우연적인 요소들 및 비판적 실천과 결부된 발전 역학의 문제일 수밖에 없기 때문이다.

4 | 생활세계 식민화와 토의 민주주의

지금까지 우리는 '생활세계 식민화' 개념을 중심으로 하버마스의 시대 진단을 검토하였다. 이에 따르면 현대 사회의 병리 현상들은 체계 논리에 의한 생활세계 논리의 침식으로 진단된다. 그렇다면 이제 진보 정치의 실천적 과제는 체계 논리의 침식을 제어할 수 있도록 생활세계의 저항을 강화하고 이를 제도화하는 것이 될 것이다. 하버마스는 그의 토의 민주주의(deliberative democracy)론을 통해서 이러한 과제를 민주주의 정치 이론 차원에서 해명하고 있다.

이에 대해 살펴보기 전에, 생활세계 식민화라는 하버마스의 시대 진단이 복지국가의 등장과 가지는 관계에 대해서 간략히 살펴보고자 한다. 왜냐하면 그의 시대 진단 방식은 개입주의 국가의 등장과 복지국가의 타협이라는 후기 자본주의적 현실을 배경으로 하고 있기 때문이다. 하버마스는 개입주의 국가의 등장과 복지국가의 타협으로 인해 마르크스주의적 계급혁명 이론은 현실적합성을 상실했다고 진단하고 있다.

개입주의적 국가의 출현을 통해서 자본주의 경제에 내재하는 위기 경향은 통제되며, 복지국가의 타협은 노동자의 사회적 지위를 제도화하고 복지 체계를 구축함으로써 계급 갈등을 완화하는 효과를 발휘하게 된다. 국가가 경제 행위의 한 주체가 되고 복지 제공자가 되면서 자본가와 노동자 사이의 갈등은 이제 국가와 시민사회 사이의 갈등으로 전환되게 된다. 자유주의 국가는 계약을 통해 이루어지는 공정한 경제 질서를 유지하는 기능을 수행할 뿐이라고 주장할 수 있었지만, 개입 국가가 출현함으로써 이제 국가는 더 이상 중립성이라는 가상을 유지할 수 없게 된다. 국가는 시민사회의 요구에 직접적으로 응답할 수밖에 없으며, 그런 한에서 사회적 갈등의 축은 이제 국가와 시민사회 사이의 관계로 전환된다. 시민사회 공론장(Öffentlichkeit)의 역할을 강조하는 토의 민주주의 모델에 관심이 집중되는 근본적 동기 역시 이러한 상황 속에서 이제 사회 개혁의 주체는 더 이상 특정한 계급이 아니라 경제적인 압박으로부터 자유롭게 된 시민들이 되었다는 인식으로부터 주어진 것이었다.

하버마스는 복지국가의 등장에 대해 이중적 태도를 취하고 있다. 먼저 복지국가의 출현이 계급 불평등의 완화에 기여하고, 나아가서 사회권 보장을 통해 자유권 및 참정권의 실질화에 기여한다는 점에서 그는 복지국가의 출현에 긍정적 입장을 취하고 있다. 그러나 그는 복지국가의 등장과 확대는 생활세계의 영역에 대한 침해를 가져오는 측면이 있다는 사실에도 주목하고 있다. 복지국가의 확대가 수혜자들의 자율성에 손상을 가져오고, 의사소통 행위를 통해 유지되는 생활 영역들의 고유 논리를 침해하는 결과를 초래한다는 것이다.

하버마스는 복지국가의 출현을 통해 계급 갈등이 제도화되고 있다고 진단하고 있을 뿐 아니라, 앞서 살펴본 바와 같이 현실 사회주의는 자본주의 시장 질서가 가지는 효율성을 부정하고 권력이라는 매체의 성격을 올바로 포착하지 못함으로써 비민주주의적 독재로 귀결되었다고 주장한다. 그렇기 때문에 이제 그는 사회주의적 계급 혁명의 가능성을 부정하고, 민주주의의 급진화를 대안으로 제시하게 된다. 문제는 체계 논리가 생활세계를 침식함으로써 발생하는 사회적 병리 현상들을 해소하는 것이며, 이는 민주주의의 활성화를 통해서만 가능하다는 것이다. 이런 점에서 하버마스의 토의 민주주의론은 민주주의의 심화를 통해 생활세계 식민화를 제어하고 생활세계와 체계 사이의 균형을 회복하고자 하는 기획이라고 정의할 수 있을 것이다.

하버마스의 토의 민주주의론은 법에 대한 그의 탐구와 밀접히 연관되어 있다. 그의 정치 이론에서 법의 문제가 논의의 중심이 되는 이유는 무엇보다도 생활세계가 체계의 간섭, 침투를 제어할 수 있는 유일한 통로, 언어가 바로 법이기 때문이다. 하버마스에게 법은 체계를 제어하는 특수한 기능 체계인 동시에 규범적 정당성의 원천이기도 하다. 법은 민주적 입법 과정을 통해서 정당화 과정과의 연관성을 유지하는 동시에, 경제 체계나 행정 체계와의 기능적 소통 가능성을 확보하고 있다. 그렇기 때문에 이제 법은 체계와 생활세계 전반을 관통하는 사회 통합의 중심 매체로 등장한다.

이러한 법의 이중성에 기초하여 올바른 의사소통의 절차에 기초한 의사소통적 권력이 행정 권력으로 전환될 수 있을 때에만 체계의 논리에 대한 실질적 영향력을 행사하는 것이 가능해진다. 화폐나 권력과 같은 매체들은 법적 제도화를 그것이 기능하기 위한 기초로 삼고 있으며, 오직 법적 언어를 통해서만 제어될 수 있다. 생활세계의 요구는 법적 언어로 번역될 때 비로소 체계의 질서와 소통할 수 있는 것이다.

토의 민주주의는 시민사회 공론장에서 진행되는 다양한 토의들을 기초로 하는 입법부의 심의 및 그 결과인 입법 행위를 통해 국민 주권의 이념을 실현하고, 이를 통해 체계 논리에 의한 생활세계의 침식을 제어하고자 하는 기획이라고 간략하게 말할 수 있을 것이다.

　그런데 여기서 우리는 공론장의 요구와 소통하는 입법 행위를 통해 출현하는 의사소통 권력이 체계가 산출하는 부작용을 제어할 뿐, 결코 체계 질서 자체를 대체하지 않는다는 점을 기억해야 한다. 앞에서도 강조하였듯이 하버마스는 생활세계의 논리에 의해 체계 논리를 대체하는 것에 반대한다. 그뿐 아니라 그는 입법부를 중심으로 사회를 하나의 단일한 통일체로 파악하는 것에 대해서도 역시 반대한다. 분화된 현대 사회에서 더 이상 전체를 총괄하고 지배하는 중심은 존재하지 않는다는 것이다. 입법 행위를 중심으로 하는 정치가 그 기능에서 모든 사회적인 문제들에 대해 관여한다고 하더라도, 복잡한 기능 체계들의 분화를 통해 성립하는 현대 사회에서 더 이상 입법부나 정치가 전체를 지휘하는 중심으로 표상되어서는 안 된다.

　이러한 토의 민주주의는 이중적인 정치라고 할 수 있다. 이때 이중성이란 토의 공간의 이중성, 민주주의가 구현되는 장소의 이중성을 말한다. 공론장과 의회의 관계를 중심으로, 우리는 이 이중성을 이해할 수 있을 것이다. 공론장과 의회는 상이한 토의 공간이며, 동시에 민주주의가 구현되는 장소다. 물론 이 양자는 결코 무관한 것이 아니다. 토의 민주주의는 시민사회의 요구가 집약되어 입법 과정에 실질적인 영향력을 행사할 것을 요구하고 있기 때문이다.

　공론장(Öffentlichkeit)은 시민사회 내부에서 작동하는 의사소통의 망(네트워크)이라고 할 수 있다. 여기서 시민사회는 자본주의적 경제 체계나 국가 영역으로부터 자율성을 가지는 사회 공간을 의미한다. 시민사회 공론의 형태는 언론, 텔레비전의 공론, 문학적 공론, 정치적 공론, 학술적 공론 등 매우 다양하다. 다양한 형태로 존재하는 공론들은 생활세계의 문제와 훼손들에 대해 민감하고도 신속하게 반응한다. 그리고 이러한 문제 제기들은 자유로운 의사소통의 망 속에서 하나의 주제나 문제 제기로 집중되어 나가고, 이를 통해 사회적 이슈가 형성된다. 그러나 이러한 공론장은 그것이 무질서하며 또 외부적 조작에 쉽게 노출되어 있다는 단점 역시 가지고 있다.

이러한 공론장에서 진행되는 의사소통만으로 모든 문제가 해결될 수는 없다. 공론장이 다양한 문제를 제기하기는 하지만, 스스로 그러한 문제의 해결책을 확정할 수는 없기 때문이다. 분산된 공론장이 생활세계의 문제들을 예민하게 감지하고 그 요구를 입법부에 집약적으로 전달할 수는 있지만, 분산된 공론장의 요구가 입법의 최종적 정당화의 공간이 될 수는 없다. 그렇기 때문에 공론장은 그것을 보완하는 제도로서 국민 주권을 대변하는 입법부의 존재를 필요로 한다. 경제나 행정 체계에 직접적으로 영향을 미칠 수 있는 것은 의회의 적법한 절차에 따른 입법 활동이 행정 권력을 통해 구체적으로 실행됨으로써 비로소 가능해진다.

결국 하버마스가 말하는 토의 민주주의는 활성화되고 성숙된 시민사회의 공론과 제도화된 의회의 상호작용을 통해서 발전되는 민주주의를 지향한다. 민주주의가 선거 기간 중에 단 한 번만 주권을 행사하는 형식적인 민주주의로 전락하지 않기 위해서, 그리고 시민들의 생동하는 요구가 정치적 이슈가 되고, 또 시민들이 자발적으로 그러한 요구를 제기하기 위해서 토의 민주주의라는 개념이 제기되고 있는 것이다. 이렇게 민주주의가 활성화될 때 체계 논리에 의한 생활세계 식민화의 제어도 비로소 가능하게 될 것이다.

5 | 평가와 과제

생활세계 식민화 테제로 대표되는 하버마스의 시대 진단은 프랑크푸르트학파 1세대 비판 이론의 비관주의적 시대 진단이 가지는 한계들을 극복하고, 새로운 사회 운동의 등장을 이론적으로 해명할 수 있는 준거 틀을 제공하는 등 비판 이론 발전에 중요한 기여를 한 것으로 평가할 수 있다.

먼저, 하버마스는 사회 통합과 진화를 생활세계와 체계라는 두 차원에서 동시에 파악함으로써 근대화 과정을 도구적 질서의 전면화 과정으로만 파악하는 일면화된 시대 진단 방식을 극복할 수 있는 기초를 제공하였다. 근대적 합리화 과정을 도구적 질서의 전면화 과정으로만 규정하게 되는 경우, 우리는 생활세계의 합리화 과정을 올바로 포착할 수 없게 된다. 생활세계의 합리화 과정은 전통에 대한 성찰적 태도를 통해 자유의 영역을 확대할 여지를 제공하며, 특히 법치주의적 민주주의의 발전을 가능하게 하고 있다는 점에서 중요한 긍정적 의의를 갖는다고 할 수 있다. 이층위적 사회관은 근대화 과정의 복합적 측면을 균형 있게 해명할 수 있는 길을 제시함으로써『계몽의 변증법』으로 대표되는 비관주의적이고 일면적인 시대 진단 방식의 딜레마를 극복할 수 있는 가능성을 제시했다는 점에서 중요한 기여를 한 것으로 평가할 수 있을 것이다.

둘째, 생활세계 식민화 테제는 개입주의 국가의 출현과 복지국가의 등장으로 특징지을 수 있는 후기 자본주의 사회의 현실을 고려하면서 삶의 질을 둘러싸고 전개되는 새로운 사회 운동의 출현 과정과 그 실천적 의의를 해명하였다. 나아가서 그의 토의 민주주의론은 1989년 사회주의 몰락과 더불어 집중적인 관심의 대상이 되었던 시민사회론을 선구적으로 제시하고, 이에 기초하여 민주주의 심화를 모색하고 있다는 점에서 그의 정치적 대안 모색 작업 역시 중요한 의의를 갖는다고 평가할 수 있을 것이다. 삶의 질을 중심 이슈로 삼는 새로운 사회 운동의 출현을 생활세계의 저항으로 해석하고, 이를 토의 민주주의론의 중요한 계기로 수용함으로써 그는 민주주의 심화의 실천적 동력을 확보하는 데에도 중요한 기여를 한 것으로 평가할 수 있다.

이러한 기여들에도 불구하고 그의 시대 진단 방식은 생활세계 내부의 문제들을 간과하고 체계 내부 기제로 인해 발생하는 문제들을 무시하고 있다는 점에서 몇 가지 문제점들을 가지고 있다.

먼저, 생활세계 식민화 테제는 사회 갈등 일반을 체계 논리의 침식에서 발생하는 문제로 환원하고 있다는 점에서 문제가 된다. 사회 갈등 일반의 원인을 체계 논리, 돈과 권력의 효율성 논리의 침식으로만 진단하는 방식은 다양한 사회 영역에서 발생하는 고유한 갈등 구조들을 무시하는 결과를 초래하기 때문이다.

생활세계 식민화 테제가 체계 논리의 침식으로 인한 사회 갈등들, 예를 들어 교육 부문의 산업화, 행정 권력에 의한 사생활권의 침해 등의 문제를 명확하게 해명하고 있다는 점을 부정할 수는 없을 것이다. 그러나 이러한 진단만으로는 상이한 차원에서 발생하는 사회 갈등과 인정투쟁의 고유한 구조들을 해명할 수 없다. 예를 들어 동성애자의 인정투쟁, 이민자의 인정투쟁, 소수 문화 집단의 인정투쟁은 단지 효율성 논리의 침투에 대한 거부가 아니라, 생활세계 내부에 존재하는 배제와 무시에 대한 거부와 저항이라는 틀 속에서만 적합하게 접근되고 해명될 수 있다. 소수자 정체성의 인정을 둘러싼 갈등이 현재 전 세계적인 차원에서 정치적 동원의 핵심 요인이 되고 있는 상황을 고려할 때, 우리는 이러한 문제에 각별히 주의를 기울일 필요가 있을 것이다.

또한 체계 이론의 수용과 식민화 효과에 대한 생활세계의 저항이라는 수세적 구도는 체계 내부에서 발생하는 문제들을 방치하는 결과를 초래한다. 하버마스는 체계 이론이 제시하는 화폐를 매체로 한 자율적 시장 경제라는 개념을 수용함으로써 생활세계의 논리를 통한 체계 논리의 제한 혹은 개입에 대해 매우 제한적인 견해를 제출하고 있다. 물론 이러한 입장은 기능적으로 분화된 복잡 사회라는 조건에서 생활세계의 논리를 통한 체계의 지배는 과거 사회주의의 역사가 보여준 바와 같이 사회의 물질적 재생산의 효율성을 저하시키는 결과를 초래할 것이라는 우려를 담고 있다.

그럼에도 불구하고 그가 시장에 대한 개입 가능성을 과도하게 축소시키고 있기 때문에 그의 시대 진단은 체계가 발생시키는 문제들에 대한 분석과 접근에 장애를 초래하고 있다. 이러한 한계를 극복하기 위해서는 시장 경제 질서 구축과 제어에 관한 정치적 영향력 일반을 적절히 평가할 수 있는 대안적 이론 틀이 모색되어야

만 할 것이다. 특히 현재 신자유주의적 시장화가 복지국가의 위기
와 양극화 현상, 안정적 일자리의 감소 등 심각한 사회 문제들을 야
기하고 있다는 점을 고려할 때, 이러한 대안 모색은 실천적으로도
매우 중요한 의의를 갖는다고 할 수 있다. 하버마스의 생활세계 식
민화 테제가 도출된 것이 복지국가의 틀이 유지되던 1980년대 초
라는 점을 고려한다면, 국민국가 단위의 정책 결정권의 약화를 유
발하는 신자유주의적 세계화가 진행되고 있는 오늘날의 상황 속에
서도 이러한 시대 진단이 적절할 수 있는지 여부가 다시 한 번 검
토되어야만 할 것이다.

형식적 민주화 이후에 시민사회 운동의 급속한 진전 과정 속에
서 하버마스의 시대 진단 방식은 한국 사회의 현실을 해명하는 데
에도 중요한 영향을 미쳤다고 할 수 있다. 그러나 오늘 우리 사회는
새로운 사회적 소수자들의 출현과 세계화 과정으로 인한 양극화의
심화라는 새로운 도전에 직면하고 있다. 이러한 우리의 실천적 과
제들을 중심으로 하버마스의 시대 진단이 발전적으로 수용될 수
있을 때, 그의 시대 진단 테제는 우리의 현실 속에서도 새로운 생명
력을 발휘할 수 있을 것이다.

VII

AXEL HONNETH

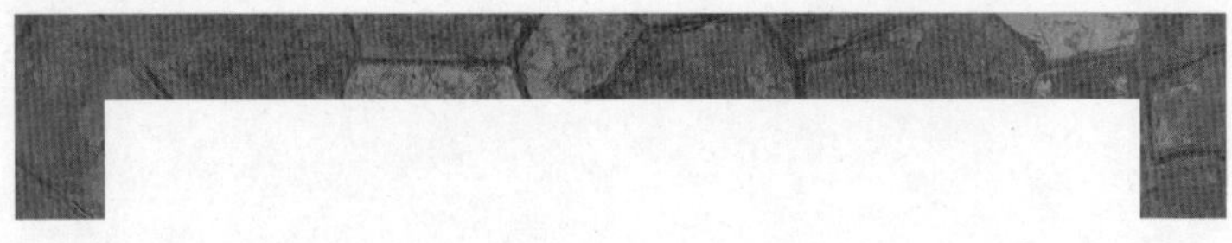

7 호네트
병리적 사회 극복을 위한 인정투쟁[1]

문성훈

악셀 호네트(Axel Honneth, 1949~, 독일 에센 출생)는 흔히 프랑크푸르트학
파 3세대 이론가로 지칭된다. 호르크하이머와 아도르노 등을 1세
대로 보고, 하버마스를 2세대로 본다면, 호네트에 이르러 프랑크푸
르트학파는 새로운 세대교체를 이루었기 때문이다. 하버마스는 아
도르노의 조교였고, 1964년에는 호르크하이머의 자리를 이어받아
프랑크푸르트 대학 철학과 교수가 되었다. 호네트는 바로 이러한
하버마스의 조교였고, 또한 그의 지도 아래 교수 자격 논문을 썼다.
그리고 1996년에는 하버마스로부터 프랑크푸르트 대학 철학과 교
수직을 물려받았고, 2001년부터 오늘에 이르기까지 프랑크푸르트
학파의 산실인 사회연구소 소장직을 맡고 있다. 1세대의 대표적 주
장이 '계몽의 변증법' 테제에, 그리고 2세대의 핵심적 이론이 '의사
소통 행위 이론'에 있다면, 이와 구별될 수 있는 호네트의 중심 개

228

념은 '인정' 개념에 있다. 왜냐하면 호네트는 이 개념에 근거하여 새로운 사회 비판 모델을 제시할 뿐 아니라 미래 사회에 대한 비전 역시 제시하고 있기 때문이다.

사실 인정이란 말은 '남을 인정하라', '남을 무시하지 말라'라는 일상적 표현처럼 우리가 '무시'라는 반대말과 함께 흔히 사용하는 단어다. 그리고 그만큼 이런 표현을 사용할 수 있는 다양한 맥락이 있다. 예를 들어 우리는 어떤 사람들과는 아무런 교류도 하지 않고, 이들을 공동체 자체에서 배제하려고 할 뿐 아니라, 심한 경우에 사람 취급도 하지 않을 때가 있다. 그리고 우리는 사람들이 어떤 부류의 사람들에 대해서는 비록 그 사람들과 교류하고 사회적 유대 관계를 형성하긴 하지만 이들을 업신여기고 자신보다 열등한 존재로 취급하거나, 이들이 어떤 주장을 하던 이를 곰곰이 따져보기는커녕 논의의 대상으로조차 삼지 않는 경우를 볼 수 있다. 과거에 지역 갈등이 심할 때 영남 사람은 호남 사람과 사회적 유대 관계를 맺지 않으려 했고, 단지 호남 사람이라는 이유로 이들을 사회적으로 배제하는 경우가 많았다. 그리고 1970~80년대 고도 성장기에는 노동자를 겉으로는 산업 역군으로 선전하지만, 일상생활에서는 이들을 '공돌이 공순이'로 지칭하며 무식하고, 천박하고, 부도덕한 사람 취급하거나, 아니면 우리 사회에 없어서는 안 될 생산 주체가 아니라 아예 단지 생산비 요소로만 취급하기도 했다. 또한 가부장적 전통에서 성장했던 세대들은 비록 여성과 교류하고 사회적 유대 관계를 형성한다 하더라도 여성을 남성보다 열등한 존재로 취급하면서 단지 여성이라는 이유로 이들을 사회적 차별의 대상으로 삼는다.

그뿐 아니라 학벌을 기준으로 사람의 됨됨이를 평가하고 서열화한다든지, 이성애와 동성애를 구분하면서 동성애자를 비정상인 취급한다든지, 내국인과 가난한 나라 출신 외국인을 구별하면서 이들을 업신여기는 일은 오늘날 너무나 비일비재하다.

흔히 이러한 현상에서 문제가 되는 것은 바로 개인이나 그가 속한 집단의 정체성이다. 즉 그 사람이 어떤 사람이냐에 따라, 그리고 어떤 집단에 속해 있느냐에 따라 사회적 배제나 사회적 차별의 대상이 될 뿐 아니라, 경우에 따라서는 인간 취급도 받지 못한다는 것이다. 분명 사람들이 타인에 대해 이런 태도를 취하는 것은 그 사람을 무시하고 그 사람 역시 자신과 동등한 존엄성과 가치를 지니고 있음을 인정하지 않기 때문이다. 그런데 이렇게 개인적 정체성을 둘러싼 인정과 무시 행위가 사회 비판의 대상이 되는 것은 그것이 해당 행위자들의 개인적 기준에 따라 발생하는 특수한 현상이 아니라 일종의 일반성을 띠고 있기 때문이다. 좀 더 자세히 말한다면 사회적으로 영향력을 발휘하는 특정한 인간상이 있고, 이에 맞는 사람들은 사회적 인정을 향유하며, 그렇지 못한 사람은 사회적 무시의 대상이 된다는 점에서 인정과 무시가 개인적이고 자의적인 기준이라기보다 흡사 객관적이고 필연적인 기준에 따라 이루어지는 것처럼 보인다는 것이다. 예를 들어 그 인간상이 합리성에 따른 것이라면 이는 합리적 인간과 비합리적 인간을, 그것이 경제성에 따른 것이라면 가치 있는 인간과 무가치한 인간을, 그리고 그것이 정상성에 따른 인간상이라면 이는 정상인과 비정상인을 구별하는 기준이 된다. 그리고 당연히 합리적이고, 가치 있고, 정상적인 인간으로 규정된 사람은 사회적 인정을 향유하고, 그렇지 못한 사람은 사회적 무시의 대상이 된다. 이런 점에서 우리는 비록 제도적으로 명시된 것은 아니지만 인정과 무시의 일반적 기준을 통해 사회 구성원들 사이의 일상적 관계에 모세혈관처럼 파고드는 일종의 사회적 질서가 존재함을 알 수 있다. 즉 어떤 사람과는 서로 교류하고 유대 관계를 맺으며 서로의 동등한 가치를 인정하게 하고, 어떤 사람과는 교류나 유대는 고사하고 이들을 사회에서 배제하거나 폄하하게 하는 '사회적 인정 질서'가 존재한다는 것이다.

호네트 이론의 핵심이 인정 개념에 있다는 것은 그가 바로 이러한 사회적 인정 질서 아래서 일어나는 인정과 무시 현상을 사회 비판의 대상으로 삼고 있기 때문이다. 사실 19세기에 마르크스가 자본주의 사회 자체를 역사 발전 법칙이란 관점에서 비판한 이래로 오늘날 사회 비판은 다양한 방식으로 이루어지고 있다. 한 사회의 경제적 분배 질서를 사회 정의의 관점에서 비판하거나, 정치적 의사 결정 구조를 민주주의의 관점에서, 그리고 문화적 가치 질서를 개성의 신장이라는 관점에서 비판한다. 이런 점에서 경제적 불평등, 정치적 독재, 문화적 억압 등은 항상 사회 비판의 핵심 개념을 이룬다. 그렇다면 호네트는 왜 다름 아닌 인정과 무시, 그리고 이를 일반화시킨 사회적 인정 질서를 문제 삼았을까? 그 이유는 분명하다. 호네트의 이론적 작업을 주도하는 관심은 단지 어떤 사회가 올바른 사회인가 하는 점이 아니라, 어떤 사회가 인간의 행복한 삶을 가능하게 하는가, 다시 말해서 인간에게 행복한 삶을 가능하게 하는 사회적 조건이 무엇인가 하는 점에 있기 때문이다. 호네트는 바로 사회적 인정을 성공적 자아실현의 필수적 조건으로 규정하면서, 이것이 보장될 때 행복한 삶이 가능하다고 본다. 그리고 이런 관점을 통해 억압된 사회를 병리적 사회로 비판할 뿐 아니라, 인정투쟁을 통한 사회적 인정의 확대를 사회 변혁의 규범적 목표로 설정한다. 이런 점에서 '병리적 사회 극복을 위한 인정투쟁'을 사회 비판과 관련된 호네트 이론의 핵심 테제라고 할 수 있다.

이러한 호네트의 테제를 이해하기 위해서는 무엇보다도 왜 사회적 인정이 성공적 자아실현의 필수적 조건인지가 해명되어야 한다. 그렇지 않고서는 왜 사회적 인정의 제한이 비판되어야 하며, 더구나 그러한 사회가 왜 병리적 사회로 규정되는지 알 수 없기 때문이다. 그리고 이에 대한 해명이 전제된다면 당연히 우리는 호네트가 왜 사회적 인정의 제한이 아니라, 그것의 확장을 사회 변혁의 목표로 설정하고 있는지도 이해할 수 있을 것이다. 그러나 호네트의 테제를 이해하기 위해서는 무엇보다도 사회적 관계 내지 사회라는 것에 대한 기초적 이해가 전제되어야 한다. 너무 당연한 이야기이지만, 사회 비판은 그것이 어떤 것이든 일반적 사회 현상을 대상으로 한다는 점에서 홀로 사는 단독자로서의 인간이 아니라, 타인과 함께 공동생활을 하는 사회적 존재로서의 인간을 전제한다. 이런 점에서 우리가 현재 사회를 비판하기 위해서는 근원적으로 어떻게 사회가 형성된 것인지 이해할 필요가 있다. 만약 이에 대한 어느 정도의 이해를 전제한다면 우리는 사회가 어떤 형태를 띠어야 하는지에 대해서도 비록 아주 기초적 차원이지만 그 대답을 제시할 수 있으며, 그것이 왜 사회적 인정과 관련이 있는지 역시 알 수 있기 때문이다.

이런 점에서 이 글에서는 첫째로 사회에 대한 기초적 이해를 얻기 위해 사회 형성에 대한 몇 가지 가설을 살펴볼 것이다. 이는 이후 논의의 전제가 될 뿐 아니라 사회적 인정의 의미를 가늠하게 하는 이론적 토대가 될 것이다(1). 둘째, 호네트 테제의 핵심인 사회적 인정과 자아실현 사이의 관계를 논의하면서 왜 호네트가 사회적 인정을 사회 비판의 핵심 축으로 삼았는가를 해명할 것이다(2). 끝으로, 호네트의 테제에 대한 개념적 설명을 넘어서 오늘날 문제가 되는 사회적 인정이 무엇인가를 구체적으로 밝히기 위해 간략하나마 최근 일어난 사회 변동 과정을 지적할 것이다. 이러한 지적이 중요한 것은 이를 통해 오늘날 우리가 추구해야 할 미래 사회에 대한 비전을 제시할 수 있기 때문이다(3).

1 | 사회에 대한 세 가지 이해—홉스, 루소, 헤겔

만인에 대한 만인의 투쟁

홉스의 유명한 주장인 '만인에 대한 만인의 투쟁'은 사회 형성에 대한 최초의 체계적 설명으로 이해할 수 있다. 왜냐하면 비록 절대 주권 국가의 필요성을 연역해내려고 한 것이지만, 그는 사회철학이라는 단어를 처음 사용하면서 사회 질서 형성의 원인과 그 정당성 문제를 핵심 주제로 삼기 시작했기 때문이다. 이미 널리 알려져 있듯이 홉스는 비록 가상적이지만 인간관계에 존재하는 모든 인위적 요소를 제거함으로써 사회로부터 완전히 추상된 가장 근원적인 상태의 인간의 삶, 즉 아무런 가공도 없이 자연 상태에서 존재하는 인간의 삶의 모습을 논리적으로 도출한다.[2] 이에 따르면 자연 상태의 인간은 오직 자기 보존이라는 본능적 욕구를 충족하려는 이기적 존재로 살아간다. 따라서 인간은 자신의 생명을 보호하기 위해서는 어떠한 일도 할 수 있으며, 타인에 대해 파괴적이고 공격적일 뿐 아니라 타인의 생명을 빼앗을 정도로 반사회적이다. 즉 인간은 자신의 생명을 위협하는 모든 힘이 사라질 때까지 가능한 모든 사람을 정복하려 하고, 또한 타인의 위협이 없다고 해도 장차 일어날 수 있는 위협에 대비하기 위해 타인을 공격하고 힘을 강화한다. 이런 점에서 모든 인간은 서로 적대적 관계에 빠지게 되며, 이른바 만인에 대한 만인의 투쟁 상태로 나아가게 된다. 그러나 문제는 바로 이러한 투쟁 상태가 어느 누구에게도 유리하지 않다는 점이다. 즉 아무리 힘이 강한 사람이라 하더라도 불시에 일어나는 약자들의 공격을 모두 막아낼 수는 없다. 그리고 설령 일시적으로 타인을 정복했다 하더라도 영원히 그의 저항을 막아낼 수 있는 것은 아니다. 따라서 강자든 약자든 타인에 대해 두려움을 가질 수밖에 없다. 이런 점에서 자연 상태를 종식시키고 비로소 사회 질서가 요구되는 것은 영원한 투쟁 상태를 넘어서 인간 상호 간의 평화를 이루기 위함이며, 그 방법은 인간 각자가 자신의 이기적 욕구를 일정 정도 억제하고 만인을 지배하는 공통의 힘에 복종함으로써 공동생활의 질서를 형성하는 데 있다.

　이러한 홉스의 가설은 일견 설득력을 가질 수 있다. 우리가 공동 생활의 질서가 없는 상태, 즉 무질서라는 혼란 상태에서 일어나는 이기적 갈등과 대립을 떠올려본다면 말이다. 그러나 갈등과 대립 상황을 무질서로 규정하면서 이를 질서와 대립시키는 것이 아니라, 자연 상태를 갈등과 대립으로 묘사하면서 이를 사회 상태와 대립시키는 것은 납득하기 어렵다. 왜냐하면 갈등과 대립이란 혼자 사는 단독자로서의 인간에게 일어나는 일이 아니라, 타인과 공존하면서 서로 상호작용하는 사회적 존재들 사이에나 가능한 것이기 때문이다. 다시 말해서 아무리 초보적 수준이라 하더라도 이미 사회 상태가 시작되지 않는 한 인간 상호 간의 갈등도, 대립도, 더 나아가 투쟁도 없다는 것이다. 따라서 무질서와 질서 역시 사회가 처할 수 있는 여러 상태 중의 하나일 뿐, 이것 자체를 통해 자연 상태와 사회 상태를 구별할 수 있는 것은 아니다. 이렇게 시각을 달리한다면 자연 상태와 사회 상태에 대한 전혀 다른 이해가 가능하다. 예를 들어 홉스가 활동하던 17세기 중엽 이후에 근 1세기가 지나 등장한 루소 역시 인간의 삶을 그 기원에서부터, 즉 인간 종이 자연에서 갓 출현한 최초의 상태에서부터 고찰하려고 했다. 그러나 루소는 홉스와는 전혀 다른 방식으로 자연 상태와 사회 상태를 구별한다.[3]

우월성 투쟁

그에 따르면 아득한 태고 시대의 대지는 엄청난 숲으로 덮여 있고, 누가 돌보지 않아도 스스로 번성한다. 인간은 여기서 먹을 것을 얻고 잠자리를 얻는다. 즉 자연 상태의 인간은 홀로 숲을 헤매고 다니다 과실이나 열매를 따먹고, 시냇물로 갈증을 풀고, 거대한 나무 밑에서 단잠을 잔다. 사실· 이렇게 대지에서 고독하게 살아가는 인간의 모습은 그저 자연스럽게 등장하는 자신의 본능적 욕구만을 따르는 삶이다. 홉스식으로 말한다면 인간은 생존 욕구, 즉 자기 보존 본능만을 충족하기 위해 산다. 그리고 이 자기 보존 본능은 자신의 생명뿐 아니라 자신의 종을 보존하려는 생식 본능으로까지 확장된 것이다. 그렇지 않다면 인간은 태어날 수 없었을 테니까 말이다. 그러나 이것이 본능인 한, 생식 역시 다른 동물들과 마찬가지로 단순한 욕구 충족의 방식으로 이루어졌고, 따라서 남녀가 서로 만났다 해도 욕구 충족 이후에는 서로 남남처럼 헤어진다. 그리고 어머니가 자식을 낳고 기른다 해도 자식이 성장하고 어머니의 모성 본능이 약화되면 이들 역시 서로를 떠난다. 물론 비록 우연이지만 자연 상태의 인간이 숲 속을 헤매다 자신과 같은 종의 인간을 만날 수 있다. 그뿐 아니라 자신이 먹으려 하는 열매를 다른 인간도 먹으려 할 수 있다. 그러나 홉스가 생각한 것처럼 이들 사이의 갈등이 만인에 대한 만인의 투쟁 상태로까지 나아가지는 않는다. 왜냐하면 죽음을 무릅쓰고서라도 상대방과 끝까지 싸우는 것이 어려운 일인지, 아니면 다른 곳에 가서 먹잇감을 구하면서 자신의 생존을 유지하는 것이 어려운 일인지는 너무나 분명하기 때문이다. 따라서 몇 차례의 몸싸움이 일어나고 곧 한 사람이 다른 곳에서 먹잇감을 찾으러 떠난다. 그리고 이로써 갈등은 마무리된다. 이런 점에서 홉스가 생각하는 것과는 달리, 자연 상태에서 인간은 비록 고독하지만 바로 그 때문에 평화롭게 산다.

그러나 숲 속을 떠돌며 고독한 삶을 누리던 인간들이 공간적으로 가까워지고, 더 나아가 함께 모여 살기 시작하면서부터 평화의 상태는 종말을 고한다. 물론 인간이 공동생활을 하게 된 이유는 여러 가지로 볼 수 있다. 점차 인구가 늘어나고 지진, 홍수, 가뭄, 기후 변화, 지각 변동 등 자연이 격변하면서 인간이 살 수 있는 공간이 제한되고 홀로 사는 인간 사이의 우연한 접촉이 빈번해진 것도 그 이유일 수 있다. 그러나 핵심적인 이유는 인간의 인지적이고 도구적 능력의 발달이다. 즉 인간은 인지 능력이 발달하면서 점차 동물과 같은 생활에서 벗어나 자연과의 관계에서 일어나는 여러 가지 장애에 주목하게 되고, 또한 자신의 생존을 유지하기 위해 다양한 방법을 강구하기 시작한다. 추위를 피하기 위해 오두막을 만들고, 동물 가죽으로 몸을 감싸고, 고기를 잘 잡기 위해 그물과 낚시를 만들고, 몽둥이나 돌도끼로 무장한 훌륭한 사냥꾼이 된다. 그리고 이로운 동물과 해로운 동물을 구분하고, 먹을 수 있는 열매와 그렇지 못한 것을 구분할 뿐 아니라, 이제 숲 속에서 우연히 마주친 사람이 자신과 같은 종이며 동일한 어려움을 겪고 있는 존재임을 알게 된다. 바로 이러한 공통점의 발견은 곧 공동생활로 나아갈 수 있는 결정적인 토대가 된다. 왜냐하면 인간은 이제 자유로운 협력 관계를 형성하면서 서로에게 공통된 문제를 더욱더 효과적으로 해결할 수 있을 뿐 아니라, 더 나아가 이전에는 엄두도 내지 못했던 일을 감행할 수 있게 되기 때문이다.

이제 공동생활이라는 새로운 상태, 즉 극히 초보적인 형태의 사회 상태는 인간의 삶을 근본적으로 바꾸게 된다. 그러나 그것이 인간을 이전보다 더 행복하게 만들었다는 것은 아니다. 오히려 인간의 삶이 사회 상태로 이전되면서 인간 상호 간에는 과거엔 전혀 생각지도 못했던 대립과 갈등이 발생하기 때문이다. 물론 인간은 공동생활을 통해 자기 보존 욕구가 더 잘 충족됨을 경험하면서 일종의 삶의 편리함을 느끼고, 다른 사람과 여가를 함께 즐길 수 있는 여유 또한 갖게 된다. 그러나 역설적이게도 이것이 바로 불행의 씨앗이다. 일단 편리함을 느낀 인간은 더욱더 큰 편리함을 욕구하게 되었고, 따라서 좋고 나쁨의 관점에서 사물들을 비교하고 평가하게 된다. 그리고 이러한 비교와 평가는 곧 사람들에게로도 향하게 되면서, 이제 인간은 자신과 타인을 비교하게 된다. 결국 인간은 자연 상태에서는 존재하지 않았던 전혀 새로운 욕구를 갖게 된다. 즉 자신과 타인을 비교하면서 자신이 타인보다 우월하길 원하고, 또 타인으로부터 자신의 우월성을 확인받으려 한다는 것이다.

사실 자연 상태에서 인간은 자연스럽게 등장하는 본능적 욕구에 따라 살았기 때문에 그들은 자신만을 생각하고 자신의 내적 욕구에만 몰두했다. 그러나 공동생활이 시작되고 우월성에 대한 욕구를 갖게 되자, 인간은 항상 타인의 시각에 주목하면서 그가 자신을 어떻게 평가하는지에 몰두한다. 이 두 가지 생활 태도의 근본적 차이를 말한다면, 이는 본능적 욕구와 우월성 욕구 사이의 구조적 차이에 기인한다. 즉 본능적 욕구는 직접적 확실성 속에서 개인이 체험하는 욕구이고, 우월성 욕구는 일종의 자기의식이 매개된 욕구라는 것이다. 우선 본능적 욕구는 인간이 내적 확실성 아래서 체험하기 때문에 이에 따라 사는 자연 상태의 인간은 자신이 무엇을 원하

238

는지를 놓고 고민할 필요도, 이 욕구의 주체가 바로 자신이라는 의식도 필요하지 않다. 그는 고독하게 살고 있기 때문에 자신을 구별해내야 할 타인도 알지 못하고, 이미 본능적 욕구와 직접적으로 동일화된 삶을 살고 있기 때문에 욕구에 대한 체험이 자기의식을 대신한다. 이에 반해 우월성 욕구란 이를 욕구하는 당사자가 자기의식을 갖고 있지 않는 한, 그리고 타인이 존재하지 않는 한 상상할 수 없는 것이다. 왜냐하면 우월성 욕구는 타인과 구별되는 자신의 우월성을 의식하고 이를 타인으로부터 확인받기 위한 욕구에 다름 아니기 때문이다.

이렇게 본능적 욕구와 우월성 욕구를 구별한다면, 이에 따른 인간의 삶 역시 다르게 규정된다. 홉스가 생각하듯이 본능적 욕구에 따른 삶은 이를 충족시키면서 자신의 신체적 생존을 유지하는 삶이다. 이에 반해 우월성 욕구에 따른 삶은 자신의 신체적 생존이 아니라, 자기의식 속에 반영된 자기 자신의 생존을 유지하는 삶이다. 다시 말해서 타인과의 관계에서 형성된 자기의식을 타인에게 확인받고 관철시키는 것이 이제 자기 보존의 의미를 갖게 된다는 것이다. 이런 점에서 우월성 욕구는 철저히 사회적인 것이며, 자기 자신을 어떤 존재라고 생각하는 의식이 타인으로부터 부정당할 때 이는 자신의 존재 자체에 대한 부정으로 이해된다. 이 때문에 루소가 생각하듯이 인간은 자신의 우월성을 확인받기 위해 점점 더 그 징표로서 부와 권력에 눈을 뜨고, 또한 더 많은 부와 권력을 통해 타인에게 자신의 우월성을 인정할 것을 강요하고 투쟁하게 된다. 그렇다면 그 결과는 끊임없는 불평등 상태의 확장일 수밖에 없다. 왜냐하면 승자는 부와 권력을 통해 더욱더 우월해지고, 패자는 빈곤과 예속의 굴레에 빠지기 때문이다.

분명 이러한 루소의 가설은 홉스의 그것과는 정반대다. 루소에게 자연 상태가 평화 상태라면 홉스에게는 만인에 대한 만인의 투쟁 상태이고, 홉스에게 사회 상태가 평화와 질서의 상태라면 루소에게는 우월성을 둘러싼 영원한 투쟁과 그에 따른 불평등 상태일 수밖에 없기 때문이다. 그러나 우리가 사회에 대한 기초적 이해를 얻기 위해 홉스와 루소의 가설을 대립시키고 이 중 하나를 선택해야 하는 것은 아니다. 왜냐하면 각각의 문제점을 극복하면서도 양자 간의 화해를 모색하는 것이 불가능한 일은 아니기 때문이다. 홉스와 루소는 자연 상태에서 인간의 삶을 지배하는 것을 자기 보존이라는 본능적 욕구라고 본다는 데서 일치한다. 그러나 홉스의 문제점은 이를 만인에 대한 만인의 투쟁 상태로 이해하는 데 있다. 왜냐하면 루소가 지적하듯이 본능적 욕구에 따라 사는 것은 타인과 아무런 관계없이 고독한 삶을 사는 태고 시대의 인간에게나 가능한 일이기 때문이다. 따라서 투쟁은 자연 상태의 인간의 삶을 이해할 수 있는 적절한 개념이 아니다. 반대로 투쟁이 일어난다는 것은 타인과의 관계를 이미 전제한 것이며, 따라서 루소가 지적하듯이 그것은 타인의 시각을 의식하면서 사는 사회 상태의 삶에서나 가능한 일이다.

사실 홉스가 비록 자연 상태라는 말을 사용하면서 이를 만인에 대한 만인의 투쟁 상태로 규정하지만, 이는 엄밀한 의미에서 모든 사회적 관계가 배제된 자연 상태라기보다도 단지 법적 강제력이 존재하지 않는 무법적 상태를 말하는 것에 불과하다. 왜냐하면 그는 모든 사람이 복종할 수밖에 없는 공통의 힘이 존재하지 않은 상황에서 일어나는 만인에 대한 만인의 투쟁을 자기 보존을 위한 투쟁으로 보지만, 아이러니하게도 그 원인을 인간의 경쟁심, 불신감, 허황된 명예욕에서 찾고 있기 때문이다. 분명 이러한 욕구란 루소가 생각하는 태고 시대의 인간의 고독한 삶이 아니라, 인간 사이의 공동생활을 전제하지 않는 한 상상할 수 없는 것이다. 더구나 경쟁심이나 명예욕을 염두에 둔다면, 그는 사회적 투쟁의 원인을 설명하는 데 있어서 우월성 욕구를 지적한 루소와 유사성마저 보이고 있는 셈이다.

하지만 그렇다고 해서 우리가 루소의 관점만을 전적으로 수용할 수 있는 것은 아니다. 물론 루소가 사회적 삶을 영위하는 인간이 자연 상태의 본능적 욕구가 아니라 타인과의 교류 속에서 형성된 자기의식적 욕구에 몰두한다고 지적한 점은 옳다. 왜냐하면 이런 점을 받아들이지 않는다면 우리는 인간의 삶과 동물의 삶을 도대체 구별할 수 없기 때문이다. 그러나 루소의 문제점은 바로 이러한 자기의식적 욕구를 우월성에 대한 욕구로 축소시키는 데 있다. 물론 이를 전제한다면 우리는 사회적 갈등과 불평등의 원인을 설명할 수 있다. 그러나 이를 절대화한다면 우리는 사회적 갈등과 불평등을 극복할 수 있는 대안적 상태를 설정할 수 없다. 하지만 홉스가 지적하듯이 만인에 대한 만인의 투쟁이 일정한 질서를 형성하면서 평화의 상태로 이행한다면, 우월성을 위한 투쟁과 이로 인한 불평등 역시 불변적 상태가 아니라 새로운 사회적 질서를 통해 극복 가능한 것으로 볼 수 있다. 물론 문제는 그것이 과연 어떤 질서이며, 이런 질서 아래서 인간의 삶은 무엇에 의해 추동될 것인가 하는 점이다. 그것이 본능적 욕구도, 우월성 욕구도 아니라면 말이다.

인정투쟁

청년 헤겔은 홉스와 루소를 넘어서 사회 상태를 새롭게 이해할 수 있는 통찰을 제시한다.[4] 그는 한편으로 인간의 욕구를 신체적 생존이라는 본능적 차원이 아니라 자기의식을 매개로 한 반성적 차원에서 이해하지만, 루소와는 달리 이를 우월성 욕구로 환원하지 않는다. 그리고 그는 다른 한편 욕구 충족을 둘러싼 사회적 갈등을 전제하지만 이를 단지 불평등의 원인으로만 보는 것이 아니라, 사회 발전의 내적 동인으로 본다. 그에 따르면 인간 사이의 갈등과 투쟁이 일어나는 이유는 이기적 자기 보존 욕구 때문도, 우월성 욕구 때문도 아니고, 여기에 선행하는 상호 인정 관계가 훼손되었기 때문이다.

예를 들어 어떤 사람이 자신의 오두막 근처의 땅에 울타리를 치고 이를 자신만이 이용하려고 한다고 하자. 과연 어떤 일이 벌어질까? 그것은 갈등이다. 즉 그 토지를 지나다니던 사람들, 그 땅의 시냇물을 이용하던 사람들, 그 땅의 나무열매를 따먹던 사람들과의 갈등이 불가피하다는 것이다. 홉스의 입장에 따른다면 아마도 이제 사람들은 이 토지를 이용하면서 자신의 생존 본능을 충족할 수 없게 될 것이다. 따라서 투쟁이 발생한다면 그것은 장차 자신의 이익과 생존을 위해 이 토지를 빼앗기 위함이다. 그러나 이와는 달리,

루소의 입장에서 생각한다면 이제 사람들은 이 토지를 더 이상 이용하지 못하고, 더구나 이 토지를 남의 소유로 만들어줌으로써 자신의 위신에 치명적인 해를 입게 된다. 왜냐하면 이 토지를 소유한 자는 더 많은 부를 통해 자신의 우월성을 과시할 것이고, 이를 수용하는 자신은 열등한 위치로 전락할 수밖에 없기 때문이다. 따라서 투쟁이 일어난다. 그리고 자신의 위신과 우월성을 확인하기 위해 그 토지를 자신의 땅으로 만들어야 한다.

하지만 헤겔의 사고는 다르다. 한 개인의 독점적 토지 소유가 투쟁을 야기한다면 그것은 이전에 형성되었던 상호 인정 관계가 훼손되었기 때문이라는 것이다. 분명 투쟁이 발생한다는 것은 이전에 이미 타인과의 관계가 존재했기 때문이다. 다시 말해서 아무도 없는 곳에서는 아무리 광활한 땅에 울타리를 친다 해도 갈등은 일어나지 않는다. 갈등할 상대가 없기 때문이다. 그리고 사실 아무도 없는 곳에서는 울타리를 칠 필요도 없다. 헤겔이 주목하는 것은 땅에 울타리를 치기 이전에 존재했던, 즉 갈등과 투쟁 이전에 존재했던 타인과의 공존 관계이다. 그에 따르면 사람들 사이의 공존이 가능하기 위해서는 어떤 식으로든 각각의 개인은 서로의 존재를 긍정해야 하며, 울타리를 치기 이전에 그 땅에 대한 이용 역시 의식적으로는 아닐지라도 암묵적으로 서로 인정하고 있어야 한다. 더구나 이미 사람들은 습관적으로 오두막 인근의 토지를 자유롭게 지나다니며 나무열매를 따먹고 시냇물로 목을 축이면서 이러한 상호 인정을 아무런 의식적 반성이 필요하지 않을 만큼 당연한 것으로 체험했다고 할 수 있다.

이런 점에서 어떤 한 사람이 일방적으로 일정한 토지를 독점하려고 한다면 그것은 이미 이전에 형성되었던 상호 인정 관계에 대한 자연적 확신을 파괴하는 것이다. 즉 상대방의 존재를 무시하고, 그 사람이 토지를 이용할 수 있는 존재임을 부정하는 것이다. 따라서 이 독점적 토지 소유로 인해 투쟁이 일어난다면 그 원인은 장차 자신의 생존이 위태롭게 될 것이라는 두려움도, 자신의 우월성이 손상당했다는 불쾌감도 아니다. 투쟁이 일어난다면 그것은 자신의 존재가 무시당하고 상대방에 대한 믿음과 기대가 부정당한 사람이 갖는 억울함과 분노 때문이다. 더구나 그것은 지금까지 당연한 것으로 여겼던 것과는 반대로, 뭔가 잘못된 일이 일어났다는 도덕적 분노다.

이러한 헤겔의 통찰은 비록 홉스와 루소의 생각을 넘어선 것이지만, 이 둘을 부정하는 것은 아니다. 왜냐하면 헤겔의 통찰은 홉스와 루소의 생각을 포섭할 수 있을 정도로 탄력적이기 때문이다. 자신의 오두막 인근의 땅에 울타리를 친 사람은 아마도 이곳을 자신만이 이용함으로써 더욱 효과적으로 생존 수단을 확보하려는 의도를 가졌을 것이다. 이런 점에서 그는 홉스가 지적하듯이 자신의 본능적 욕구에만 몰두한 사람이다. 따라서 그는 다른 사람들이 자신에 대해 어떻게 생각하는지, 그리고 자신은 스스로를 누구라고 생각하는지에 대해서도 아무런 의식도 갖고 있지 않았을 것이다. 하지만 타인의 투쟁에 직면하면서 그는 비로소 자기중심적 관점에서 벗어나게 된다. 왜냐하면 이제 그는 자신의 행동이 타인에게 어떤 의미를 갖는지를 이해하게 될 뿐 아니라, 이에 맞서 있는 자신의 행동과 이를 수행하는 자기 자신에 대한 자각, 즉 자기의식에 도달하기 때문이다.

예를 들어 이 사람은 타인의 저항에 직면하면서 자신이 울타리를 친 행위를 단지 자신만의 생존 수단을 확보하려는 행위가 아니라, 타인에 대해 배타적 토지 소유를 주장하는 행위로 이해하게 되며, 이에 상응하여 토지 소유권자로서의 자기 자신에 대한 의식을 갖게 된다는 것이다. 그리고 사실 자기의식에 도달하게 되는 것은 상대방도 마찬가지다. 왜냐하면 한 사람의 토지 독점을 통해 이제 이 땅에 접근이 차단된 사람은 과거에 비록 암묵적이나마 서로의 공존을 가능하게 했던 상호 인정 관계가 훼손됨을 경험하면서 이제 반성적 차원에서 이 인정 관계가 함축하고 있던 자기 자신에 대한 의식에 도달하기 때문이다. 즉 과거에 자신이 상대방에게 어떤 존재로 인정되기를 기대했고, 또 인정되었는가를 이제야 비로소 의식하게 된다는 것이다.

예를 들어 그것은 아마도 토지의 배타적 소유가 아니라 토지를 지나다니며 열매나 시냇물을 먹을 수 있는 동등한 권리의 담지자로서의 자기 자신일 것이다. 이 둘 사이에 투쟁이 불가피하다면 그 이유는, 한 사람은 과거의 상호 인정 관계가 함축하고 있던 자기의식이 부정당했다고 경험함으로써 이를 다시 회복하려고 하고, 다른 사람은 과거에 형성되었던 상호 인정 관계에서는 자신의 새로운 자기의식이 수용될 수 없다고 체험하기 때문이다. 따라서 한 사람이 토지를 독점함으로써 생기는 인간 사이의 투쟁은 비록 그것이 자기중심적 생존 욕구에서 비롯되었다는 점에서 홉스의 투쟁 모델을 따르고 있지만, 그것은 이미 타인과의 관계 속에서 형성된 자기의식에 대한 인정 욕구로 발전하고 있다는 점에서 루소의 투쟁 모델로 이행하고 있다. 그러나 여기서 중요한 것은 이러한 인정 욕구가 우월성에 대한 욕구는 아니라는 것이다. 왜냐하면 이 인정 욕구는 사물들을 비교하면서 더 좋은 것을 원하듯이 자신과 타인을 비교하면서 더 우월한 존재가 되고자 하는 욕구가 아니라, 한편에서는 이제 자각된 과거의 상호 인정 관계로 돌아가자는 욕구이고, 다른 한편에서는 이제 자각된 새로운 자기의식을 인정받기 위한 것이기 때문이다.

그렇다면 과연 이러한 인정투쟁은 어떻게 종식될 수 있을까? 분명히 그것은 과거의 상호 인정 관계로 돌아가는 것이거나 혹은 한 사람의 독점적 토지 소유를 허용하는 것일 수는 없다. 왜냐하면 과거로 돌아가는 것은 토지를 독점하려는 사람의 자기의식을 부정하는 것이며, 독점적 토지 소유를 허용한다는 것은 그 토지를 여전히 이용하려는 사람의 자기의식을 부정하는 것이기 때문이다. 더구나 이 자기의식의 부정이 바로 자신의 존재 자체에 대한 부정과 동일시되는 한 삶과 죽음을 건 극한적인 투쟁 역시 불가피하다. 청년 헤겔은 궁극적으로 이러한 투쟁이 바로 새로운 인정 관계를 형성함으로써 해결된다고 본다. 물론 그것은 과거의 인정 관계를 보존하면서도 새로운 인정 요구를 수용하는 관계라는 의미에서 더 발전된, 혹은 더 고도화된 상호 인정 관계이다.

예를 들어 그것은 토지를 반분함으로써 각자가 서로를 해당 토지의 동등한 소유권자로 인정하는 것일 수도 있고, 다른 토지에 대해 상대방의 소유권을 인정하는 것일 수도 있다. 왜냐하면 이것이 가능하다면 투쟁의 당사자들은 과거처럼 서로의 존재를 인정하며 공존 관계를 유지하면서도 이제 서로를 동등한 토지 소유권자로 인정하는 새로운 관계를 맺게 되기 때문이다. 그러나 새로운 인정 관계를 통해 투쟁이 해결될 수 있다는 것이 루소가 지적하는 불평등 관계를 배제하는 것은 아니다. 왜냐하면 독점적 토지 소유를 요구하는 사람이 투쟁을 통해 일방적 승리를 얻을 수 있기 때문이다. 이렇게 되면 한 사람은 토지를 얻고 다른 사람은 토지를 잃게 되는 불평등 관계가 형성된다. 다시 말해서 한 사람은 토지 소유자로 인정되지만 다른 사람은 그런 지위를 갖지 못하는 위계적 인정 관계가 형성된다는 것이다.

그러나 사실 이런 관계는 갈등이 해결된 것이라기보다도 오히려 잠복된 것이며, 따라서 머지않아 투쟁이 재발할 수 있는 관계로 보아야 한다. 왜냐하면 토지 소유에서 배제된 사람은 이 상태에서 여전히 자기의식이 부정되고 있음을 경험하기 때문이다. 더구나 독점적 토지 소유자로 인정받는 데 성공한 사람 역시 그 지위가 안정된 것은 아니다. 왜냐하면 이 사람의 지위는 역설적으로 자기의식이 부정된 상대방의 인정에 전적으로 의존하고 있기 때문이다. 즉 승리자가 패배자를 지배하는 것이 아니라 반대로 그에게 의존하고 있다는 것이다.

이러한 청년 헤겔의 입장은 사회에 대한 가장 기초적인 이해를 가능하게 한다. 그것은 다름 아니라 사회는 근원적으로 상호 인정을 통한 공존 관계에 기초하고 있으며, 제반 사회적 관계는 이 공존 관계가 점차 고도화되면서 형성된 것이라는 점이다. 즉 그것이 친밀성 관계이든, 경제적 관계이든, 정치적 관계이든, 아니면 문화적 공동체 형성 관계이든 이러한 관계는 그 구성원들이 서로의 존재를 인정함으로써 공존할 수 있을 때 형성되며, 다만 이러한 상이한 사회적 관계는 단지 서로의 존재를 인정하는 것이 아니라 서로를 어떤 존재로 인정하느냐에 따라 차이를 보일 뿐이다. 따라서 사회가 고도화된다는 것은 개인의 자기의식의 발전에 따라 서로의 존재에 대한 인정이 점차 추상성에서 벗어나 구체화되고 분화된다는 것을 의미한다.

이런 점에서 사회적 관계는 홉스가 생각하듯이 그 근원에서 인간이 자신의 욕구를 억압하면서 공통의 힘에 복종함으로써 형성되는 것도 아니며, 루소가 생각하듯이 단지 우월성 욕구를 관철시킴으로써 형성된 불평등 관계로 축소되는 것도 아니다. 왜냐하면 인간의 욕구란 이제 자기의식적 욕구이며, 그것은 이미 존재하는 것이 아니라 타인과의 관계에서 비로소 형성되고 발전하는 것이기 때문이다. 더구나 갈등과 투쟁 역시 단지 신체적 생존을 보장하기 위한 것도, 자신의 우월성을 확인받기 위한 것도 아니다. 왜냐하면 투쟁은 자기의식을 인정받기 위한 것이며, 이를 통해 더욱 발전된 상호 인정 관계를 형성할 수 있는 매개체가 되기 때문이다.

2 | 사회적 인정과 병리적 사회 비판

이렇게 사회를 가장 근원적인 차원에서 상호 인정을 통한 공존 관계로 이해한다면, 우리는 사회가 어떤 형태를 띠어야 하는지에 대해서도 비록 추상적이나마 그 대답을 얻을 수 있다. 즉 사회는 점차 고도화하는 개인의 자기의식을 수용할 수 있는 사회적 인정 관계를 형성함으로써 개인 간의 갈등을 방지하고, 서로 다른 개인이 동등한 존재로 공존할 수 있게 해야 한다는 것이다. 더구나 개인의 자아실현을 자기의식 속에 존재하는 자아상이 자신의 현실적 모습이 되는 것으로 이해한다면, 사회적 인정이란 자아실현의 필수적 조건이라고 할 수 있다. 왜냐하면 개인의 자기의식 자체가 타인과의 관계에서 형성된 것이며, 이 때문에 타인의 긍정이 없는 한 그것은 아무런 사회적 의미를 획득할 수 없기 때문이다. 즉 앞서 지적한 예를 사용한다면, 토지의 소유자라는 자기의식은 자신의 배타적 토지 소유 행위에 대한 상대방의 저항을 통해 자각된 자기의식이지만, 거꾸로 상대방의 인정이 없는 한 해당 개인은 토지 소유자로서의 사회적 지위를 향유할 수 없다는 것이다.

호네트가 개인의 성공적 자아실현의 조건을 사회적 인정으로 규정한 것은 바로 그가 이러한 청년 헤겔의 통찰을 받아들였기 때문이다. 그러나 호네트가 이 두 개념 사이의 관계를 해명함에 있어서 단지 개인 사이의 갈등에 대한 가상적 추론에 그치는 것은 아니다. 사실 헤겔의 추론은 갈등이 새로운 자기 이해를 낳고 이것이 인정 투쟁으로 이행한다는 개인 간의 상호작용 과정에 치중하고 있다는 점에서 투쟁 당사자들 각자가 내적으로 수행하는 자기의식의 형성 과정은 암흑 상자에 갇혀 있다. 그리고 청년 헤겔의 통찰은 사회적 관계의 기원이 상호 인정 관계에 있음을 논증하기 위해 인간이 겪을 수 있는 원초적 상황을 가정한 것이기 때문에, 이미 사회적 관계가 고도화되었을 뿐 아니라 복잡하게 얽혀 있는 오늘날의 사회에서, 더구나 우리가 이제 몇몇 사람과 갈등과 인정을 겪어가며 하나하나 사회적 관계를 형성하는 것이 아니라, 이미 인간 사이의 사회적 관계가 제도화되어 있고, 이에 따라 서로를 어떤 존재로 인정할 것인가가 일반화되어 있는 사회에서 헤겔의 통찰은 구체적으로 어떻게 개인의 자기의식이 형성되는가를 설명할 수 있는 정교한 개념 틀이 아니다.

자아 형성

이런 점에서 호네트는 개인의 자기의식 형성 과정을 구체적으로 논증하기 위해 사회심리학적 입장에서 개인의 자아 형성 과정을 탐구한 미드(George Herbert Mead)의 이론을 끌어들인다.[5] 물론 미드는 자기의식이란 철학적 용어뿐 아니라 개인의 자아상 내지 개인의 정체성이란 개념도 사용하지만, 이런 표현은 사실 자기의식과 동일한 의미를 갖는다. 왜냐하면 개인의 자기의식이란 자신이 누구인가에 대한 의식으로서 이는 개인이 갖고 있는 자기 자신에 대한 상, 즉 자아상 내지는 개인이 의식하고 있는 자기 정체성과 다를 바 없기 때문이다.

　우선 미드에 따르면 개인의 자아는 '목적격 나'와 '주격 나'의 화해를 통해 형성된다. 여기서 말하는 목적격 나란 한 개인이 자신에 대한 타인의 시각을 경험함으로써 얻어낸 자아상을 말한다. 즉 어떤 사람이 나를 사랑한다고 할 때 그 사람은 목적어로 '나를' 지목하고 있으며, 이것이 가능하기 위해서는 그 사람이 나에 대한 상을 가지고 있어야 한다. 나는 바로 이 사람과 교류하면서 그가 가지고 있는 나에 대한 상을 경험하고, 이를 통해 목적격 나로서의 자아상을 형성한다. 그러나 이것이 미드가 말하는 목적격 나로서의 자아를 말하는 것은 아니다. 미드는 구체적인 타인과 교류하면서 형성된 자아상이 아니라, 한 단계 더 나아가 일반화된 타인의 시각을 통해 형성된 자아상을 목적격 나로 규정한다. 우리는 성장 과정을 거치면서 점차 활동 영역을 확대할 뿐 아니라 상호 교류의 상대자 역시 확대한다. 즉 부모 형제 정도에서 이웃 사람, 학교 친구 등 점차 많은 사람과 사귀고, 대화하고, 교류한다는 것이다. 이를 통해 우리가 경험하는 것은 상대방이 나를 어떤 사람으로 생각하고 있고, 또한 어떤 사람이기를 기대하고 있는가 하는 점이다. 내가 이런 개별적인 생각과 기대를 일반화하면서 여기에 공통된 자아상을 도출해 낸다면 이것이 바로 미드가 말하는 목적격 나다. 이런 점에서 사실 목적격 나란 사회적으로 요구되는 자아상을 말한다. 왜냐하면 나와 교류하는 많은 사람이 나에 대해 공통적으로 가지고 있는 생각이나 기대는 이들이 살고 있는 사회에서 통용되는 일반적 가치관을 따른다고 볼 수 있기 때문이다.

이에 반해 주격 나란 일반화된 타인의 시각, 즉 목적격 나에 반발하는 또 다른 나의 차원을 말한다. 단순하게 말하면 누가 나를 미워

한다고 말하면서 나를 어떤 사람이라고 규정할 때, 이 자아상을 내가 받아들인다면 주격 나는 등장하지 않는다. 그러나 내가 이런 규정에 반발하며 나는 그런 사람이 아니라는 직관적 체험을 할 때 비로소 주격 나는 그 모습을 드러낸다는 것이다. 그러나 목적격 나가 구체적인 타인의 시각이 아니라 일반화된 타인의 시각을 통해 형성된 것이듯이, 목적격 나에 반응하는 주격 나 역시 구체적으로 어떤 개인이 아니라 가능한 모든 상호 교류의 상대자에 대해 반발하는 내적 충동의 원천으로 이해된다. 이런 점에서 주격 나란 자아에 대한 어떤 뚜렷한 상으로 체험되는 것이 아니라, 나에 대한 타인의 시각에 각양각색으로 반발할 수 있는 무한한 가능성의 원천으로 이해된다.

사실 인간의 자아를 이렇게 두 가지 차원으로 나누어 생각한다는 것은 특정한 인간관을 전제한 것이다. 즉 인간의 자아는 근원적으로 볼 때 그 형태가 정해지지 않은 무한한 가능성이며, 따라서 자아가 현실적으로 존재하기 위해서는 어떤 식으로든 그 형태를 가져야 한다는 것이다. 주격 나란 이렇게 자아가 현실적 형태를 갖기 이전의 상태를 말하며, 목적격 나란 이런 주격 나에 대해 현실적 형태를 부여하려는 사회적 요구라고 할 수 있다. 이런 점에서 우리는 주격 나와 목적격 나 사이의 의존과 대립이라는 구조적 관계에 대해 이야기할 수 있다. 즉 주격 나는 목적격 나 없이는 현실화할 수 없다. 목적격 나는 무한한 가능성으로서의 주격 나에 구체적 형태를 부여하려는 현실적 요구이기 때문이다. 그러나 주격 나는 또한 목적격 나에 대립할 수밖에 없다. 왜냐하면 무한한 가능성이란 현실이 요구하는 구체적 자아 형태로 유한화될 수 없기 때문이다. 다시 말해서 주격 나가 이런 식으로도 저런 식으로도 현실화될 수 있는 가능성이라면, 이것은 자신을 특정한 형태로 고착하려는 사회적 요구를 억압으로 느끼고 이에 반발할 수밖에 없다는 것이다.

미드는 이렇게 의존과 대립의 관계에 있는 주격 나와 목적격 나가 비록 완전하고 최종적인 것은 아니지만 서로 화해하는 과정에서 비로소 개인의 진정한 자아상이 형성된다고 본다. 우리가 이 과정을 몇 가지 경우로 구분해본다면 이러한 원칙이 적용되는 다양한 자아 형성 유형을 구분할 수 있다.

첫째는 목적격 나에 대해 주격 나가 긍정적 반응을 보이는 경우이다. 이 경우에 개인의 자아 형성은 목적격 나를 자신의 자아상으로 내면화하는 과정이 된다. 즉 한 개인은 사회적으로 요구되는, 혹은 기존 사회의 가치관이 요구하는 자아상을 바로 자신으로 생각하고 또 그런 사람이 되려고 한다는 것이다. 이것이 성공적으로 이루어질 경우에 해당 개인은 안정된 자기 정체성을 갖게 된다.

둘째는 목적격 나에 대해 주격 나가 반발하는 경우이다. 이 경우에 개인의 자아는 내적 갈등에 빠지게 된다. 목적격 나를 내면화할 수도 없고, 그렇다고 이에 반발하는 주격 나가 구체적으로 어떤 자아상을 말하는지 역시 분명하지 않기 때문이다. 따라서 이 상태가 지속된다면 개인은 자신의 자아를 형성하지 못하고 정체성의 위기에 빠지게 된다.

셋째는 주격 나의 반발을 대안적 자아상으로 구체화하는 경우이다. 다시 말해서 목적격 나에 대한 반발로 체험된 주격 나를 성찰하면서 이 반발이 내포하는 정체성 욕구를 표현할 수 있는 새로운 자아상을 만들어낸다는 것이다. 그러나 이 경우에 문제는 이러한 자아상이 사회적으로 요구되는 자아상과 갈등을 일으킨다는 데 있다. 만약 이 갈등이 지속된다면 해당 당사자는 이중화된 자아상에 직면하게 된다. 즉 자신이 원하는 자아상과 사회가 원하는 자아상이 바로 그것이다.

과연 이 경우에 개인은 성공적인 자아 형성에 도달할 수 있을까? 아마도 가장 일상적인 방법은 사회적으로 요구된 자아상을 자신의 정체성으로 선택하는 것이다. 왜냐하면 이 경우에 해당 개인은 사회와의 갈등을 피할 수 있기 때문이다. 그러나 이러한 자아 정체성은 주격 나의 요구를 구체화한 자신의 새로운 자아상을 희생하는 대가로 얻어진다. 따라서 이러한 자아 형성은 일종의 자기 억압 속에서 사회에 복종하는 것이라 볼 수 있다.

그러나 주격 나와 목적격 나의 갈등을 해소할 수 있는 또 다른 가능성은 바로 사회에 저항하는 데 있다. 즉 현존 사회에 맞서 주격 나를 주장한다는 것이다. 개인의 자아 형성 과정에 대한 미드의 이론에서 핵심적 중요성을 갖는 요소는 바로 사회에 저항하면서도 어떻게 목적격 나와 주격 나의 화해가 이루어질 수 있는가 하는 점이다. 미드에 따르면 이것이 가능한 것은 사회에 저항하는 당사자가 미래 사회에서의 인정을 선취함으로써 주격 나와 목적격 나의 갈등을 해소하기 때문이다. 즉 현존하는 사회에 대해 주격 나를 주장한다는 것은 현존 사회가 요구하는 자아상인 목적격 나와 갈등하는 것이지만, 만약 자신의 새로운 자아상을 인정할 수 있을 정도로 사회적 가치관이 확장된 미래 사회를 떠올릴 수 있다면 사회에 저항하는 개인은 주격 나와 목적격 나의 화해를 미리 체험할 수 있다는 것이다. 이런 점에서 비록 개인은 현존 사회와 갈등하지만 안정된 자아 정체성을 형성할 수 있으며, 오히려 이러한 갈등은 사회적 가치관을 확장시키는 매개체가 된다.

이러한 미드의 이론에서 발견할 수 있는 것은 바로 개인의 자아 형성과 사회적 인정 사이의 필연적 관계다. 왜냐하면 주격 나의 정체성 요구가 목적격 나와 화해한다는 것은 그것이 비록 현존 사회에서든 미래 사회에서든 목적격 나가 대변하고 있는 사회적 가치관을 통해 주격 나의 정체성 요구가 가치 있는 것으로 인정되는 것과 마찬가지이기 때문이다. 더구나 무한한 자아 정체성의 원천인 주격 나와 사회적으로 요구되는 자아상인 목적격 나가 화해하면서 자아가 형성된다는 것은 한편으로 개인의 자아란 이미 형성된 것이 아니라 목적격 나와의 갈등을 통해 비로소 구체화된다는 것이지만, 다른 한편으로 이는 비록 자아가 구체화된다 하더라도 목적격 나로 대변되는 사회적 인정이 없는 한 자기 억압이나 자기 분열에 빠질 수밖에 없음을 말해주기 때문이다.

성공적 자아실현의 조건

호네트는 개인의 자아 형성에 대한 미드의 입장을 받아들이면서도 한 단계 더 나아가 왜 사회적 인정이 성공적 자아실현의 조건인가를 논증한다. 물론 미드의 입장에서도 우리는 사회적 인정이 성공적 자아실현의 조건이 됨을 추측해낼 수 있다. 왜냐하면 개인의 정체성 요구가 사회적으로 인정된다는 것은 이미 그런 정체성에 따른 삶이 사회적으로 보장된다는 것이나 다름없기 때문이다. 따라서 이런 개인은 사회와 아무런 마찰 없이, 더구나 사회적 지지 아래 자신의 삶을 영위할 수 있을 것이다.

호네트는 이런 추측을 좀 더 강화하기 위해서 긍정적 자기의식이라는 개념을 끌어들인다.[6] 즉 개인은 사회적 인정을 경험하면서 사회와의 마찰을 피하고, 사회적 지지를 획득할 뿐 아니라, 더 나아가 해당 개인은 자기 자신을 긍정할 수 있게 되고, 따라서 적극적으로 자신을 실현하게 된다는 것이다. 이러한 추가적인 논증이 필요한 이유는 이를 토대로 개인의 행복한 삶에 대해서 이야기할 수 있기 때문이다. 즉 우리가 행복을 한 개인이 느끼는 자신의 삶에 대한 만족감이라고 이해한다면, 이제 사회적 인정이란 결국 개인이 자기 자신에 대해 긍정적 의식을 갖게 함으로써 행복한 삶에 도달하게 하는 사회적 조건이 된다는 것이다.

호네트는 인정 경험을 통해 형성되는 긍정적 자기의식의 유형을 세 가지로 구분한다. 그에 따르면 첫째, 인간은 타인과의 관계에서 사랑이라는 인정을 경험하면서 자신감이라는 긍정적 자기의식을 형성한다. 사랑이 무엇인가에 대해서는 수많은 낭만적 수사가 존재하지만, 이를 단지 감정적 상태가 아니라 인간 간의 상호작용 유형으로 파악한 것은 헤겔이다. 그에 따르면 사랑이란 타인 속에서 나 자신으로 존재함, 반대로 말하면 타인이 내 안에서 그 사람으로 존재하는 관계이다. 즉 내가 어떤 여성을 사랑한다면 나는 그녀의 아픔을 나의 아픔으로 느낀다. 그녀는 분명 나와 다른 존재이지만 바로 내 안에 있기 때문이다. 그렇다고 내게 느껴지는 아픔이 바로 나의 아픔인 것은 아니다. 따라서 나는 내가 아닌 그녀를 위로한다. 그녀는 내 안에 존재하지만 바로 그녀로서 존재하기 때문이다. 서로 분리되면서도 하나가 되는 정서적 결속 상태. 그렇기에 상대방의 욕구와 필요를 자신의 욕구와 필요인 양 느끼면서 상대방을 배려하는 관계, 이것이 바로 상호작용 유형으로서의 사랑이다.

이러한 사랑을 인정의 한 형태로 규정할 수 있는 것은 바로 여기서 그 상대자들은 서로를 충족할 가치가 있는 욕구와 필요의 담지자로 인정하는 것이나 마찬가지이기 때문이다. 호네트가 말하는 자신감은 이러한 사랑의 경험이 해당 당사자에게 가져다주는 심리적 동반 현상을 말한다. 즉 타인의 사랑을 경험하면 할수록 해당 당사자는 자신의 욕구와 필요가 충족될 수 있다는 자신감을 갖는다는 것이다. 다시 말해서 자신의 욕구와 필요가 타인에 의해 충족할 가치가 있는 것으로 인정되면 될수록 해당 개인 역시 자신의 욕구와 필요가 충족될 수 있음을 확신한다는 것이다. 하지만 사랑이라는 인정 경험이 단지 서로 사랑하는 극히 사적인 관계에서만 이루어지는 것은 아니다. 예를 들어 절박한 위기에 빠진 사람들에게 도움을 주고 이들을 배려할 수 있는 문화적 풍토뿐 아니라 제도적 장치가 마련된 사회가 있다면, 이 사회는 그 구성원들로 하여금 자신의 욕구와 필요 충족에 대한 확신을 갖게 하며, 따라서 이들은 욕구와 필요 충족의 자신감 아래 자신의 삶을 영위할 수 있다.

그러나 반대로 만약 어떤 개인이 타인으로부터 도움과 배려를 경험하는 것이 아니라 폭력이나 학대를 경험한다고 하자. 이럴 경우에는 어떤 일이 벌어질까? 예를 들어 고문을 당한 사람, 성 폭력을 당한 사람, 부모에게 학대를 당한 사람들은 자기의 욕구와 필요가 충족될 수 있다는 확신은 둘째 치고 자신의 신체조차 마음대로 움직일 수 없는 극한적 상황을 경험한다. 대개 이런 사람들이 대인 기피 현상을 보일 뿐 아니라 늘 불안한 심리 상태에 빠지게 되는 이유는 바로 폭력이나 학대 경험이 이들의 긍정적 자기의식, 즉 자신감을 근본적으로 파괴했기 때문이다.

둘째, 인간은 권리 부여라는 사회적 인정을 경험하면서 자존심이라는 긍정적 자기의식을 형성한다. 즉 한 사회의 정상적 구성원들이 향유하는 제도적 권리가 자기 자신에게도 부여될 때 해당 개인은 이를 통해 남들과 마찬가지로 자기 자신이 사회로부터 존중되고 있다고 느낄 뿐 아니라, 이에 대한 심리적 동반 현상으로 자신에 대한 존중 의식을 갖게 된다는 것이다. 사실 동등한 권리가 부여된다는 것은 타인과 마찬가지로 자기 자신도 동등한 존엄성을 갖고 있음이 확인되는 것과 같으며, 또한 이러한 권리를 합리적으로 사용할 수 있는 이성적 능력이 있는 존재라는 것을 인정한다는 의미가 된다. 이런 점에서 동등한 권리 부여 역시 개인이 겪을 수 있는 인정 형태의 하나로 이해할 수 있다.

또한 우리가 반대로 권리의 차등을 두는 신분 사회를 떠올려본다면 왜 동등한 권리 부여가 개인에게 자기 존중 의식을 갖게 하는지 어렵지 않게 알 수 있다. 신분 사회에서 신분에 따라 사람을 차별한다는 것은 신분에 따라 향유할 수 있는 권리가 다르기 때문이다. 따라서 예를 들어 노예나 종의 신분에 있는 사람은 평민이나 양반에 비해 자신이 사회적으로 존중되고 있음을 경험할 수 없으며, 스스로도 자신이 다른 신분과 마찬가지로 존엄성을 갖고 있고 또한 동일한 이성적 능력을 갖고 있는 존재라고 생각하기 어렵다. 즉 동등한 권리를 향유할 때 긍정적 자기의식을 갖는다는 것은 반대로 동등한 권리 부여에서 배제될 때 긍정적 자기의식을 갖기 어렵다는 점을 통해 잘 드러난다는 것이다. 이는 신분 제도가 철폐된 오늘날의 사회에서도 경험할 수 있는 일이다. 외국인 노동자들은 내국인에 비해 권리에서 차별을 겪는다. 즉 그들은 내국인이 누리는 권리를 동등하게 향유하지 못한다는 것이다. 그렇다면 이들이 과연 해당 국가에서 자신이 내국인처럼 존중받고 있다는 생각을 할 수 있을까? 그리고 이들이 과연 이 나라에서 이러한 권리의 차별을 일상적이고 장기간 겪을 때 자기 자신에 대한 존중 의식을 가질 수 있을까?

우리는 흔히 자존심 상한다는 표현을 자주 한다. 물론 일상적인 의미는 다양하게 해석할 수 있지만, 많은 경우에 그것은 어떤 동등성의 훼손과 관련이 있다. 즉 비록 가상적인 경우이지만 고급 호텔에 들어갈 때 내쫓김을 당했다고 하자. 그것도 자신의 옷차림이 남루하다는 이유 때문에 말이다. 분명 이를 당한 사람은 정말 자존심이 상할 것이다. 그것은 바로 이 사람이 비록 의식적인 것은 아니지만 누구나 다 이 호텔에 출입할 수 있는 동등한 권리가 있다는 신념을 가지고 있기 때문일 것이다. 따라서 이런 믿음에 반하는 내쫓김을 경험하면서 자존심이 상하는 것은 어찌 보면 동등한 권리가 유보되면서 겪는 당연한 심리 현상일 수 있다.

셋째, 인간은 사회적 연대를 경험하면서 자긍심이라는 긍정적 자기의식을 형성한다. 물론 그 전제는 해당 개인이 공동체의 다른 구성원들로부터 공동체에 기여할 수 있는 개인적 특성, 즉 그러한 개성을 가지고 있음을 인정받는 것이다. 다시 말해서 개인은 자신이 공동체의 구성원으로부터 가치 있는 존재로 인정받을 때 공동체 내의 사회적 연대를 경험하며, 이를 통해 자신에 대한 긍지를 갖는 긍정적 자기의식을 형성하게 된다는 것이다. 사실 이러한 현상은 우리가 일상생활에서 흔히 겪는 일이다. 예를 들어 우리는 부모님께 효자라는 가치 평가를 받을 때 가족 구성원으로서 긍지를 가질 뿐 아니라 가족 구성원 사이의 강한 연대를 경험한다. 그뿐 아니라 학교 서클이나 동호인 모임에서도 다른 구성원들이 자기 자신에게 강한 연대감을 표현할 때 해당 개인은 자기 자신이 이 집단의 소중한 구성원으로 평가받고 있다는 긍지를 가질 수 있다. 이런 예는 국가라는 거시적 공동체에도 해당된다. 만약 우리나라에서 노동자의 피와 땀을, 산업화를 성공적으로 이루어낼 수 있었던 원동력으로 평가하는 사회적 분위기가 형성될 뿐 아니라, 이에 대한 보상이 이루어진다면 노동자들이 자신의 역할과 자신의 존재에 대해 긍지를 가질 수 있음은 당연하다.

그러나 그 반대는 어떨까? 다시 말해서 어떤 개인이나 집단이 사회적 연대에서 배제된다면 어떻게 될까? 우리가 가정에서, 학교에서, 직장에서, 그리고 사회 전체에서 따돌림을 당한다면 사실 우리는 우리 자신이 이 공동체에서 소중한 존재로 평가받고 있다는 의식을 가질 수 없다. 더구나 이런 일은 흔히 특정 개인이나 집단의 존재 가치를 폄하하는 데서 비롯된다는 점에서 해당 당사자들은 자신에 대한 긍정적 의식을 갖기 어려울 뿐 아니라, 열등감이나 자기 비하와 같은 자기 파괴적인 모습을 보이기 쉽다. 예를 들어 가부장적 전통이 지배하는 사회에서는 여성의 사회 진출이 용이하지 못하다. 일자리를 갖기 어렵고, 설령 일자리를 갖는다 해도 고위직에 올라 높은 보수를 받기 어렵다. 우리나라에서 장관 자리에 있는 사람 중 여성은 과연 몇 명이나 되며, 우리나라 국회의원 중 여성은 과연 몇 퍼센트나 될까? 초등학교 교사는 대부분이 여성이라고 말하지만, 대학 교수 중 여성은 극히 적다. 이 모든 것이 말해주는 것은 우리 사회가 여성을 우리 사회에 기여할 수 있는 가치 있는 사회 구성원으로 평가하지 않는다는 것이다. 그리고 사실 이런 현상이 강화되면 될수록 여성들이 자기 자신에 대해 긍지를 갖는 것은 고사하고, 자신의 존재에 대한 부정적 의식을 갖기 쉽다.

이처럼 세 가지 유형의 긍정적 자기의식의 형성 과정을 전제한다면 우리는 어렵지 않게 사회적 인정이 개인의 자아실현뿐 아니라 행복한 삶의 가능 조건이 됨을 알 수 있다. 인간은 사회적 인정을 경험하면서 자신의 욕구와 필요를 충족할 수 있을 뿐 아니라 자신의 이성적 능력을, 그리고 자신의 개성을 실현할 수 있기 때문이다. 그리고 인간이 이에 대한 심리적 동반 현상으로 자기 자신, 즉 욕구와 필요, 이성적 능력과 개성을 가지고 있는 자기 자신에 대한 긍정적 의식을 가질 수 있다면 결국 개인은 이를 적극적으로 실현함으로써 자신의 삶에 만족할 수 있다. 그러나 반대로 인간이 사회적 인정에서 배제된다면, 다시 말해서 자신의 욕구와 필요, 이성적 능력과 개성이 무시당한다면 자기 자신을 실현할 수 없을 뿐 아니라, 자기 자신에 대해 부정적 의식을 갖게 되고, 결국 자신의 삶에 대해 만족감을 느낄 수 있는 사회적 기회를 상실하게 된다.

이렇게 사회적 인정을 개인의 성공적 자아실현, 긍정적 자기의식, 그리고 행복한 삶의 가능 조건이라고 본다면 우리가 어떻게 사회를 비판할 수 있을지도 분명해진다. 이는 단적으로 말해서 현존 사회가 어떤 개인이나 집단을 정상적 구성원으로 인정함으로써 이들로 하여금 사회적 배려, 권리 부여, 사회적 연대를 경험할 수 있도록 하고, 어떤 개인이나 집단에 대해서는 이들을 무시함으로써 이러한 경험을 불가능하게 만들고 있느냐의 문제다. 즉 우리는 사회를 비판함에 있어서 그 인정 질서에 주목하면서 사회적 인정의 대상과 내용을 그 기준으로 삼을 수 있다는 것이다.

병리적 사회

호네트는 이러한 비판 방식을 특히 '병리적'이란 개념을 통해 정식화한다.[7] 병리적이란 말은 흔히 의학 용어로, 신진대사가 정상적으로 이루어지지 않는 병적 상태를 지칭한다. 마찬가지로 이는 신체적 상태만이 아니라 정신적 상태에도 적용된다. 즉 정신병리학이란 용어가 있듯이 인간의 심리 상태가 왜곡될 때도 병리적이란 용어를 사용한다. 그렇다면 이러한 용어를 사회에 대해 적용할 수는 없을까? 물론 정상적 사회상을 전제하고 이에 어긋난 사회적 현상이 만연할 때 이러한 사회를 병리적이라고 진단할 수 있다. 그러나 호네트가 사회에 대해 병리적이란 용어를 사용하는 방식은 다소 우회적이다. 왜냐하면 호네트는 정상적 사회가 아니라 개인의 정상적 삶을 전제하고 이를 왜곡시키는 사회적 조건, 혹은 사회적 현상을 병리적으로 규정하기 때문이다. 즉 현존하는 사회가 그 구성원들의 삶을 왜곡하고 병들게 만든다면 이는 병리적 사회로 비판되고, 따라서 반대로 현존하는 사회가 그 구성원들의 삶을 정상화시키고 건강하게 만든다면 이는 건강한 사회로 규정될 수 있다는 것이다. 그렇다면 개인의 정상적 삶이란 무엇을 의미할까? 이것은 지금까지 설명했듯이 주격 나와 목적격 나가 화해하고, 이를 통해 형성된 개인의 정체성이 긍정적 자기의식 아래 실현되는 것을 말한다. 왜냐하면 이럴 때 개인은 비로소 행복한 삶을 영위할 수 있기 때문이다. 이런 점에서 우리는 행복한 삶의 가능 조건인 사회적 인정이 보장된 사회를 건강한 사회로, 그리고 사회 구성원들이 사회적 무시로 고통당하는 사회를 병리적 사회로 볼 수 있다.

그러나 현실적으로 존재하는 사회를 고찰해본다면 모든 사람에게 사회적 인정이 보장되는 것도 아니고, 그렇다고 모든 사람이 사회적 무시 때문에 자기실현의 기회를 상실하는 것도 아니다. 앞서 청년 헤겔의 사회관을 설명하면서 지적했듯이, 개인의 자기의식이 타인과의 관계에서 형성될 뿐 아니라 이를 통해 성장한다면, 이에 따라 사회적 인정 역시 그 대상과 내용이 지속적으로 변화할 수밖에 없기 때문이다. 따라서 현실 사회에서는 비록 사회적 인정을 향유하고 있다 하더라도 새로운 자아 정체성 요구가 등장하면서 기존의 인정 질서와 대립할 수밖에 없고, 또한 기존의 인정 질서에서 배제된 사람들 역시 자아실현의 조건을 확보하기 위해서는 현실 사회에 저항할 수밖에 없다. 이런 점에서 사회적 인정 질서와 갈등하는 개인이 증가하면서 또한 이들의 갈등 경험이 일반화되고 집단화될 때 현실 사회는 사회적 인정의 대상과 내용을 확장하려는 인정투쟁에 직면하게 된다. 즉 자신의 자아실현 그리고 행복한 삶을 위한 사회적 저항과 병리적 사회 극복을 위한 집단적 투쟁이 가시화된다는 것이다. 이러한 투쟁은 자신을 무시한 상대방을 파괴하려는 것도, 자신을 배려, 권리 부여, 연대 형성에서 배제하는 사회 자체를 철폐하려는 것도 아니다. 이는 새로운 인정 질서를 형성함으로써 모든 사회 구성원이 동등한 존재로서 서로 공존하고 화해할 뿐 아니라 각자의 행복한 삶을 보장하는 건강한 사회를 목적으로 한다. 인정투쟁은 바로 이런 점에서 도덕적 정당성을 갖는다.

3 │ 한국 사회 변동과 5대 인정

호네트는 인정투쟁을 통한 도덕적 사회 발전을 주장하면서 규범적 차원에서 그 최종 목적을 개인의 보편성과 특수성이 실현된 사회로 본다. 즉 인간인 한 모든 개인이 공유하는 보편적 특성으로서 이성적 능력을, 그리고 개인과 개인을 구별하게 하는 각자의 개성적 특성을 발휘할 수 있는 사회를 이상적 사회로 규정한다는 것이다. 물론 그 가능 조건은 사회의 모든 구성원을 보편적이고 특수한 존재로 인정함으로써 이들에게 성공적 자아실현을 보장하는 사회적 인정 질서의 형성이다. 그러나 개인을 보편적이고 특수한 존재로 인정한다는 것이 무엇을 의미하는지 그 구체적인 내용은 항상 현실 사회의 실제적 상황을 통해 규정될 수밖에 없다. 즉 개인이 어떤 존재로 인정되는 것이 바로 개인의 보편성과 특수성을 실현하게 하는 것이냐는 사회 변동 과정에서 구체적으로 제기되는 개인의 정체성 요구를 통해서만 이해될 수 있다는 것이다.

한국 사회는 형식적 민주화가 달성된 1987년 이래로 급격한 변동을 겪고 있다. 그러나 이는 비단 정치 제도의 변화만을 의미하지 않는다. 오늘날 우리 사회가 겪고 있는 사회 변동은 개인 간의 친밀성 영역에서 정치, 경제, 문화, 국제적 영역에 이르기까지 실로 그 범위와 내용이 광범위하다는 점에서 우리들의 생활 조건 자체가 근본적으로 변화하고 있다 해도 지나친 말이 아니다. 과연 이러한 사회 변동은 구체적으로 개인의 자기의식에서 어떤 변화를 초래하고 있고, 따라서 어떤 새로운 인정 요구를 제시하고 있을까?

첫째, 친밀성 영역에서 발견할 수 있는 변화는 남녀 관계가 역할 분담 관계에서 사랑이라는 정서적 유대 관계로 순수화하고 있다는 점이다. 전통적 가부장적 논리에 따르면 여성과 남성은 안과 밖으로 구별되고, 남성에게는 사회적 노동을 통한 생계 부양이, 그리고 여성에게는 가사와 육아가 각각의 성에 고유한 역할로 부여된다. 그리고 사실 이는 남성에 대한 여성의 경제적 의존에 기초하고 있다는 점에서 남성과 여성 사이의 위계적 관계를 형성한다. 그러나 여성의 사회 진출 확장을 통해 여성의 경제적 자립성이 강화되면서 점차 이러한 전통적 역할 분담뿐 아니라 남녀 사이의 위계적 관계 역시 그 영향력을 상실하고 있다. 그뿐 아니라 급증하는 이혼율의 증가는 이제 남녀 관계가 단지 각자의 역할에 충실함으로써 유지되는 것이 아니라, 사랑이라는 정서적 유대 관계에 달려 있음을 실증적으로 보여주고 있다. 이러한 변동을 전제할 때 이제 친밀성 영역에서 남성과 여성은 서로를 위계적 관계가 아니라 동등성의 관점에서, 그리고 서로를 특정한 기능의 담당자가 아니라 사랑이라는 특수한 감정의 상대자로 인식하려고 한다는 점을 알 수 있다. 따라서 친밀성 영역에서 남녀 관계가 안정적으로 유지되기 위해서는 무엇보다도 서로를 동등하면서도 자신에게 유일무이한 존재로 인정하는 것이 중요하다.

둘째, 정치적 영역에서 발견할 수 있는 변화는 단지 대의제에 기초한 형식적 민주주의가 아니라, 국민의 광범위한 참여가 지속적 민주화를 위한 새로운 대안으로 요구되고 있다는 점이다. 1987년에 대통령 직선제가 관철된 이후로 우리나라에서는 민의와 관계없이 무력으로 정권을 장악하는 반민주적 정치 행태뿐 아니라, 이에 기초한 군부 독재 시대가 종말을 고했다. 그러나 사실 이는 민주화의 시작일 뿐 그 완성은 아니다. 한편으로 일상생활 영역에서 독재적 사고방식에서 벗어나 대화와 토론을 통해 공동의 의사를 결정하는 생활의 민주화가 요구된다. 그리고 다른 한편으로 국가 정책 결정이 제도권 정치 엘리트에 의해 좌우되는 것이 아니라, 국민의 참여를 지속적으로 확장함으로써 그 정당성을 확보하는 일이 시급하다. 민주주의의 제일 원칙은 국민 주권에 있지만, 대의제 민주주의는 국민의 주권 행사를 선거 때 투표권을 행사하는 '한 표 민주주의'로 축소시키고 있다. 따라서 대의제 민주주의 아래서는 구체적

으로 국가 정책을 입안하고 결정하고 관철시킬 때 국민의 의사가
무시되기 쉬우며, 오히려 국민의 대표가 특권화되면서 자신들의 의
사와 이익을 정치적 목표로 설정할 가능성이 높다. 이런 점에서 대
의제 민주주의를 넘어서 참여 민주주의를 지속적 민주화의 과제로
설정한다는 것은 일상생활에서만이 아니라 국가 정책의 결정 과정
에서도 국민 주권 원칙을 실현하려는 요구이며, 따라서 이제 국민
을 통치의 대상으로 수동화시키는 것이 아니라 우리 사회의 주권
적 의사 결정 주체로 인정하는 것이 무엇보다 필요하다.

셋째, 경제적 영역에서 발견할 수 있는 변화는 1990년대 이후부
터 성장 지상주의에 대립하여 사회 복지 확대가 새로운 이념으로
등장하고 있다는 점이다. 이러한 변화가 이루어질 수 있었던 것은
그동안 이루어놓은 비약적 경제 성장뿐 아니라, 이를 위해 피와 땀
을 쏟았던 한국 노동자들의 지속적 투쟁 때문이다. 1970년 전태일
열사가 "우리는 기계가 아니다"라는 말을 남기며 자신의 몸을 불사
른 이후 한국 노동운동은 1987년 이른바 '노동자 대투쟁'이라는 역
사적 사건에 이르기까지 열악한 노동 조건하에서 기계처럼 취급받
는 비인간적 상황에 맞서 노동자도 인간임을 주장하였고, 더 나아
가 우리 사회에 없어서는 안 될 당당한 생산 주체임을 인정받기 위
해 싸워왔다. 그러나 신자유주의의 확산과 지식 기반 사회로의 이
행은 노동 생산성에 기초한 산업 자본주의의 근간을 흔들어놓음으
로써 노동 시장의 유연화, 노동력 감축, 고용 없는 성장 등 탈노동
사회적 경향을 강화시키고 있다. 이런 점에서 사회 복지는 정규직
고용 노동 중심에서 벗어나 비정규직 노동에서 비고용 자기실현

활동으로까지 확대되어야 하며, 이를 위해 필요한 것은 사회구성원을 단지 생산 주체가 아니라 사회적 활동 주체로 인정하는 것이다.

넷째, 문화적 영역에서 발견할 수 있는 변화는 동질성에 기초한 공동체 형성 방식에 대해 이질성을 포용하는 새로운 공동체 형성 방식이 주장되고 있다는 점이다. 우리 사회에서는 1990년대 이후로 '커밍아웃'이라는 말이 새로운 유행어로 확산되고 있다. 그 이유는 그동안 스스로를 감추며 보이지 않는 곳에서 살았고, 또 보이지 않도록 사회 주변부에 배치되었던 이른바 사회적 소수자들이 그 모습을 드러내면서 자신의 권리를 주장하기 시작했기 때문이다. 이는 대표적으로 동성애자나 성 전환자와 같은 성적 소수자들을 말하지만, 개념적으로 볼 때 우리 사회의 표준적 인간상에 반하는 다양한 사람들과 집단을 지칭한다. 즉 남성 중심적 인간상에 대해서는 여성이, 내국인 중심적 인간상에 대해서는 외국인이, 학벌 중심적 인간상에 대해서는 저학력자들이 여기에 속한다는 것이다. 이러한 사회적 소수자들의 자기주장이 강화된다는 것은 동질적인 인간상에 기초한 사회적 유대 관계나 공동체 형성 방식이 새로운 도전에 직면해 있음을 말해준다. 즉 그것은 단적으로 남성은 남성끼리, 내국인은 내국인끼리, 그리고 학벌 좋은 사람들은 또 자기들끼리만 모임을 만들고 교류하면서 여성이나, 외국인, 저학력자를 의도적으로 배제하는 것이 아니라, 서로를 포용할 수 있는 개방적 공동체가 형성되어야 한다는 것이다. 다시 말해서 이제 비로소 각각의 개인은 서로 다른 정체성을 가질 수 있는 개성적 존재로 인정되어야 한다는 것이다.

　다섯째, 국제적 영역에서 발견할 수 있는 변화는 각각의 개인이 특정한 국가에 소속된 국민으로 한정되는 것이 아니라, 점차 세계 공동체 구성원으로서의 위상을 갖게 된다는 점이다. 1980년대 말에 냉전 체제가 종식된 이후로 정치, 경제, 문화적 교류가 세계적 차원으로 확산됨으로써 각국 국민들의 국제적 이동이 증가하고 그 생활공간이 국경을 넘어 전 세계로 확대되고 있을 뿐 아니라, 전 세계가 일종의 유기적 네트워크를 형성하고 있다. 그러나 동시에 이러한 세계화는 자국민의 생활수준, 생활 방식, 문화적 가치를 보호하기 위한 국가 간의 갈등과 이로 인한 각국 국민들 간의 갈등 역시 확대시키고 있다. 이러한 세계화의 이중적 모습에서 등장하는 규범적 요구가 있다면, 그것은 세계적 차원에서의 갈등을 극복하고 지구촌의 화해를 가능하게 하는 새로운 세계 질서다. 그러나 이것이 전통적 의미에서 국가 단위의 세계 질서, 즉 국가와 국가가 조약과 협정을 맺으면서 각국의 권리와 의무를 부여하는 국제 질서로 한정될 수는 없다. 오히려 국가 단위의 세계 질서가 이런 갈등의 원인이기도 하기 때문이다. 따라서 새로운 세계 질서에 대한 규범적 요구는 국적을 떠나서 어느 지역 어느 곳에 살든 누구나 인간인 한 누려야 할 권리와 의무를 보장하는 개인 단위의 세계 질서로 확장된다. 즉 모든 개인이 서로를 세계 공동체의 동등한 구성원으로 인정함으로써 자신의 욕구와 필요, 이성적 능력, 그리고 개인적 특성을 발휘할 수 있는 세계 질서 말이다.

　이렇게 우리가 최근 일어나고 있는 사회 변동을 각각의 특수한 인정 요구와 결부시켜 이해한다면, 앞으로 우리가 추구해야 할 미래 사회의 비전 역시 제시할 수 있다. 즉 친밀성 영역에서 동등하고 유일무이한 존재로서의 인정, 정치적 영역에서 주권적 의사 결정 주체로서의 인정, 경제적 영역에서의 동등한 생산 주체로서의 인정, 문화적 영역에서 개성적 자아 형성 주체로서의 인정, 국제적 영역에서 세계 공동체 구성원으로서의 인정, 다시 말해서 '5대 인정'을 가능하게 하는 사회가 바로 그것이다. 물론 이러한 사회가 가능하기 위해서는 5대 인정을 보장하는 제도적 장치와 의식적 토대가 마련되어야 하지만, 이에 앞서 우리가 원칙적으로 주장할 수 있는 것은 5대 인정이 보장될 때 비로소 우리 사회의 구성원들은 변화된 새로운 사회적 환경에서 자신을 실현할 뿐 아니라 긍정적 자기의식 아래서 행복한 삶에 도달할 수 있다는 점이다.

VIII

Interview with Axel Honneth

8 악셀 호네트와의 대담
현대 비판의 세 가지 모델[1]

대담·번역_문성훈

질문에 들어가기에 앞서 2001년 4월부터 독일 프랑크푸르트 대학
소재 사회연구소 소장으로 취임하신 것을 축하드립니다. 그리고
『사회와 철학』 독자들을 위해 대담에 응해주셔서 감사합니다.

1

프랑크푸르트학파는 1세대인 호르크하이머와 아도르노, 2세대인
하버마스를 거쳐 호네트 씨에 이르러 3세대를 맞고 있습니다. 호네
트 씨는 1996년에 하버마스의 후임으로 프랑크푸르트 대학 철학
과 교수직을 이어받았고, 지금은 프랑크푸르트학파의 산실인 사회
연구소 소장으로 있습니다. 호네트 씨에 이르러 프랑크푸르트학파
3세대가 시작되었다고 보는 것도 무리가 아니라고 생각합니다. 사

람들은 프랑크푸르트학파를 사회 비판 이론의 관점에서 이해합니다. 프랑크푸르트학파에서 사회 비판 모델을 발전시켜왔기 때문입니다. 여기서 '사회 비판'은 우리가 살고 있는 현대 사회에 대한 비판을 의미합니다. 프랑크푸르트 비판 이론의 핵심적인 작업은 바로 현대 사회의 문제점을 비판하고 이를 극복하는 것이었습니다. 이런 면에서 본다면 프랑크푸르트학파의 이론적 전통을 이해하기 위해서는 현대 비판(Kritik der Moderne)과 관련해서 각각의 세대 간에 어떤 공통점이 있고 어떤 차이점이 있는지를 살펴보는 것이 중요하다고 생각합니다. 이 대담을 통해 프랑크푸르트학파 1세대와 2세대, 그리고 3세대인 호네트 씨의 이론적 관점이 드러났으면 합니다. 한국에는 '우문현답'이라는 말이 있습니다. 대담 과정에서 이 말에 담긴 지혜가 발휘되길 바랍니다.

비판 이론은 1세대의 계몽의 변증법 테제, 2세대의 의사소통 합리성 이론, 그리고 3세대의 인정 이론으로 특징지을 수 있습니다. 이런 차이에도 불구하고 3대에 걸친 이론적 전통을 하나의 학파로 묶기 위해서는 어떤 공통의 문제를 지적할 수 있어야 합니다. 호네트 씨는 『권력 비판』에서 하버마스가 『계몽의 변증법』의 문제의식을 계승하고 있다고 지적한 바 있습니다. 이 문제의식은 무엇을 의미하며, 어떤 점에서 하버마스가 이를 계승하고 있다고 볼 수 있습니까?

호네트　　호르크하이머와 아도르노의 『계몽의 변증법』은 현대 자본주의 사회의 발전 과정을 일면적 합리화 과정으로 이해하고 있습니다. 이 책의 핵심 개념인 도구적 합리성은 현대 사회에서 드러나는 다양한 병리적 현상들의 원인입니다. 하버마스는 바로 이러한 문제의식을 받아들였습니다. 하이데거의 영향이 나타나기는 합니다만, 이와 관련된 하버마스의 초기 저작을 살펴본다면 이 점은 분명합니다. 그러나 문제의식이 같다 하더라도 이를 발전시킨 기본적 개념 토대는 다릅니다. 하버마스 이론의 개념적 토대를 이루는 것은 호르크하이머와 아도르노식의 역사철학이 아닙니다. 하버마스가 현대 사회의 전개 과정을 일면적 합리화 과정으로 분석할 수 있었던 것은, 그리고 그의 모든 작업의 규범적 토대가 된 것은 의사소통적 합리성입니다. 『계몽의 변증법』이 우리에게 일깨워주는 문제는 우리의 생활세계에 침투해 있으면서 생활세계에서 언제나 드러나는 합리성 형태의 일면적인 모습입니다. 그리고 그것이 사회적 해방이 아니라 사회적 지배의 길을 열어놓고 있다는 점입니다.

2

『계몽의 변증법』에 따르면 현대 사회의 합리화 과정은 개인에 대한 사회의 억압, 개인의 자기 자신에 대한 억압을 낳습니다. 이와 관련하여 규범적 의미에서 두 가지 형태의 해방을 떠올릴 수 있습니다. 하나는 사회적 억압으로부터의 해방이고, 다른 하나는 자기 억압으로부터의 해방입니다. 하버마스는 초기에 이 두 가지 형태의 해방에 관심을 기울였습니다. 그러나 제가 보기에는, 의사소통적 합리성 개념으로 전환한 이후의 하버마스는 주로 사회적 지배의 대상으로 사물화된 개인을 어떻게 다시 사회 형성의 주체로 되돌릴 수 있는가에 몰두했습니다. 사실 의사소통적 합리성은 자기 억압으로부터의 해방과 자기 형성 차원의 자유를 개념화한 것이 아닙니다. 이런 면에서 하버마스는 현대의 해방 전략과 관련해서 다소 일면성을 드러낸다고 보입니다. 호네트 씨의 생각은 어떻습니까?

호네트 제 생각에는 꼭 그런 것 같지는 않습니다. 물론 하버마스는 호르크하이머와 아도르노에게서 발견해낼 수 있는 해방 전략을 일면화시킨 측면이 있습니다. 하버마스는 해방 개념에서 내적 자연이라는 계기를 제거하고 있기 때문입니다. 그러나 하버마스는 사회적 지배로부터의 해방은 개인의 자기 해방, 즉 개인적 자주성 관철을 동반할 때에만 가능하다고 생각합니다. 이런 점에서 보면 하버마스는 두 가지 형태의 해방을 항상 함께 생각한다고 말할 수 있습니다. 하지만 하버마스의 자주성 개념이 개인의 자기 해방이라는 관점을 파악하는 데 충분한지 아닌지는 문제로 남습니다. 저 역시 그런 의문을 가질 때가 있습니다만, 이 문제에 대해서 하버마스가 여러 방식으로 말하고 있기 때문에 제 생각은 확실하지 않습니다. 그러나 하버마스가 내적 자연과 관련하여 개인적 해방이라는 관점을 충분히 생각하지 않았다든지, 우리의 내적 욕망이나 충동을 해방의 관점에 충분히 반영하지 않았다는 추측은 가능합니다. 비판 이론의 전통에서 보자면 이런 해방의 측면은 오히려 마르쿠제와 관련이 있습니다. 마르쿠제는 우리의 내적 욕망을 해방적으로 표현하는 데 관심을 기울였습니다. 하버마스도 간혹 이런 관점을 가질 때가 있었지만, 이를 충분하게 의도한 것 같지는 않습니다. 또한 하버마스의 정신분석학과의 결별은 자주적 규범 형성을 통한 사회적 해방 과정에 비해, 자기 억압으로부터의 해방을 등한시하고 있다는 점을 말해줍니다.

3

호네트 씨는 흥미롭게도 『권력 비판』에서 하버마스만이 아니라 푸코 역시 『계몽의 변증법』의 연장선 위에 있다고 보고 있습니다. 그뿐 아니라 푸코가 비판적 사회 이론의 새로운 단초를 제공한다고 지적하기도 했습니다. 물론 푸코는 「비판이란 무엇인가」에서 자신의 비판적인 작업과 프랑크푸르트학파가 형제 관계에 있다고 밝힙니다. 호네트 씨는 어떤 의미에서 푸코가 『계몽의 변증법』을 계승했다고 보십니까? 하버마스와 비교한다면, 푸코는 『계몽의 변증법』의 문제의식을 계승하면서도 오히려 개인적인 해방에 치중한 것이 아닐까요?

호네트　나중 질문에 먼저 대답하는 것이 좋을 듯합니다. 저는 푸코가 후기에 가서야 비로소 개인적 해방이라는 이념을 구체화시켰다고 생각합니다. 그리고 그 이념은 주권적 자아 형성을 말합니다. 그러나 문제는 '자기 배려'라는 개념을 둘러싼 푸코의 관점이 칸트에서 기원하는 자주성 개념과 과연 얼마나 다른가 하는 점입니다. 다시 말해서 푸코가 생각하는 주권적 자아 형성 개념은 하버마스가 생각하는 자주성 개념과 서로 다른가 하는 문제입니다. 저는 이 둘을 구별하는 것은 아주 어렵다고 생각합니다. 물론 푸코가 하버마스에 비해서 좀 더 확실하게 자연적 충동이나 내적 자연을 해방의 관점에 포함시키는 면은 있습니다. 그러나 제가 보기에는 둘 사이의 차이가 그렇게 확연해 보이지는 않습니다.

처음 질문에 답한다면, 제가 푸코의 전체 작업과 관련하여 그가 『계몽의 변증법』을 계승했다고 본 이유는 푸코가 사회적 관계를 권력화 또는 규율화라는 관점에서 분석하기 때문입니다. 다르게 말한다면, 호르크하이머와 아도르노가 도구적 합리성이란 차원에서 규정한 전권적 국가의 지배는, 푸코가 전략적 합리성이라는 형태에서 분석한 지배 장치입니다. 그러나 이 지배 장치는 어떤 단일한 국가기구에 집중된 것이 아닙니다. 이는 오히려 다양한 사회적 심급, 행위자, 제도에 분산되어서 인간을 규율화하는 데 기여합니다. 이런 점에서 본다면 푸코의 작업은 단순한 계승이 아닙니다. 오히려 푸코의 작업은 호르크하이머와 아도르노가 『계몽의 변증법』에서 따르고 있는 관점을 이론적으로 급진화했다고 말할 수 있겠지요. 또한 푸코가 분석하고 있는 것은 도구적 합리성의 변증법이 아니라, 현대 사회에 좀 더 깊은 뿌리를 내리고 있는 전략적 합리성의 변증법입니다.

4

호네트 씨는 푸코의 주권적 자아 형성 개념이 하버마스나 칸트의 자주성 개념과 얼마나 다른지 구분하기 어렵다고 지적했습니다. 그러나 우리가 푸코의 주권적 자아 형성 개념을 니체적인 의미에서의 진정성(Authentizität) 개념으로 이해한다면, 칸트적인 의미에서의 자율성(Autonomie) 개념과는 다르지 않을까요?

호네트　니체의 자아 형성 개념 역시 불분명합니다. 니체는 내적 자연과 절연된 채로 우리 자신을 형성할 수 있다고 생각하지 않습니다. 반대로 니체는 자아 형성이 특정한 방식으로 내적 자연을 표현한다고 봅니다. 그러나 여전히 문제로 남는 것은 개념적으로 볼 때 진정성 또는 개인의 주권성이 과연 하버마스가 생각하는 자율성 이념과 다른 것을 의미하느냐는 것입니다. 바로 여기에 문제가 있습니다.

5

이 부분에 대해서는 더 깊이 있는 토론이 필요하겠지만 시간 관계상 다음 질문으로 넘어가겠습니다. 저는 호네트 씨의 철학적 발전 과정을 네 권의 주저를 통해서 일별해볼 수 있다고 생각합니다. 첫째로 『사회적 행위와 인간의 본성』(1980)은 호네트 씨의 철학적 관심이 인간학에서 출발하고 있음을 보여줍니다. 둘째로 『권력 비판』

(1986)은 호네트 씨가 비판 이론에 접근하면서 초기의 인간학적 관심을 구체화시킬 수 있는 이론적 틀을 마련하기 위한 것으로 보입니다. 셋째로 『인정투쟁』(1992)에서 호네트 씨는 인정과 무시라는 개념 틀을 근거로 독자적인 사회 비판 이론을 구상하려고 합니다. 넷째로 호네트 씨는 『정의의 타자』(2000)에서 인정과 무시라는 기본 개념이 어떻게 사회철학, 도덕철학, 그리고 정치철학적 문제들에 적용될 수 있는가를 보여주고 있습니다. 이러한 발전 과정을 전제로 질문을 하겠습니다. 우선 호네트 씨는 『사회적 행위와 인간의 본성』에서 포이어바흐, 겔렌, 미드, 푸코, 하버마스로 이어지는 철학적 인간학에 관심을 기울였습니다. 제가 제대로 이해했다면, 이 책에서 호네트 씨의 주요 관심은 개인의 성공적 삶을 가능하게 하는 사회적 조건이 무엇인가 하는 데 있습니다. 호네트 씨의 철학적 관심이 시대적인 경험과 관련이 있는가를 묻고 싶습니다. 호네트 씨는 이 책에서 산업 사회의 기술 발전이 통제력을 잃으면서 인간의 자기실현 가능성을 파괴하게 되는 치명적 결과들을 지적하고 있습니다. 이런 점에서 호네트 씨의 관심은 프랑크푸르트학파 1세대, 2세대와 겹친다고, 즉 사회적 합리화의 역설적 결과를 지적한 『계몽의 변증법』을 기원으로 한다고 볼 수 있겠습니까?

호네트 분명히 그렇습니다. 제 관심은 사회적 현대화의 역설을 계속 연구하는 것입니다. 그러나 오늘날 현대화의 역설은 이전과는 다른 형태를 띠고 있습니다. 오히려 더 첨예한 형태를 띠고 있다고 말할 수도 있겠지요. 제가 생각하는 역설은 현대의 규범적 자산들이 파괴되는 과정입니다. 다시 말해서 역설은 규범적 자산을 산출하면서도, 동시에 그것의 실현 가능성을 파괴하는 사회적 과정을 말합니다. 이런 점에서 우리는 오늘날 다양한 역설적 과정에 직면해 있습니다. 우리는 규범적 사회 통합 메커니즘과 관련해서 현대화의 역설을 볼 수 있습니다. 우리는 사회 보장 정책이나 문화산업 등과 관련해서 현대화의 역설을 볼 수 있습니다. 이런 것들이 제 저작의 토대가 되는 경험적 배경입니다. 잠시 사회연구소에 대해 이야기한다면 우리는 앞으로 이러한 역설을 경험적으로 연구할 것입니다. 사실 제가 말하는 시대 경험은, 다시 말하지만 이전 세대와는 다른 것입니다. 호르크하이머와 아도르노가 계몽의 파괴를 말할 때는 국가 사회주의와 스탈린주의가 배경이었습니다. 하버마스가 자본주의의 통제할 수 없는 확장으로 인한 위험들을 연구할 때 배경이 된 경험은 민주적 법치 국가의 정착이었습니다. 제 경험은 이와는 다른 단계입니다. 권리, 도덕, 물질적 발전이 급속히 진행되면서 그 배후에서 일어난 경제적 탈규제화, 시장화 과정이 다시금 이러한 발전을 파괴하는 상황이 저의 주된 경험입니다. 호르크하이머와 아도르노에게는 이른바 전체주의가 역설이었습니다. 하버마스에게는 민주적 법치 국가의 역설이 주된 관심이었습니다. 저에게는 신자유주의적 혁명이 담고 있는 역설이 중요하다고 할 수 있습니다.

6

호네트 씨는 『권력 비판』에서 호르크하이머와 아도르노의 이론적 결함을 사회적인 것을 제대로 인식할 수 없게 하는 자연 지배 모델에서 찾습니다. 또한 호네트 씨는 하버마스와 푸코가 사회적인 것을 파악하는 독자적인 패러다임을 발전시키고 있다는 지적도 했습니다. 하버마스는 의사소통 패러다임을, 푸코는 투쟁 패러다임을 발전시키고 있다는 것입니다. 그리고 호네트 씨는 『인정투쟁』에서 인정투쟁 개념이 푸코의 이론적 성과를 의사소통 이론 속에 통합시키는 개념적 장치라고 주장했습니다. 어떻게 인정투쟁 개념으로 하버마스와 푸코를 통합시킬 수 있는지 간략하게 설명해주시겠습니까? 이러한 통합 추구는 하버마스와 푸코의 모델이 이론적 결함을 지니고 있음을 말하는 것입니까?

호네트 저는 인정투쟁 이념을 통해 하버마스와 푸코의 이론적 관심을 매개할 수 있다고 생각합니다. 첫째로 푸코의 관심사는 근본적으로 모든 형태의 공동체, 모든 형태의 사회를 항구적 투쟁의 일시적 휴전 상태로 보려는 데 있습니다. 즉 푸코의 근본이념에 따르면 사회적인 것은 투쟁이며, 기존의 질서는 단기적인, 일시적인 휴전 상태일 뿐입니다. 이러한 관점이 전적으로 틀린 것은 아닙니다. 사회가 항구적인 투쟁과 갈등의 과정이라고 해석하는 것은 옳습니다. 그러나 푸코에게는 투쟁의 동기에 대한 납득할 만한 분석이 결여되어 있습니다. 제가 정확하게 보았다면 푸코는 홉스, 그리고 아마도 니체의 유산을 물려받았습니다. 이들에 따르면 인간이 사회에서 투쟁하는 이유는 본질적으로 자기 보존을 위해서거나, 자신의 권력 강화를 위해서입니다. 푸코가 전제하는 투쟁의 동기는 아마도 이것일 겁니다. 그러나 이러한 생각은 인간학적으로나 사회 이론적으로 충분하지 않을뿐더러 아마도 잘못된 생각입니다. 저는, 인간은 근본적으로 자기주장의 타당성을 의사소통적으로 인정받길 원한다는 하버마스의 이념에 헤겔적 형태를 부여함으로써 더욱 분명한 투쟁 모델을 만들려고 했습니다. 인간은 개별자로서든 집단으로서든 자기 보존을 위해서가 아니라 자신의 정체성을 인정받기 위해서 한 사회 속에서 투쟁한다는 것입니다. 이 점이 바로 하버마스와 푸코를 연결하는 다리 역할을 합니다. 즉 인정투쟁 모델은 의사소통 이념과 투쟁 이념을 결합시킨다는 것입니다. 사회의 역동성은 이를 통해 설명되어야 합니다. 둘째로 하버마스는 의사소통 모델을 갈등 이론과 충분히 결합시키지 못하고 있습니다. 하버마스에게는 개인의 사회화 과정이나 상호작용 속에 존재하는 갈등이나 투쟁의 요소가 자주 사라지곤 합니다. 하버마스는 분명히 의사소통 능력을 과신하고 있습니다. 우리는 의사소통이 빈번히 인정을 둘러싼 사회적 갈등 때문에 요구된다는 점을 알아야 합니다. 반대로 푸코의 최대 결함은 그가 투쟁의 동기를 너무나 홉스적으로 본다는 데 있습니다. 다시 말해서 사회를 자기 보존을 위해 싸우는 개인들의 집합으로 보는 것은 분명 잘못입니다.

7

지금 호네트 씨는 푸코가 개인의 자기 보존 투쟁 모델을 따르고 있다고 했습니다. 그런데 푸코의 비판적 관점을 개인의 균일화 과정에 대한 저항이라고 본다면, 이에 상응하는 투쟁은 단지 자기 보존을 위한 것이 됩니까?

호네트　물론 푸코에게서 투쟁은 균일화에 대한 저항입니다. 그러나 문제는 어떤 동기에서 개인이 균일화에 저항하느냐는 것입니다. 개인은 자신이 잘못 기술되고 잘못 분류되고 있기 때문에 균일화에 저항합니다. 또한 개인은 자신의 자기 보존 욕구를 제한받기 때문에 균일화에 저항합니다. 우리가 첫 번째 경우를 분석해본다면, 투쟁의 동기는 아마도 인정일 것입니다. 다시 말해서 개인은 균일화가 자신의 정체성을 무시하기 때문에 이에 저항한다는 것입니다. 그러나 우리가 두 번째 경우를 생각해본다면, 개인이 균일화에 저항하는 이유는 균일화 전략이 개인의 신체적 자기 보존 활동을 방해하기 때문입니다. 첫 번째 경우는 이른바 무시가, 두 번째 경우는 억압이나 제한이 문제가 됩니다. 제 생각으로는 푸코는 두 번째 관점에 서 있는 것이지 첫 번째 관점은 아닙니다.

8

호네트 씨의 말에 따르면 푸코에게 투쟁의 동기는 억압이고 투쟁의 목표는 자기 보존입니다. 이에 반해 인정 이론에서 투쟁의 동기는 무시이고 투쟁의 목표는 인정이 됩니다. 저 역시 초기의 푸코에게는 이런 지적이 옳다고 봅니다. 그러나 이미 앞에서도 논의가 되었습니다만, 후기 푸코에게 투쟁의 목표는 홉스적 의미에서의 자기 보존이 아니라 일종의 자기 창조가 아니겠습니까?

호네트 이 개념 역시 아주 불분명합니다. 푸코의 자기 창조 개념이 상호 주관적인 것인지, 독백적인 구조를 가지고 있는 것인지는 논란거리로 남아 있습니다.

9

앞에서 지적했듯이 우리가 현대 비판이라는 관점에서 비판 이론을 이해한다면, 우리의 관심은 무엇보다도 각각의 세대가 현대를 어떻게 진단하고 있는가 하는 점입니다. 호네트 씨는 『정의의 타자』에 수록되어 있는 「사회적 병리현상」이라는 논문에서 사회철학의 근본 과제는 사회의 잘못된 전개 과정에 대한 진단이라고 했습니다. 『계몽의 변증법』이 보여주듯이, 1세대는 현대를 도구적 합리성이 총체화됨으로써 개인에 대한 사회의 억압, 그리고 개인의 자기 자신에 대한 억압을 낳는 과정이라고 봅니다. 그러나 잘 알려져 있듯이 1세대는 이런 문제의 극복 가능성을 개념화하는 수준으로는 나아가지 못했습니다. 이에 반해 2세대인 하버마스는 현대를 일면적 합리화 과정으로 보면서 대안적 합리성, 즉 의사소통적 합리성을 통해 합리화의 역설이 극복될 수 있다고 주장합니다. 하버마스는 현대를 통한 현대의 극복을 말하고 있는 것입니다. 호네트 씨는 「사회적 병리현상」에서 개인의 성공적 삶에 대한 침해가 현대 사회의 잘못된 전개 과정을 보여준다고 했습니다. 또한 흥미롭게도 호네트 씨는 「인정으로서의 분배─낸시 프레이저에 대한 반론」이라는 글에서 현대를 인정 질서의 제도화로 간주한 바 있습니다. 호네트 씨의 현대 진단은 어떤 것입니까? 인정 질서의 제도화와 사회의 잘못된 전개 과정에 대한 지적은 어떤 연관성이 있습니까?

호네트　제가 낸시 프레이저에 대한 반론 논문에서 말한 것은 현대 진단의 한 부분일 뿐입니다. 저는 이 논문에서 현대 사회의 도덕적 간접 자본에 속하는 규범적 원칙을 지적하려 했습니다. 인정투쟁 상황과 관련된, 현대 사회의 병리적 현상을 야기하는 제반 조건이 아직 충분하게 분석되지 못하고 있습니다. 우리는 물론 이런 조건들을 하나씩 검토해야 합니다. 또한 사회 제도에 관련되어 있는 이른바 인정 조건, 혹은 인정 원칙은 역으로 이 원칙의 실현을 방해하기도 합니다. 이것은 인정 원칙과 이 원칙의 해석을 둘러싼 상징적 투쟁, 그리고 하버마스가 체계라고 통칭한 제반 사회관계의 배후에서 작동하는 권력 사이의 상호작용 때문입니다. 우리가 이런 식으로 현대 진단 또는 현대 분석을 확장한다면 아직 인정 원칙에 충실하지 못한 여러 사회관계에 대한 시각을 확보할 수 있고 또 현대의 병리적 현상을 분석할 수 있는 가능성을 얻게 될 것입니다. 제가 개인의 성공적 삶에 대한 침해를 사회적 병리로 간주하는 것은 사실입니다. 이러한 침해가 있느냐 없느냐는 개인에 대한 사회적 인정 가능성이 어느 정도 확보되어 있느냐에 따라 평가됩니다. 이미 지적했습니다만, 이와 관계해서 우리는 역설적인 과정에 직면하게 됩니다. 왜냐하면 우리는 오늘날 권리와 물질적 진보로 인한 인정 관계의 확장을 체험하고 있지만, 다른 한편으로는 통제하기 힘들 정도로 시장 논리가 확장되면서 이 인정 관계가 다시 파괴되는 과정을 보게 됩니다. 이러한 역설을 사회적 병리라고 지칭할 수 있을 것입니다.

10

호네트 씨는 현대 사회의 역설이 다시금 현대의 잠재력을 통해 개선될 수 있다고 보십니까? 다시 말해서 현대의 문제는 현대가 마련한 인정 질서의 확장을 통해 개선될 수 있다고 보십니까?

호네트　그것은 복잡한 문제입니다. 왜냐하면 현대의 경계가 어디인가, 또는 긍정적인 의미에서라도 우리 사회를 언제부터 더 이상 현대가 아니라고 규정해야 하는가는 아주 대답하기 어려운 문제이기 때문입니다. 제가 사용하는 현대 개념은 언제부터 우리 사회가 현대 이후로 가는가를 인식하지 못하게 할 만큼 포괄적입니다. 현대는 모든 새로운 사회 현상들을 여전히 현대라고 규정할 수 있을 만큼 탄력적이고 반성적인 프로젝트입니다. 이런 점에서 본다면 우리가 일반적인 수준에서 현대의 종말에 직면해 있다고 말할 만한 이유는 거의 없습니다. 하지만 우리는 개별적인 현대의 제도들의 종말에 대해서는 이야기할 수 있다고 봅니다. 핵가족 제도 같은 경우가 그러한 예가 되겠지요. 하지만 이러한 예들을 다 모으고 더한다고 해도 우리가 탈현대나 현대 이후라고 규정할 만한 전체적인 변화가 일어났다고 말하기는 힘듭니다.

11

호네트 씨는 성공적 삶의 조건으로 세 가지 인정 형태를 이야기합니다. 사랑, 권리, 사회적 연대가 그것입니다. 『인정투쟁』에서 지적하고 있듯이, 세 가지 인정 형태는 각각 다른 인간의 속성을 전제합니다. 자연적 욕구, 도덕적 사려 능력, 개성을 지닌 존재로서의 인간이 그것입니다. 제가 정확하게 이해했다면, 이 세 가지 속성은 각각 다른 성공적 삶의 조건을 암시하고 있습니다. 즉 자연적 욕구의 충족이라는 의미에서의 자기 보존(Selbsterhaltung), 사회적 의사결정 과정에 참여한다는 의미에서의 자기규정(Selbstbestimmung), 그리고 개성의 실현이라는 의미에서의 자기실현(Selbstverwirklichung)을 지적할 수 있겠습니다. 인정 관계란 이 세 가지 삶의 측면을 성공적으로 실현할 수 있는 사회적이거나 상호 주관적인 조건입니다. 저는 세 가지 인정 형태가 지금까지 비판 이론 전통에서 논의되어온 제반 규범적 요구와 어떤 연관성을 가질 수 있는가를 질문하고 싶습니다. 1930년대 비판 이론의 규범적 요구는 마르크스의 자본주의 비판에서 비롯된 경제 정의입니다. 이에 반해 하버마스의 규범적 요구는 사회적 의사결정 과정에 참여할 수 있는 동등한 권리입니다. 그리고 푸코의 규범적 요구는 다소 불분명한 점이 있지만 존재의 미학으로 지칭된 자아 형성의 자유입니다. 호네트 씨가 지적한 세 가지 인정 형태를 이러한 세 가지 규범적 요구와 관련해서 이해할 수 있겠습니까?

호네트 어느 정도 그럴 수 있겠죠. 세 가지 인정 개념은 인간의 여러 속성을 해방의 관점에서 고찰할 수 있게 해줍니다. 저는 기본적으로 인간의 여러 속성이 실제로 실현되기 위해서는 사회적 인정이 필요하다는 생각을 가지고 있습니다. 우리는 여러 인정 형태를 통해 인간 해방의 다양한 측면들을 이해할 수 있습니다. 그리고 이 인정 형태들은 아도르노, 하버마스, 푸코가 제시한 다양한 규범적 관점들을 통합해야 할 것입니다. 제가 생각하기에 아도르노는 인간의 내적 욕구에 대한 인정을 중심에 두고 있습니다. 저는 바로 사랑이라는 모티브를 통해 이를 구원하려 합니다. 하버마스의 자주성 이념은 당연히 권리 인정이라는 측면에서 수용되고 있습니다. 푸코에 대해서는 확실치 않습니다. 왜냐하면 푸코의 규범적 요구는 대부분 자주성 개념이나 내적 욕구의 실현 차원에서 이해할 수 있기 때문입니다. 아마도 세 번째 인정의 측면, 인간은 자신의 능력이 사회적으로 가치 있는 것으로 평가받기를 원한다는 점은 여타의 이론들이 충분히 관심을 기울이지 않은 점을 이론화시킨 것이라 할 수 있습니다. 이는 아도르노나 하버마스 그리고 푸코에게서도 발견할 수 없는 것입니다. 이런 점은 뒤르켐이나 미국 실용주의 같은 아주 다른 전통에서 찾을 수 있을지는 몰라도, 독일 비판 이론이나 푸코에게는 확실히 없는 것입니다.

12

호네트 씨는 「인정과 도덕적 의무」라는 논문에서 최근의 도덕 이론을 세 갈래로 구분했습니다. 개인의 내적 욕구 충족을 중시하는 자애 윤리, 개인의 도덕적 자율성 실현을 위한 동등한 권리를 강조하는 담론 윤리, 그리고 공동체 내에서 개인의 특수성에 대한 가치 부여에 주목하는 공동체주의가 그것입니다. 호네트 씨는 이러한 세 갈래의 도덕 이론이 갖는 규범적 함축이 결국 개인의 불가침성을 보호하기 위한 것이며, 이는 각각 세 가지 인정 형태에 상응한다고 지적했습니다. 그러나 호네트 씨는 또한 이 세 가지 도덕적 입장이 갈등 상태에 빠질 때 두 번째 인정 형태, 즉 모든 개인에게 자율성을 실현할 수 있는 동등한 권리를 부여하는 것이 우선시되어야 한다고 지적했습니다. 어떤 점에서 개인의 자율성에 대한 인정, 동등한 권리 부여가 다른 도덕적 입장보다 우선시되어야 합니까? 개인의 자율성에 대한 인정이 각 개인이 자신의 욕구나 개성을 타당한 방식으로 실현시키기 위한 필수 조건이기 때문입니까? 혹은 자애 윤리가 타당한 것은 이것이 자율성 실현의 실제적·물질적 조건을 확보하는 한에서이며, 개인의 특수성에 대한 가치 부여가 타당한 것은 이것이 타인의 동등한 권리를 훼손하지 않는 한에서라고 이해해야 하기 때문입니까?

호네트　그렇습니다. 제가 두 번째 인정 형태, 즉 개인의 자주성에 대한 인정을 우선시하는 것은 이것이 자애나 가치 부여에 대한 일종의 제한 조건이기 때문입니다. 자애나 가치 부여는 개인의 자주성 인정이라는 상위 관점을 통해 제한되어야 합니다. 이 점은 우리가 특정한 갈등 상황을 염두에 둘 때 가장 분명하게 드러납니다. 즉 내 조국이나 내 정치적 집단과의 연대가 타인의 자율성을 훼손해서는 안 됩니다. 이런 점에서도 자율성에 대한 인정은 다른 도덕적 가치보다 우위에 있습니다. 이것이 저의 중심 이념입니다. 다분히 칸트적이지요.

13

호네트 씨는 「정의의 타자」라는 논문에서 탈현대주의의 윤리적 전환이라는 주제를 다루고 있습니다. 탈현대주의는 만인 동등 대우라는 현대의 윤리적 원칙과는 달리, 개인이나 사회 집단의 특수성을 강조합니다. 이 글에서 호네트 씨는 특수성을 한편으로는 누구와도 구별되는 개인의 정체성 차원에서, 그리고 다른 한편으로는 도움이 필요한 특수한 개인이나 사회 집단의 차원에서 파악하고 있습니다. 여성 윤리나 자애 윤리는 위기에 처해 있는 인간에 대한 특별 대우를 규범적으로 요구합니다. 이는 정의의 타자라고 지칭할 만큼 현대의 동등 대우 원칙이 해결할 수 없는 새로운 윤리적 도전입니다. 이에 반해 호네트 씨는 다양한 정체성에 대한 규범적 요구는 동등 대우의 확장된 형태라고 지적합니다. 호네트 씨의 세 번째 인정 형태인 사회적 연대는 이 두 가지 요구와 어떤 관계에 있습니까? 다시 말해서 개인의 특수성에 대한 인정 또는 가치 부여라는 사회적 연대 개념은 동등 대우의 확장된 형태입니까? 그렇다면 자애 윤리는 호네트 씨의 연대 개념에 대한 대립 항을 형성합니까? 호네트 씨의 연대 개념은 동등 대우 이념과 자애 윤리에 대해 어떤 이론적 의미를 지니고 있습니까?

호네트　제가 생각하고 있는 것은 도덕적 태도의 다원성입니다. 다시 말해서 우리는 칸트나 하버마스와는 달리 다양한 도덕적 관점을 말해야 한다는 것입니다. 또한 우리는 타인에 대한 다양한 유형의 의무에 직면해 있습니다. 나는 일단 여러 도덕적 관점들이 동등한 위치에 있으며, 어떤 관점도 다른 관점의 확장이거나 개선이라고 보지 않습니다. 이런 점에서 사회적 연대 개념은 모든 개인에 대한 존중도 아니고 동등 대우 이념의 확장도 아닙니다. 오히려 이것은 다른 형태의 도덕적 관점입니다. 어떤 관점도 다른 관점에 대해 우위에 있지 않습니다. 다만 만인 존중의 관점은 항상 부정의 방식으로 다른 관점에 대해 우위에 설 뿐입니다. 부정의 방식으로 우위에 선다는 것은 앞서 말했듯이 제한적 조건을 말합니다. 사회적 연대 개념은 내가 타인과 어떤 공동의 프로젝트를 추진할 때, 바로 이 때문에 내가 타인에게 지고 있는 특수한 의무를 말합니다. 당연히 이것은 만인 동등 대우라는 도덕적 관점과 경쟁 관계에 놓일 수 있습니다. 그러나 만인 동등 대우 관점이 어떤 형태로든 우위에 서야 한다고 생각지는 않습니다. 제가 생각하고 있는 것은 도덕적 관점들이 수직적 구조가 아니라 수평적으로 다원성을 갖는 것입니다. 각 사람이 가지고 있는 준거 틀은 서로 다릅니다. 아마도 이것은 한 관점의 확장이라고 할 수는 없겠지요.

14

마지막 질문을 하겠습니다. 독일 철학사에서 나타나는 스승과 제자의 관계는 매우 흥미롭습니다. 제자가 스승의 철학적 관점을 전수하고 이를 확장하는가 하면, 제자가 스승의 철학적 관점을 비판하고 이와는 다른 길을 가는 경우도 있습니다. 호네트 씨는 하버마스의 조교였으며, 하머마스 아래서 교수 자격 논문을 썼고, 하버마스의 후임자로 프랑크푸르트 대학 교수가 되었습니다. 하지만 호네트 씨는 여러 곳에서 하버마스를 비판하고 있습니다. 예를 들어 호네트 씨는 하버마스의 노동 개념을 비판하면서 하버마스가 마르크스의 노동 개념을 단순히 도구적 행위로 축소시킴으로써 인간의 노동이 갖는 해방적 자기 형성 기능을 무시한다고 했습니다. 호네트 씨는 하버마스가 비판적 잠재력을 단지 고도의 논증적 과정으로 한정시킴으로써 논증적으로 표현되지 않은 억압받는 계급의 억울한 감정들을 부정한다고 비판했습니다. 호네트 씨는 또한 논증적 담론에 기초한 하버마스의 비판 이론이 논증적 담화에 참여한 개인들의 배후에서 작용하는 정체성 훼손 경험을 비판적 관점과 연결시키지 못했다고 지적했습니다. 아마도 호네트 씨의 철학적 발전 과정에서 하버마스 이론과의 관계는 항상 중요한 의미를 지녔을 것입니다. 실례되는 질문이 아니라면, 호네트 씨는 자신과 하버마스의 관계에 대해 어떻게 생각하십니까? 호네트 씨의 이론은 하버마스와 대립합니까? 아니면 하버마스의 보완 또는 확장입니까?

호네트 보완이나 확장은 아니겠지요. 저는 하버마스에게서 성장한, 이제 어른이 된 제자입니다. 그러나 배신자이거나 살부를 감행한 사람은 아닙니다. 저는 아버지의 그늘에서 성장한, 그러나 자립적 사고를 감행한 그의 아들입니다. 이런 점에서 저의 생각은 계승 발전이라고 할 수는 있지만 보완은 아니라는 것입니다. 보완은 적절한 표현이 아닙니다. 단절이라고 표현한다면, 이것 역시 잘못입니다. 보완도 단절도 아닙니다. 저는 하버마스가 기초한 프로젝트를 자립적으로 계속해서 사고한 것입니다.

편집자 서문

1 이하의 역사 서술은 사회연구소 홈페이지(www.ifs.uni-frankfurt.de)에 나와 있는 프랑크푸르트학파의 역사를 토대로 작성했다.

1 호르크하이머

1 이 글은 『현대철학의 모험』(길, 2007)에 수록된 「이성 실현에서 이성 비판으로—프랑크푸르트학파의 사회철학」을 수정, 확대한 것이다. 이를 위해 다음 문헌들을 참고했다. 문성훈, 「사회비판의 다층성과 구조적 연관성」, 『사회와 철학』 15호, 사회와철학연구회, 2008; 문성훈, 「현대성의 자기 분열—개별적 자아의 해방과 보편적 이성의 실현」, 『사회와 철학』 2호, 사회와철학연구회, 2001; Rolf Wiggerhaus, *Max Horkheimer*, Hamburg, 1998; Ulrich Gmünder, *Kritische Theorie*, Stuttgart, 1985; Heidrun Hesse, *Vernunft und Selbstbehauptung*, Ffm., 1984.

2 Max Horkheimer, "Traditionelle und kritische Theorie"(1937), *Traditionelle und kritische Theorie. Fünf Aufsätze*, Ffm., 1992.

3 Max Horkheimer, "Materialismus und Moral"(1933), *Gesammelte Schriften* Bd. 3, Ffm., 1988.

4 Max Horkheimer, "Egoismus und Freiheitsbewegung"(1936), *Traditionelle und kritische Theorie. Fünf Aufsätze*, Ffm., 1992.

5 Max Horkheimer, "Geschichte und Psychologie"(1932), *Gesammelte Schriften* Bd. 3, Ffm., 1988.

6 Max Horkheimer, "Die gegenwärtige Lage der Sozialphilosophie und Aufgabe eines Instituts für Sozialforschung"(1931), *Gesammelte Schriften* Bd. 3, Ffm., 1988.

7 Max Horkheimer, "Geschichte und Psychologie"(1932), *Gesammelte Schriften* Bd. 3, Ffm., 1988, 57쪽.

8 같은 책, 64쪽.

9 Max Horkheimer, "Autorität und Familie"(1936), *Traditionelle und kritische Theorie. Fünf Augsätze*, Ffm., 1987, 32쪽.

10 Max Horkheimer, "Traditionelle und kritische Theorie"(1937), *Traditionelle und kritische Theorie. Fünf Augsätze*, Ffm., 1987, 263쪽.

2 아도르노

1 테오도르 아도르노, 『한줌의 도덕』, 최문규 옮김, 솔, 2000, 186쪽. 이하 MM으로 줄이고 본문에 쪽수 표기.

2 테오도르 아도르노·막스 호르크하이머, 『계몽의 변증법』, 김유동 옮김, 문학과지성사, 2003, 353쪽. 이하 DA로 줄이고 본문에 쪽수 표기.

3 테오도르 아도르노, 『부정변증법』, 홍승용 옮김, 한길사, 2003, 89쪽. 이하 ND로 줄이고 본문에 쪽수 표기.

4 청년 마르크스는 일찍이 자연의 역사와 인류의 역사가 구별되지만 분리될 수 없다는 주장을 통해 자연과 역사의 이분법을 넘어서고자 한다. 그러나 그 역시 역사적 진보의 신화에 갇히고 만다(ND, 464).

5 Theodor W. Adorno, "Die Idee der Naturgeschichte", *Gesammelte Schriften* Bd. 1, Ffm.: Suhrkamp, 1973, 345쪽. 이하 IN으로 줄이고 본문에 쪽수 표기.

6 테오도르 아도르노, 『미학 이론』, 홍승용 옮김, 문학과 지성사, 2002, 39쪽. 이하 ÄT로 줄이고 본문에 쪽수 표기.

7 Theodor W. Adorno, "Kulturkritik und Gesellschaft", *Gesammelte Schriften* Bd. 10-1, Ffm.: Suhrkamp, 1977, 30쪽. 이하 KG로 줄이고 본문에 쪽수 표기.

8 테오도르 아도르노, 『신음악의 철학』, 방대원 옮김, 까치, 1986, 59쪽. 이하 PnM로 줄이고 본문에 쪽수 표기.

3 벤야민

1 이 글은 『뷔히너와 현대문학』(29호, 2007)에 실린 「건축모델 '파사주'—지각의 공간」을 대폭 보완한 것이다.

2 이 프로젝트는 '아케이드'라는 이름으로 번역되어 국내에 소개되었다. 발터 벤야민, 『아케이드 프로젝트 I, II』, 조형준 옮김, 새물결, 2005·2006. 필자는 '파사주'를 '아케이드'로 환원시켜 독해할 경우에 여러 가지로 혼란을 야기할 수 있다는 점에서 '파사주'라는 용어를 그대로 고수할 필요가 있음을 간략하게나마 지적했다. 고지현, 『꿈과 깨어나기』, 유로서적, 2007, 46~50쪽.

3 Walter Benjamin, *Gesammelte Schriften*, Ffm.: Suhrkamp, 1991~, Bd. V/2, 991~1038쪽, 1044~1059쪽. 프란츠 헤셀(Franz Hessel)과 공동으로 작성한 「파사주」와 「토성환 혹은 철골 건축의 일부분」이 이 시기에 쓰인 글들이다(Bd. V/2, 1041~1043쪽, 1060~1063쪽). 이하 벤야민 전집은 GS로, 권수는 로마숫자와 아라비아숫자로 표기하고, 두 권으로 출간된 『파사주 저작』 V/1, V/2를 인용하는 경우에는 쪽수 다음 대괄호 안에 해당하는 단편을 적는다. 또한 『파사주 저작』의 단편

들은 기본적으로 알파벳순으로 정렬되어 있어 찾아보기가 쉽기 때문에 프로젝트의
국역판은 별도의 표기를 생략하기로 한다.

4 GS V/1, 573~574쪽 [N 1a, 6], 592쪽 [N 9a, 4].

5 GS I/3, 953~954쪽.

6 이것은 벤야민이 예술철학적 '비평'(비판) 개념을 재정립할 필요성을 인식하면서
그 예비 작업의 일환으로 집필한『괴테의 친화력』이라는 글에서 이루어지고 있다.
벤야민의 괴테 비판의 핵심은 괴테의 자연 개념이 '원상'(原象)과 '모범상'으로 이중
화되면서 이 둘 사이의 견실한 '종합'을 이루어내지 못하고, 결국에는 "비판에 대한
무관심"으로 귀결된다는 데 있다(GS I/1, 147~148쪽).

7 Theodor W. Adorno, *Prismen - Kulturkritik und Gesellschaft*, München: Suhrkamp,
1963, 241쪽.

8 Emile Zola, *Nana*, Berlin, 1971, 194~201쪽; GS V/1, 47쪽, 269~270쪽 [H 1, 3]
참조.

9 Honoré de Balzac, *Verlorene Illusionen*, Erster Band, Berlin, 1924, 351~352쪽.

10 Louis Aragon, *Der Pariser Bauer*, Ffm.: Suhrkamp, 1996, 15~124쪽.

11 GS V/1, 45쪽.

12 GS V/1, 120쪽 [B 4, 1].

13 Louis Aragon, *Der Pariser Bauer*, 66~67쪽, 84쪽; GS V/1, 133쪽 [C 1, 2], [C 1, 3].

14 GS V/1, 45~46쪽.

15 GS III, 170쪽.

16 GS V/1, 219쪽 [F 3, 7], [F 3a, 1]; Alfred Gotthold Meyer, *Eisenbauten. Ihre Ge-
schichte und Ästhetik*, Berlin, 1997, 5쪽, 11쪽.

17 미학을 근대 철학의 전통에 따라 미에 대한 학문으로 볼 것인가, 아니면 지각론으로
볼 것인가라는 문제는 포스트모더니즘을 둘러싼 쟁점 중의 하나다. 칸트 철학은 후
자에서 전자로 무게 중심이 이동되는 양상을 보인다는 점에서 근대 미학 전통의 회
전축이라 할 수 있다.『순수이성비판』에서 본론의 첫 부분을 이루고 있는「선험적
감성론」(die Transzendentale Ästhetik)은 미학을 아이스테시스의 의미로 이해하고
있는데, 바로 이 흔적은 나중에 쓰인『판단력 비판』과 균열을 일으키는 지점이기도
하다.『순수이성비판』(1781)에서 칸트는 미학을 지각의 선험적 직관 형식인 시간과
공간 개념을 분석하는 인식론의 한 분야로 규정한 반면,『판단력 비판』(1790)에서
는 취미 판단의 선험성에 의거한 심미적 판단력을 통해 논의를 전개시키고 있다. 익
히 알려져 있듯이, 바로 이 심미적 판단력이 미와 숭고의 분석으로 구분하여 전개되
고 있는 이른바 미에 대한 학문을 근거 짓고 있는 것이다. 벤야민은『기술 복제 시대

의 예술 작품』 제1판과 제2판에서 미학이라는 개념의 본래 의미인 '아이스테시스'를 되살리고 있다(GS I/2, 466쪽; GS VII/1, 381쪽; [국역] 발터 벤야민,『기술복제 시대의 예술작품/사진의 작은 역사 외』, 최성만 옮김, 길, 2007, 92쪽).

18 Alfred Gotthold Meyer, *Eisenbauten*, 서문을 참조할 것.

19 Sigfried Giedion, *Bauen in Frankreich. Eisen, Eisenbeton*, Leipzip/Berlin, 1928, 3쪽.

20 GS V/1, 46쪽.

21 GS V/1, 513쪽 [L 1a, 2], [L 1a, 3]; Sigfried Giedion, *Bauen in Frankreich*, 36쪽, 1쪽.

22 GS V/1, 211~212쪽 [F 1, 2].

23 GS V/1, 46쪽, 212쪽 [F 1, 3], 215~216쪽 [F 2, 7], [F 2, 8], [F 2, 9], 217~218쪽 [F 3, 2].

24 GS V/1, 215쪽 [F 2, 5]; Sigfried Giedion, *Bauen in Frankreich*, 21쪽.

25 GS V/1, 212쪽 [F 1, 4].

26 GS V/1, 221~222쪽 [F 4, 4]; Alfred Gotthold Meyer, *Eisenbauten*, 69쪽.

27 Sigfried Giedion, *Bauen in Frankreich*, 28~30쪽, 21쪽.

28 GS V/1, 216쪽 [F 2a, 1].

29 Alfred Gotthold Meyer, *Eisenbauten*, 60~62쪽; GS V/1, 221쪽 [F 4, 2].

30 GS V/1, 494쪽 [K 1a, 7]; GS V/2, 1027쪽 [Oo, 8]; Sigfried Giedion, *Bauen in Frankreich*, 3~4쪽.

31 GS V/1, 491~492쪽 [K 1, 4].

32 GS V/1, 492쪽 [K 1, 5], 83쪽 [A 1, 1].

33 GS V/2, 1214쪽.

34 Louis Aragon, *Der Pariser Bauer*, 9쪽.

35 Louis Aragon, *Der Pariser Bauer*, 12쪽.

36 GS II/1, 297쪽; [국역] 발터 벤야민,「초현실주의」,『역사의 개념에 대하여/폭력비판을 위하여/초현실주의 외』, 최성만 옮김, 길, 2008, 146쪽.

37 GS V/2, 668~669쪽 [R 1a, 7].

38 GS V/1, 513쪽 [L 1a, 1].

39 GS V/1, 185~186쪽 [E 2a, 4].

40 GS V/2, 666~667쪽 [R 1, 3], 671~672쪽 [R 2a, 2].

41 GS V/1, 212쪽 [F 1, 3], 220~221쪽 [F 4, 1], 288쪽 [I 3, 1].

42 GS V/1, 98쪽 [A 7, 1], 103쪽 [A 9a, 1]; GS V/2, 666쪽 [R 1, 1].

43 GS V/1, 284쪽 [I 1a, 7], [I 1a, 8].

44 GS V/2, 669~670쪽 [R 2, 1], [R 2, 2].

45 Michel Foucault, *Die Ordnung der Dinge*, Ffm, 1974, 17~20쪽.

46 GS V/2, 678쪽 [S 1a, 6], 1001~1002쪽.

47 Louis Aragon, *Der Pariser Bauer*, 12~13쪽.

48 GS II/2, 620쪽; [국역] 발터 벤야민, 「꿈 키치」, 『역사의 개념에 대하여/폭력비판을 위하여/초현실주의 외』, 135~136쪽.

49 GS V/1, 494쪽 [K 1a, 8].

50 GS V/2, 819쪽 [X 11a, 3].

51 BGS V/2, 807쪽 [X 4, 3].

52 BGS V/2, 805쪽 [X 3, 6].

4 마르쿠제

1 이 글은 필자의 『허버트 마르쿠제』(살림, 2005), 『유토피아, 희망의 원리』(철학과현실사, 2003)를 바탕으로 하고 있다.

2 위르겐 하버마스 외, 『마르쿠제와의 대화』, 백승균 외 옮김, 이문출판사, 1984, 9쪽.

3 헤르베르트 마르쿠제, 『이성과 혁명』, 김현일 옮김, 중원문화, 1984, 13쪽.

4 같은 책, 21~44쪽 참조.

5 같은 책, 269~274쪽 참조.

6 같은 책, 337~343쪽 참조.

7 같은 책, 411~427쪽 참조.

8 조지 카치아피카스, 『신좌파의 상상력』, 이재원 옮김, 이후, 1999, 212쪽.

9 Herbert Marcuse, *The Aesthetic Dimension*, Beacon, 1978, 40~41쪽 참조.

10 헤르베르트 마르쿠제, 『일차원적 인간』, 차인석 옮김, 삼성출판사, 1989, 275쪽.

11 마틴 제이, 『아도르노』, 서창렬 옮김, 시공사, 2000, 77~78쪽 참조.

12 헤르베르트 마르쿠제, 『해방론』, 김택 옮김, 울력, 2004, 7~17쪽 참조.

13 같은 책, 31~32쪽 참조.

14 같은 책, 38쪽 참조.

15 같은 책, 14~15쪽 참조.

16 Douglas Kellner, *Herbert Marcuse and the Crisis of Marxism*, Macmillan, 1984, 357~362쪽 참조.

17 알래스데어 매킨타이어, 『마르쿠제』, 연희원 옮김, 지성의샘, 1994, 110~112쪽, 149~156쪽 참조. 매킨타이어는 이와 관련하여 마르쿠제가 다수의 사람을 과소평

가하는 오류를 범하고 있다고 하면서, 자코뱅 당원이나 레닌이 반혁명적인 소수에 대한 혁명적인 다수의 일시적인 독재를 주장한 데 반해, 마르쿠제의 입장은 다수에 대한 소수 엘리트의 지배를 함축하고 있다는 점에서 문제가 있다고 비판한다.

18 Seyla Benhabib, *Critique, Norm, and Utopia*, Columbia University Press, 1986, 329쪽.

19 Douglas Kellner, *Herbert Marcuse and the Crisis of Marxism*, 5~12쪽 참조.

20 같은 책, 9쪽.

5 프롬

1 마이스터 에크하르트에 대한 프롬의 해석에 대해서는 에리히 프롬,『소유냐 존재냐』, 최혁순 옮김, 범우사, 1978, 85~92쪽 참조. 선불교에 대한 프롬의 해석에 대해서는 에리히 프롬,『인간과 종교』, 최혁순 옮김, 한진출판사, 1983, 161쪽 이하 참조.

2 에리히 프롬,『소유냐 존재냐』, 195쪽.

3 에리히 프롬,『건전한 사회』, 김병익 옮김, 범우사, 1975, 245쪽.

4 같은 책, 246쪽.

5 에리히 프롬,『소유냐 존재냐』, 100쪽 이하.

6 같은 책, 132쪽 이하.

7 에리히 프롬,『희망이냐 절망이냐』, 종로서적, 1983, 132~133쪽.

8 이와 관련하여 마르쿠제는 프롬이 프로이트의 본능 이론 내의 폭발적 요소를 제거하고 있다고 비판한다(위르겐 하버마스 외,『마르쿠제와의 대화』, 백승균 외 옮김, 이문출판사, 1984, 13쪽). 프롬의 프로이트 해석에 관한 마르쿠제의 비판에 대해서는 또한 헤르베르트 마르쿠제,『에로스와 문명』, 김인환 옮김, 나남, 1989, 217쪽을 참조할 것.

9 천박한 공산주의에 대한 마르크스의 비판은 "Ökonomisch-philosophische Manuskripte aus dem Jahre 1844", in: MEW, 535쪽을 참고할 것.

10 에리히 프롬,『소유냐 존재냐』, 210쪽.

11 같은 책, 211쪽.

12 같은 책, 207쪽 이하.

13 같은 책, 208쪽.

14 에리히 프롬,『건전한 사회』, 315~316쪽.

15 에리히 프롬,『소유냐 존재냐』, 216쪽.

16 에리히 프롬,『건전한 사회』, 323~324쪽

17 같은 책, 325쪽.

18 같은 책, 326쪽.

19 에리히 프롬,『소유냐 존재냐』, 203쪽 이하. 프롬은『존재의 기술』에서 소유 지향적인 삶을 버리고 존재 지향적인 삶을 실현하기 위한, 인간 개개인이 해야 할 정신적 훈련에 대해서 상세히 기술하고 있다. 그러한 정신적 훈련에는 '한 가지만 바라기', '깨어 있기', '집중하기', '명상하기'와 같은 것들이 있다. 이와 관련하여 에리히 프롬,『존재의 기술』, 최승자 옮김, 까치, 1994, 71쪽 이하 참조.

6 하버마스

1 Jürgen Habermas, *Theorie des kommunikativen Handelns* 2, Frankfurt a. M., 1981, 576쪽.

2 같은 책, 577쪽.

7 호네트

1 이 글은 그동안 필자가 발표한 다음과 같은 논문들을 토대로 작성하였음을 밝힌다. 「인정개념의 네 가지 갈등구조와 역동적 사회발전」,『사회와 철학』 10호, 사회와철학연구회, 2005;「하버마스에서 호네트로—프랑크푸르트학파 사회비판모델의 인정이론적 전환」,『철학연구』 73권, 철학연구회, 2006;「이성 실현에서 이성 비판으로—프랑크푸르트학파의 사회철학」,『현대철학의 모험』, 길, 2007;「인정윤리의 개념적 구조」,『이성의 다양한 목소리』, 철학과현실사, 2009.

2 악셀 호네트,『인정투쟁—사회적 갈등의 도덕적 형식론』, 문성훈·이현재 옮김, 사월의책, 2011, 35~41쪽.

3 장 자크 루소,『인간 불평등 기원론』, 주경복·고봉만 옮김, 책세상, 2003, 45~140쪽.

4 악셀 호네트,『인정투쟁』, 42~143쪽.

5 같은 책, 144~182쪽.

6 악셀 호네트,「아리스토텔레스와 칸트 사이에서」,『정의의 타자』, 문성훈 외 옮김, 나남, 2009, 217~240쪽.

7 악셀 호네트,「사회적 병리현상」,『정의의 타자』, 23~86쪽.

8 악셀 호네트와의 대담

1 이 대담은 2001년 4월 2일 프랑크푸르트 대학의 악셀 호네트 교수의 연구실에서 진행되었으며, 같은 해『사회와 철학』(2호, 2001)에 게재된 것이다. 이 책을 위해 잘못된 부분이 정정되었다.

| 저자 소개(게재순) |

문성훈

연세대 철학과를 졸업하고 독일 프랑크푸르트 대학 철학과에서 악셀 호네트 교수의 지도로 박사학위를 받았다. 서울여대 교양학부 현대철학 담당 교수로 재직 중이며, 『베스텐트』 한국판 책임편집자를 맡고 있다. 저서로 『현대철학의 모험』(공저) 『하버마스가 들려주는 의사소통 이야기』 『이성의 다양한 목소리』(공저) 『미셸 푸코의 비판적 존재론』 『프랑크푸르트학파의 테제들』(공저) 『포스트모던의 테제들』(공저) 등이 있으며, 역서로 『철학 오디세이 2』 『정의의 타자』 『인정투쟁』 등이 있다.

박구용

전남대 철학과를 졸업하고 독일 뷔르츠부르크 대학 철학과에서 박사학위를 받았다. 전남대 철학과 교수로 재직 중이다. 저서로 『니체 이해의 새로운 지평』(공저) 『우리 안의 타자』 『포스트모던 칸트』(공저) 『소통 인문학』(공저) 『병원 인문학』(공저) 『공정과 정의사회』(공저) 『프랑크푸르트학파의 테제들』(공저) 등이 있으며, 역서로 『정신 철학』 『도구적 이성 비판』 등이 있다.

고지현

독일 브레멘 대학 철학과에서 박사학위를 받았다. 가천대 아시아문화연구소 학술연구교수로 재직 중이다. 저서로 『꿈과 깨어나기—발터 벤야민 파사주 프로젝트의 역사이론』 『프랑크푸르트학파의 테제들』(공저) 『포스트모던의 테제들』(공저) 등이 있으며, 역서로 『베스텐트 2012』(공역) 등이 있다.

손철성

서울대 철학과를 졸업하고 같은 학교 대학원에서 박사학위를 받았다. 경북대 윤리교육과 교수로 재직 중이다. 저서로『고전과 논리적 글쓰기』『유토피아, 희망의 원리』『허버트 마르쿠제』『독일 이데올로기 연구』『헤겔 & 마르크스—역사를 움직이는 힘』『프랑크푸르트학파의 테제들』(공저) 등이 있으며, 역서로『테러 시대의 철학』『자유주의』등이 있다.

박찬국

서울대 철학과를 졸업하고 독일 뷔르츠부르크 대학 철학과에서 박사학위를 받았다. 서울대 철학과 교수로 재직 중이다. 저서로『하이데거와 나치즘』『해체와 창조의 철학자 니체』『에리히 프롬과의 대화』『들길의 사상가, 하이데거』『현대 철학의 거장들』『니체, 인간에 대해서 말하다』『원효와 하이데거의 비교 연구』『프랑크푸르트 학파의 테제들』(공저) 등이 있으며, 역서로『니체와 니힐리즘』『유고』『아침놀』『비극의 탄생』『강연과 논문』『니체 1』『상징형식의 철학 1』『근본 개념들』등이 있다.

김원식

연세대 철학과를 졸업하고 같은 학교 대학원에서 박사학위를 받았다. 국가안보 전략연구소 연구위원으로 재직 중이다. 공저로『철학과 합리성』『이성의 다양한 목소리』『베스텐트 2012』『프랑크푸르트학파의 테제들』『포스트모던의 테제들』등이 있으며, 역서로『이성의 힘』『하버마스와 현대사회』『지구화 시대의 정의』등이 있다.